VoG Verlag ohne Geld e.K.

n.21

Ada Zapperi Zucker ist in Catania (Sizilien) geboren. In Rom hat sie mit dem Gesang- und Klavierstudium begonnen und an der Musikhochschule Wien beendet. Gleichzeitig hat sie für das *Dizionario Biografico degli italiani* des *Istituto Treccani*, die *Enciclopedia dello Spettacolo* und an der *Enciclopedia Universo De Agostini* gearbeitet. Ihre sängerische Karriere ist hauptsächlich außerhalb Italiens abgelaufen. Sie unterrichtet Gesang in Deutschland und in Südtirol.
Von dem Südtiroler Maler Gotthard Bonell wurde sie in Malerei unterrichtet.

Ada Zapperi Zucker è nata a Catania. A Roma ha iniziato gli studi di canto e pianoforte per poi concluderli alla Musikhochschule di Vienna. Nello stesso tempo ha collaborato per il Dizionario Biografico degli italiani dell'Istituto Treccani, all'Enciclopedia dello Spettacolo e all'Enciclopedia Universo De Agostini. Cantante lirica, ha svolto la sua attività prevalentemente all'estero. Insegna canto in Germania e in Sudtirolo.
Con Gotthard Bonell ha studiato pittura.

Ihre Veröffentlichungen haben verschiedene nationale und internationale Preise bekommen, die wichtigsten sind:
I suoi scritti letterari hanno ottenuto vari riconoscimenti nazionali e internazionali, i più importanti sono:

2017	Menzione d'onore *Casentino*, per il romanzo *La casa del nonno*
2015	Primo Premio *San Domenichino* per i racconti *La cucchiara*
2012	Primo Premio *Casentino,* per il romanzo *Teatro di ombre*
2012	Premio *Stiftung Kreatives Alter, Zürich* per i racconti *Le inquietudini della sora Elsa*
2011	Primo Premio *Chianti,* per il romanzo *Il silenzio*
2008	Primo Premio *Giovanni Gronchi,* per i racconti *La scuola delle catacombe*

Erste Auflage / Prima Edizione 5-2019
Zweite Auflage / Seconda Edizione 8-2019

Teilweise schon in anderen Erzählbänden erschienen
Parzialmente già pubblicati in altre raccolte di racconti

ISBN 978-3-943810-23-3

Registergericht München HRA 99261
www.verlagohnegeld.de
Gesamtgestaltung / Impaginazione: Heinz Weih
Deutsches Lektorat: Bärbel Yücel
Editing italiano: Fabio Zamboni e Silva Ganzitti

Umschlagbild / In copertina: Ada Zapperi,
Una pietra in bilico I, 1995

Editorial*

Unsere zweisprachigen Bücher werden vielfach im Italienisch-Unterricht verwendet. Sie sind dabei für den Vokabelerwerb und das Verständnis der Grammatik sehr hilfreich, die korrekte Aussprache kann aber dadurch nicht übermittelt werden und bleibt auf der Strecke.

Aus diesem Grund gehört zu diesem und allen folgenden zweisprachigen Büchern ein Audiofile, in dem der italienische Text einer Erzählung oder eines Kapitels von jemandem mit italienischer Muttersprache (vorzugsweise der Autor oder die Autorin) gelesen wird.

Um auch die Aussprache einzelner Worte mit geringem Aufwand überprüfen zu können, ist in der folgenden Tabelle jeder Seitenanfang dem entsprechenden Zeitpunkt im Audiofile zugeordnet:

70	72	74	76	78	80	82	84	86	88	90	92	94	96	98
00:00	02:09	04:23	05:56	08:12	10:15	12:30	15:03	17:07	19:17	21:05	23:29	25:54	27:52	30:07

Um den Audiofile zu erhalten senden Sie bitte eine Email an audio@verlagohnegeld.de und fügen Sie als Betreff das erste Wort auf Seite 72 des Buches ein. Sie erhalten dann den Audiofile (*L'ultimo testimone.wma*, 5 MB) als Anhang einer Email kostenlos zugesandt. Sie können aber auch eine Audio-CD mit besserer Tonqualität über unser Internetshop www.verlagohnegeld.de zum Preis von 3,80€ beziehen.

Es sei darauf hingewiesen, dass es sich nicht um eine Hörbuchversion des Buches handelt, sondern lediglich um eine Ergänzung zu dem Buch, in der die eine Erzählung *L'ultimo testimone* von der Autorin zur Verdeutlichung der Aussprache gelesen wird.

---

*Questo *Editorial* è destinato ai lettori di lingua tedesca, che studiano l'Italiano e per mezzo dell'audio-file possono controllare la loro pronuncia.

Ada Zapperi Zucker

Herta und andere Geschichten

Zweisprachige Erzählungen

Deutsch von Dominikus Andergassen

Herta e altre storie

Racconti in due lingue

Herta, l'anima della Osterwaldstraße

20 giugno 1975, una data che non dimenticherò mai, di mattina assai presto, eccoci a Monaco. I mobili e tutto il resto sarebbero arrivati quel giorno stesso, non si sapeva quando. Noi eravamo partiti da Hannover la sera prima e avevamo trascorso la notte in un Motel sull'autostrada: il mio bambino, quattro anni e mezzo, mi chiese un po' preoccupato se quella era la nostra nuova casa. Aveva assistito al trasloco, guardando stupito gli uomini che imballavano le nostre cose, i suoi giocattoli, il suo lettino... tutto maneggiato da quegli omoni forzuti, estranei e senza riguardi: dovevano fare presto e basta. In seguito mi accorsi che avevano impacchettato anche la spazzatura.

Ci siamo congedati dai nostri vicini di casa, cioè dalle poche persone con le quali ero riuscita ad avere un rapporto più o meno civile, in tutti i sei anni del mio soggiorno nella città più chiusa e scostante che nel corso della mia vita abbia conosciuto. Scesi dal secondo piano, dove avevo abitato durante gli ultimi cinque anni, al primo, dalla vecchia padrona di casa; una signora di poche parole, la stessa che aveva costretto il marito, macellaio, a mettersi le mutande, come mi raccontò lui stesso una volta che mi incontrò nel cortile di casa: pare non avesse conosciuto questo indumento prima di sposarsi. Mi raccontò inoltre che la moglie era una vera signora, mentre lui aveva soltanto molti soldi, fatti subito dopo la guerra. E niente educazione. La cosa non lo imbarazzava più di tanto, una semplice constatazione, un dato di fatto, niente di più.

Herta, die gute Seele der Osterwaldstraße

Der 20. Juni 1975 ist ein Datum, das ich nie vergessen werde. Frühmorgens waren wir in München angekommen. Die Möbel und der ganze Rest sollten noch am selben Tag nachkommen, man wusste nicht genau wann. Wir waren am Abend zuvor von Hannover aufgebrochen und hatten die Nacht in einem Motel an der Autobahn verbracht. Mein viereinhalbjähriger Sohn hatte mich ein wenig besorgt gefragt, ob das unser neues Zuhause wäre. Er hatte den Umzug mitverfolgt und verwundert die kräftigen, fremden Männer beobachtet, die ziemlich rücksichtslos unsere Sachen einpackten, auch sein Spielzeug, sein Bettchen ... Sie mussten schnell fertig werden, nur das zählte. Im Nachhinein bemerkte ich, dass sie auch den Müll mit eingepackt hatten.

Wir haben uns von unseren Nachbarn verabschiedet, das heißt von den wenigen Personen, mit denen ich in all den sechs Jahren meines Aufenthalts in der verschlossensten und ungeselligsten Stadt, die ich in meinem Leben kennen gelernt hatte, einen mehr oder minder zivilen Umgang hatte. Ich ging vom zweiten Stock, in dem ich die letzten fünf Jahre gewohnt hatte in den ersten hinunter zur alten Besitzerin, eine wortkarge Frau, die ihren Mann, einen Metzger, gezwungen hatte, sich Unterhosen anzuziehen, wie er mir selbst eines Tages erzählte, als ich ihm im Hof begegnet war: anscheinend war ihm dieses Kleidungsstück vor seiner Hochzeit unbekannt gewesen. Er erzählte mir zudem, dass seine Frau eine richtige Dame sei, während er nur viel Geld habe, zu dem er gleich nach dem Krieg gekommen sei. Und keine Bildung. Diese Tatsache brachte ihn nicht sonderlich in Verlegenheit, war nur eine einfache Feststellung, eine Tatsache, nichts weiter.

La cortesia assai fredda di tutta questa gente, il modo sempre più o meno corretto di trattare (e nella correttezza si annida il desiderio di distanza, di limite fra sé e l'altro) mi hanno lasciato sempre un senso di squallore e di solitudine che, nonostante siano passati tanti anni, non riesco a dimenticare. Ricordo come una settimana dopo il trasloco in questo appartamento di vecchia costruzione, spazioso, con una vera stufa a carbone che riscaldava tutte le stanze, la padrona di casa, attraverso una nipote che abitava sul mio stesso pianerottolo, mi fece sapere che era necessario mettere le tendine alle finestre, per via della gente: non voleva che si pensasse di aver affittato la propria casa a gente così povera da non potersi permettere neanche il lusso di una tendina! Io ero al nono mese di gravidanza e mio marito lavorava dalla mattina alla sera, prima all'Università e poi in teatro, per cui fu costretto ad appendere le tende in piena notte. Altro ricordo: bisognava lavare le scale di casa a turno. Io avevo una donna per le pulizie e naturalmente diedi a lei anche questo incarico. Non passò una settimana e arrivò il responso: dopo un accurato controllo e per decisione unanime del condominio, cinque in tutto, era stato deciso che la pulizia delle scale rientrasse nei miei compiti di padrona di casa. Il motivo: la donna non era abbastanza precisa, non puliva le scale con amore! Io mi rifiutai di farlo, e in quella occasione pronunciai una frase poi rimasta famosa nella mia vita matrimoniale: „io non sono nata per pulire scale"... Mio marito, di notte, per evitare ulteriori difficoltà con le vicine, si vide costretto a fare questo servizio, chiaramente al di sotto delle mie possibilità. Seguì un ulteriore controllo generale: per fortuna fu accettato il nuovo lava-scale, ma tutte le donne mi guardarono in un certo modo, che non voglio descrivere.

Die ziemlich kühle Freundlichkeit all dieser Leute, der immer mehr oder minder korrekte Umgang (und in der Korrektheit nistet das Bedürfnis nach Abstand, nach Distanz zwischen sich und den anderen), haben mir immer ein Gefühl der Trostlosigkeit und der Einsamkeit vermittelt, die ich, trotz der vielen Jahre, die verflossen sind, nicht vergessen kann. Ich erinnere mich, wie ich eine Woche nach unserem Einzug in diese geräumige Altbauwohnung mit einem richtigen Kohleofen, der alle Zimmer beheizte, die Besitzerin mir von einer Nichte, die in meinem Stockwerk wohnte ausrichten ließ, dass es wegen der Leute angebracht sei, Vorhänge an den Fenstern anzubringen: sie wolle nicht, dass man denke, sie habe ihre Wohnung an derart arme Leute vermietet, dass sie sich nicht einmal den Luxus eines Vorhangs leisten könnten! Ich war im neunten Monat schwanger und mein Mann arbeitete von früh bis spät, erst an der Universität, dann am Theater, weshalb ich gezwungen war, mitten in der Nacht noch Vorhänge anzubringen. Noch eine Erinnerung: man musste turnusweise das Treppenhaus putzen. Ich hatte eine Zugehfrau, der ich natürlich auch diese Aufgabe zuteilte. Es verging keine Woche, da kam auch schon der Bescheid: nach einer eingehenden Kontrolle war die Hausgemeinschaft, fünf an der Zahl, einstimmig zu dem Schluss gekommen, dass der Stiegenhausputz zu meinen Aufgaben als Hausfrau gehöre. Begründung: die Zugehfrau putze die Treppe nicht mit Hingabe! Ich weigerte mich es zu tun und äußerte bei dieser Gelegenheit den über all die Jahre meiner Ehe berühmt gebliebenen Satz: „Ich bin nicht zum Treppenputzen auf die Welt gekommen." Um weitere Schwierigkeiten mit den Nachbarn zu vermeiden, sah sich mein Mann gezwungen nachts diese Arbeit zu verrichten, die offensichtlich unter meiner Würde lag. Es folgte eine weitere allgemeine Kontrolle: zum Glück wurde der neue Stiegenputzer akzeptiert, doch alle Frauen sahen mich auf eine gewisse Art an, die ich hier nicht beschreiben möchte.

La scelta fra Vienna e Monaco, dopo la conclusione degli studi universitari di mio marito, era stata motivo di grandi discussioni: lui avrebbe preferito tornare in Austria; io, dopo cinque anni di vita austriaca e sei di non-vita nella Bassa Sassonia, avevo solo un desiderio: il Sud. Monaco era già allora definita la città più vicina all'Italia per mentalità, atmosfera, gente. La città italiana più a Nord, così l'opinione generale, e le Alpi, il mio grande amore, erano a due passi. Mio marito, anche lui appassionato di montagna, dopo quest'ultima considerazione accettò la mia scelta.

Finalmente lontani dalla pianura della bassa Sassonia (per vedere qualche collina a volte andavamo in Hartz ...), le Alpi in vista... il momento più entusiasmante della mia vita.

Qualche mese prima ero venuta per vedere la casa che l'Istituto dove avrebbe poi lavorato mio marito, ci aveva messo a disposizione: mi ero subito informata dal portiere se c'erano bambini nelle vicinanze e un negozio di alimentari. Avevo visto la zona, residenziale, bellissima, piena di verde; *l'Englischer Garten* appena subito dopo la strada principale; solo case con giardino, poche fermate di metropolitana fino al centro. Fui rassicurata: bambini... almeno una settantina e un negozio proprio di fronte. Bisognava solo attraversare la Osterwaldstraße. Dopo queste informazioni ero decisa a prendere la casa senza neanche vederla. Per me era importante che il mio bambino avesse tanti amici, potesse giocare fuori: nell'Anlage c'era un gran prato, uno scivolo e altri giochi, in più una piscina coperta. Finalmente una grande libertà di movimento per mio figlio, un piccolo negozio per le necessità più urgenti: non avevo altri desideri.

Die Wahl meines Mannes zwischen Wien und München nach dem Abschluss seines Universitätsstudiums war Anlass großer Auseinandersetzungen. Er hätte vorgezogen nach Österreich zurückzugehen, ich hingegen, nach fünf Jahren Österreichaufenthalt und sechs Jahren in Niedersachsen hatte nur einen einzigen Wünsch: den Süden. München wurde bereits damals wegen seiner Mentalität, seiner Atmosphäre und der Menschen als die Italien am nächsten stehende Stadt bezeichnet. Die am weitesten nördlich gelegene italienische Stadt, so die gängige Ansicht, und die Alpen, meine große Liebe, waren bloß zwei Schritte weg. Mein Mann, gleichfalls in die Berge vernarrt, akzeptierte, nach diesem letzten Argument meine Wahl.

Endlich weg von den Ebenen Niedersachsens (um einen Hügel zu Gesicht zu bekommen, fuhren wir manchmal in den Hartz ...), die Alpen vor Augen ... der mitreißendste Augenblick meines Lebens.

Einige Monate zuvor war ich gekommen, um mir das Haus anzusehen, in dem uns das Institut, für welches mein Mann arbeiten würde, eine Wohnung zur Verfügung gestellt hatte. Ich hatte mich sofort beim Hausmeister erkundigt, ob es in der Umgebung Kinder und ein Lebensmittelgeschäft gäbe. Ich hatte mir die Wohngegend angesehen: wunderbar, viel Grün, der Englische Garten gleich gegenüber der Hauptstraße, nur Häuser mit Gärten, nur wenige U-Bahnhaltestellen bis ins Stadtzentrum. Mir wurde versichert: Kinder ... mindestens an die siebzig und ein Laden direkt gegenüber. Man müsse nur die Osterwaldstraße überqueren. Nach diesen Informationen war ich entschlossen die Wohnung zu nehmen, ohne sie gesehen zu haben. Für mich war wichtig, dass mein Kind viele Freunde haben würde und draußen spielen konnte. In der Wohnanlage gab es eine große Wiese, eine Rutschbahn und andere Spielgeräte und auch noch ein Hallenschwimmbad. Endlich die große Bewegungsfreiheit für meinen Sohn, ein kleiner Laden für das Nötigste: ich hatte keine weiteren Wünsche.

Mio marito restò nella casa vuota in attesa del camion; io presi il mio bambino per mano e uscii sulla strada principale in cerca del negozio di alimentari per comprare qualcosa da mangiare: del pane, qualche frutto e non so più che altro. Ho visto subito il negozietto dalla parte opposta della strada: una casetta separata dalle altre, una porticina piuttosto modesta. Mi sembrava di essere in un paese e non certo in una grande città come Monaco. Questi negozi erano tipici della Germania anni Cinquanta. Qui era possibile rifornirsi di tutti o quasi tutti i prodotti di prima necessità; non solo, era anche l'unico negozio dove si poteva comprare a credito, infatti avevano e hanno ancora tutti un libro dei clienti dove vengono scritte le cifre, di solito minime, che restano in passivo: mio marito è uno di questi clienti. Lui esce sempre senza soldi, mentre io non ho mai fatto debiti.

Purtroppo i negozi di questo tipo sono ormai destinati a sparire, almeno nelle grandi città; qui li chiamano *Tante Emma Laden*, cioè la bottega di zia Emma, non so perché, una specie di luogo di ritrovo per gli abitanti delle strade limitrofe, importante soprattutto per le persone anziane, ma anche per i bambini. Per fare la spesa bisogna infatti prendere l'auto e andare in centro o nei grandi supermercati. Adesso, dopo oltre 40 anni, nella Osterwaldstraße, dove prima esisteva un secondo negozio del genere, Katra se ricordo bene, ormai è rimasto solo questo piccolo negozio. Mi accorgo che ancora adesso continua a essere un luogo di ritrovo per tutti, un punto fisso per questo quartiere, del resto privo di altri luoghi di incontro, se si esclude il centro sportivo della *Landesbank* e quello dell'*Allianz*, dove vanno anche persone di altri quartieri, facilmente riconoscibili.

Ma torno a quel lontano giorno del giugno 1975.

Mein Mann wartete in der leeren Wohnung auf den Lastwagen. Ich nahm mein Kind an der Hand und ging auf die Hauptstraße hinaus, auf der Suche nach dem Lebensmittelladen, um etwas zu essen zu kaufen, Brot, ein bisschen Obst und ich weiß nicht mehr was sonst noch. Ich habe gleich den kleinen Laden auf der anderen Straßenseite gesehen: ein alleinstehendes Häuschen mit einer ziemlich anspruchslosen Tür. Ich hatte den Eindruck, in einem kleinen Dorf zu sein, gewiss nicht in einer Großstadt wie München. Die kleinen Läden waren typisch für das Deutschland der fünfziger Jahre. Hier konnte man sich mit beinahe allen lebensnotwendigen Dingen versorgen, nicht nur das: es war auch der einzige Laden, in dem man auf Kredit einkaufen konnte. Tatsächlich hatten und haben diese Läden für alle Kunden immer noch ein Büchlein, in dem alle Einkäufe, für gewöhnlich Kleinstbeträge, eingetragen werden, die man schuldig bleibt. Mein Mann ist einer dieser Kunden. Er geht immer ohne Geld aus dem Haus, während ich nie Schulden gemacht habe.

Leider drohen solche Läden mittlerweile zu verschwinden, zumindest in den großen Städten. Diese Tante Emma-Läden sind eine Art Begegnungsort für die Menschen der angrenzenden Straßen, wichtig vor allem für ältere Menschen, aber auch für Kinder. Um die größeren Einkäufe zu erledigen, muss man mit dem Auto ins Stadtzentrum oder in die Einkaufszentren fahren. Jetzt, nach 40 Jahren in der Osterwaldstraße, wo es früher noch ein zweites Geschäft dieser Art gab – Katra, wenn ich mich recht erinnere – ist nur dieser kleine Laden geblieben. Mir fällt auf, dass es immer noch ein Treffpunkt für alle Bewohner dieses Viertel ist, in dem es sonst keine Begegnungsorte gibt, wenn man die Sportzentren der Landesbank und der Allianz ausnimmt, in das auch leicht auszumachende Leute aus den anderen Stadtvierteln kommen.

Kehren wir aber zu jenem fernen Tag des Jahres 1975

Entrai e mi guardai intorno: molta gente, un locale piuttosto stretto per cui bastavano tre o quattro persone per sembrare pieno. Alla cassa, subito accanto alla porta, una giovane donna mi guardò con gentilezza:

«Lei mi sembra nuova, qui. Benvenuta. E tu, come ti chiami?»

La prima volta che entrando in un negozio qualcuno si accorgeva in modo positivo della presenza del mio bambino. Ad Hannover avevo sempre avuto l'impressione di dovermi scusare. Ho ancora davanti a me quegli occhi duri, inquisitori: una straniera, già di per sé disdicevole, e quasi non bastasse... si permetteva di portare con sé anche un bambino!

Non dimenticherò mai il mio primo incontro con Herta, il suo sorriso aperto, la cortesia, e voglio aggiungere l'umanità che tutta la sua persona sapeva e ancora sa trasmettere.

Subito diede a mio figlio un non so più cosa, come sembra essere tradizione di questi *Tante Emma Laden*, forse un *Gummi Bär*, un *Kinderschokolade* o altro: anche questa una grande novità per me e per lui che subito sentì una grande simpatia per lei.

Si avvicinò un uomo anziano, di media statura, magro, modesto, anche lui curioso di conoscermi, gentile col bambino.

Chi era quell'uomo modesto? Seppi subito dopo che si chiamava Seibel ed era il proprietario del negozio; Herta lavorava da anni per lui. Ma preferisco lasciare la parola a Herta stessa: ho infatti pensato di farle una specie di intervista, perché credo nella memoria scritta. Qui tanti, se non tutti gli abitanti della Osterwaldstraße conoscono Herta, ma fra dieci anni, o venti, chi si ricorderà di lei, del signor Seibel, della vita di varie generazioni passate sotto gli occhi

zurück.

Ich trat in den Laden und sah mich um: viele Leute, ein ziemlich enges Lokal, weshalb wenige Personen genügten, damit es voll zu sein schien. An der Kasse gleich neben der Tür sah mich eine junge Frau freundlich an.

«Sie scheinen hier neu zu sein. Willkommen. Und du, wie heißt du?»

Zum ersten Mal, dass beim Betreten eines Geschäfts jemand auf positive Weise die Präsenz meines Kindes wahrnahm. In Hannover hatte ich immer das Gefühl gehabt mich entschuldigen zu müssen. Ich habe noch die harten, inquisitorischen Blicke vor Augen: eine Fremde, an und für sich schon ungehörig, und als würde das allein nicht schon genügen ... nimmt sie sich auch noch heraus ein Kind mitzubringen!

Ich werde diese meine erste Begegnung mit Herta nie vergessen, ihr offenes Lächeln, ihre Höflichkeit und, möchte ich hinzufügen, die Menschlichkeit, die die ganze Person zu vermitteln vermochte und immer noch vermag.

Gleich gab sie meinem Sohn irgendetwas, wie es in diesen Tante Emma-Läden Brauch zu sein scheint, vielleicht ein Gummi-Bärchen, eine Kinderschokolade oder dergleichen. Auch das war eine Neuigkeit für mich und für ihn, der sofort eine tiefe Zuneigung für sie empfand.

Ein älterer Mann kam hinzu, von mittlerer Größe, mager, einfach, auch er neugierig mich kennenzulernen und freundlich zum Kind.

Wer war dieser bescheidene Mann? Ich erfuhr später, dass er Seibel hieß und der Besitzer des Ladens war. Herta arbeitete für ihn. Aber ich ziehe es vor, Herta das Wort zu überlassen, denn ich dachte eine Art Interview mit ihr zu führen, weil ich an das niedergeschriebenen Gedächtnis glaube. Hier in der Osterwaldstraße kennen viele, wenn nicht gar alle die Herta, aber in zehn oder zwanzig Jahren, wer wird sich dann noch an sie erinnern, an Herrn Seibel, an das Leben vieler Generationen, das vor den Augen dieser

di questa donna particolare?

Ancora qualcosa mi spaventa: e se alla sua morte il negozio sarà venduto e al suo posto verrà costruito un condominio, com'è accaduto con l'altro negozietto, buttato giù da qualche mese?

Ecco da cosa nasce la necessità di fermare sulla carta qualche particolare, un pezzo di storia e due persone che hanno lasciato una testimonianza di vita come forse non ci sarà mai più. Le generazioni future magari troveranno nel fondo di una libreria questo libricino e lo sfoglieranno incuriositi: racconti, vari incontri in diversi luoghi, tutti con esseri umani effettivamente vissuti. Storie che si ripetono, e non è importante in quale parte del mondo siano accadute: gli esseri umani, nonostante i rivolgimenti della tecnica e quindi degli usi, restano sempre uguali a se stessi.

Questo racconto vuol ricordare un tempo lontano e un piccolo negozio di alimentari dove ogni bambino era benvenuto, sempre, chiamato per nome e reso felice con un piccolo regalo: trovo molto importante sapere che in questa parte di Monaco, piuttosto chic, di gente molto benestante, ci sia stata una donna semplice, che guardava tutti i suoi clienti negli occhi, li riconosceva, uno per uno, nome cognome e buona parte della storia della loro vita; sapeva ascoltarli, partecipare delle loro gioie ma anche e soprattutto della immensa solitudine delle persone anziane. La ricchezza non ha mai potuto riempire il vuoto interiore, non ha mai sostituito il calore umano che spesso manca per diversi motivi. Allora andare da Herta significa parlare, raccontare, sentire quell'onda di empatia che lei ha sempre saputo trasmettere. Mi ha mostrato un enorme album di fotografie e cartoline dei suoi clienti: li ho contati, oltre quattrocento foto di matrimoni, nascite, incontri di famiglie, ricordi intimi di primi amori, e tanti, tanti bambini. Un archivio della Osterwaldstraße come è difficile trovare altrove. Herta, sempre disponibile,

besonderen Frau vorbeizog?

Noch ein Gedanke erschreckt mich: Was, wenn nach ihrem Tod der Laden verkauft und an seiner Stelle ein Wohnblock errichtet wird, so wie es mit dem anderen Laden passiert ist, der vor einigen Monaten abgerissen wurde?

Das ist es, woraus die Notwendigkeit entsteht, einige Einzelheiten zu Papier zu bringen, ein Stück Geschichte und zwei Menschen, die Zeugnis eines Lebens hinterlassen haben, das es so nie mehr geben wird. Zukünftige Generationen werden vielleicht im hintersten Winkel einer Buchhandlung dieses Büchlein finden und neugierig darin blättern: Erzählungen, verschiedene Begegnungen an unterschiedlichen Orten mit Menschen, die wirklich existiert haben. Geschichten, die sich ewig wiederholen, und es ist nicht wichtig, an welchem Ort der Welt sie sich ereignet haben: die Menschen bleiben sich trotz der Wandlung der Technik und deren Verwendung immer gleich.

Diese Erzählung möchte an eine ferne Zeit erinnern und an ein kleines Lebensmittelgeschäft, in dem jedes Kind willkommen war, immer mit seinem Namen angesprochen und mit einem kleinen Geschenk glücklich gemacht wurde. Ich finde es sehr wichtig zu wissen, dass es in diesem besonders schicken, von begüterten Leuten bewohnten Teil Münchens eine einfache Frau gab, die allen Kunden in die Augen sah, ihre Vor- und Familiennamen und einen Gutteil ihrer Lebensgeschichte kannte. Sie wusste ihnen zuzuhören, an ihren Freuden teilzunehmen, aber auch an der unendlichen Einsamkeit der älteren Menschen. Reichtum hat noch nie die innere Leere ausfüllen, noch nie die menschliche Wärme ersetzen können, die oft aus den unterschiedlichsten Gründen fehlt. Denn zu Herta gehen bedeutet reden, erzählen, diese empathische Welle spüren, die sie immer zu vermitteln gewusst hat. Sie hat mir ein riesiges Foto- und Ansichtskartenalbum ihrer Kunden gezeigt: ich habe sie gezählt, über vierhundert Hochzeitsfotos, Geburten, Familientreffen, Erinnerungen an die erste große Liebe und viele, viele Kin-

amica di tutti, nel senso migliore della parola, è indubbiamente la persona più conosciuta e amata da giovani, vecchi e bambini.

In una grande città cosmopolita come Monaco, nella società nella quale viviamo, certamente un esempio di umanità che si spera non scompaia mai.

Un pomeriggio la invitai a prendere il tè in casa mia e la pregai di raccontarmi di sé, se lo desiderava; di rispondere alle mie domande, chiedendole anche il permesso di scrivere i suoi ricordi. Herta, sempre aperta e gentile, un po' imbarazzata e con semplicità e modestia, doti che la distinguono, cominciò come tutti dalla nascita, dal luogo, dalla madre.

Ho registrato, col suo permesso, questa sorta di intervista per ricordare almeno i particolari più importanti.

Riascoltandola ora, confesso che non è facile, dalla quantità di informazioni ricevute, districare i punti salienti, necessari per imbastire in qualche modo un racconto con un filo conduttore, con una linea, un inizio e una fine: d'altra parte, come si fa a trovare un filo conduttore nella storia di una vita? Certo, ogni esistenza ha sempre un inizio e una fine, ma quante interferenze ne deviano il percorso; quante storie di altre persone si intersecano, come fili in un grosso canovaccio, trasformandone spesso in modo rilevante il progetto iniziale. Se poi si tiene conto del secolo appena trascorso, con tutti i suoi imprevisti, e cioè con due guerre di enormi dimensioni; sconvolgimenti di portata mondiale con ripercussioni anche negli angoli più lontani, fin nelle case di piccoli centri abitati, sempre dimenticati dalla Storia ufficiale. Luoghi che nel passato non hanno mai giocato un ruolo importante per l'evoluzione dell'umanità, ora al contrario sono entrati addirittura nell'immaginario collettivo di tutto il mondo civile. E mi sembra superfluo citare il nome di que-

der. Ein Archiv der Osterwaldstraße, wie man es schwer anderswo finden wird. Herta, immer hilfsbereit, eines jeden Freundin im besten Sinne des Wortes, ist zweifellos bei Jugendlichen, Alten und Kindern die beliebteste Person.

In einer großen kosmopolitischen Stadt wie München, in einer Gesellschaft wie der unseren gewiss ein Beispiel an Menschlichkeit, von der man hofft, sie möge nie verschwinden.

Eines nachmittags lud ich sie zum Tee zu mir nach Hause ein und bat sie, wenn sie wollte, von sich zu erzählen, meine Fragen zu beantworten, und bat sie um Erlaubnis, ihre Erinnerungen aufschreiben zu dürfen. Herta, immer offen und freundlich, ein wenig verlegen, einfach und bescheiden – Gaben, die sie auszeichneten – begann, wie alle bei der Geburt, der Heimat, der Mutter.

Ich habe mit ihrer Erlaubnis dieses Gespräch aufgezeichnet, um zumindest die wichtigsten Einzelheiten festzuhalten.

Ich gestehe, dass es einerseits nicht einfach ist, aus der Menge an Informationen die wichtigsten herauszufiltern, um daraus irgendwie eine Geschichte mit einem roten Faden, mit einem Anfang und einem schlüssigen Ende zu machen. Wie aber soll man andererseits das Leitmotiv, den roten Faden einer Lebensgeschichte finden? Gewiss, jede Existenz hat immer einen Anfang und ein Ende, doch wie viele Interferenzen verändern deren Verlauf, wie viele Lebensgeschichten anderer kreuzen sich genauso wie die Fäden eines großen Gewebes darin und verändern so oft den ursprünglichen Verlauf ganz wesentlich. Wenn man zudem noch das eben vergangene Jahrhundert mit all seinen Zwischenfällen, seinen Kriegen ungeheuerlichen Ausmaßes, seinen weltweiten, sich auch auf die entferntesten Ecken dieser Welt bis hin in die von der großen Geschichte vergessenen Orte auswirkenden Erschütterungen berücksichtigt. Orte, die in der Vergangenheit nie eine wichtige Rolle in der Geschichte der Menschheit gespielt haben, und jetzt hingegen in das allge-

sti luoghi.

Per la prima volta mi accorgo quanto sia difficile ridurre in forma letteraria le vicende di una vita vera, veramente vissuta, senza nessun colpo di scena, senza drammi, senza avvenimenti fuori dalla normalità. Perché, a prima vista, questa sembra essere la storia della vita di Herta, fatta solo di quotidianità, di gesti sempre ripetuti, di incontri con le stesse persone, con gli stessi clienti abituali, e parole sempre uguali. Ma anche sorrisi, tanti sorrisi. Perché Herta sorride sempre, con la bocca e con gli occhi. In fondo, a che altro si riduce la nostra vita se non a una serie di incontri, di parole tutte uguali, di riti giornalieri: alzarsi, vestirsi, svolgere un lavoro e forse sorridere? A volte dimentichiamo proprio questa espressione così abituale per Herta: sorridere… e allora, come dice Chaplin, abbiamo perso un giorno di vita!

È nata nel 1941 in un paese dell'Alta Austria, Sierning, che alla fine degli anni Settanta ha celebrato il millennio dalla sua fondazione, distante una decina di chilometri da Steyr, città bellissima, carica di storia. Nel frattempo so che Steyr insieme a Sierning erano molto conosciute già ai tempi dei Romani per la lavorazione del ferro: dal medioevo in poi proprio in questo angolo di mondo si sviluppò il centro di produzione di armi più importante d'Europa.

Intanto mi sembra interessante incominciare con la madre, una donna dalla forte personalità, come dice Herta, cercando attraverso lei di capire da dove proviene questa enorme carica di energia, ma anche la semplicità, il calore umano e la modestia, particolarità del suo carattere, che le hanno permesso da oltre 50 anni di creare una sorta di punto di incontro per tutti gli abitanti di questa strada e di quelle limi-

meine Bewusstsein der gesamten zivilisierten Welt gerückt sind ... und es erscheint mir überflüssig, deren Namen aufzuzählen.

Ich bemerke zum ersten Mal, wie schwer es ist, die Ereignisse eines wirklichen Lebens ohne szenische Effekte, ohne große Dramen, ohne außergewöhnliche Vorkommnisse zu Papier zu bringen. Auf den ersten Blick scheint nämlich Hertas Geschichte genau das zu sein: Alltag, immer wiederkehrende Tätigkeiten, Begegnungen mit immer denselben Menschen, den üblichen Kunden und immer denselben Worten. Aber auch Lächeln, häufiges Lächeln. Denn Herta lächelt immer, mit dem Mund und mit den Augen. Worauf reduziert sich denn im Grunde genommen unser Leben, wenn nicht auf eine Reihe von Begegnungen, auf die immer gleichen Worte, Alltagsrituale: aufstehen, anziehen, zur Arbeit gehen und vielleicht lächeln? Manchmal vergessen wir gerade diese Herta so geläufige Ausdrucksform: lächeln ... wodurch, um es mit Chaplin zu sagen, uns ein Tag unseres Lebens entgeht!

Sie ist 1941 in Sierning, einem Dorf in Oberösterreich zur Welt gekommen, das Ende der siebziger Jahre das tausendjährige Jubiläum seiner Gründung gefeiert hat, ungefähr zehn Kilometer entfernt von Steyr, einer wunderschönen, an Geschichte reichen Stadt. Mittlerweile weiß ich, dass Steyr gemeinsam mit Sierning bereits zur Römerzeit wegen der Eisenverarbeitung sehr bekannt war. Seit dem Mittelalter entwickelte sich gerade in dieser Ecke der Welt Europas wichtigstes Produktionszentrum für Waffen.

Indessen erscheint es mir interessanter mit der Geschichte der Mutter zu beginnen, einer Frau mit einer starken Persönlichkeit, wie Herta sagt, um über den Umweg über sie zu verstehen, woher diese enorme Ladung an Energie stammt, aber auch die Einfachheit, die Herzenswärme und die Bescheidenheit, Besonderheiten ihres Charakters, die es ihr in über fünfzig Jahren ermöglicht haben, zu einem

trofe: il nome di Herta è in ogni caso un punto di riferimento, tanto che chi cerca casa da queste parti aggiunge sempre „nelle vicinanze di Herta".

La madre, Leopoldine, nacque nel 1912 e già questa data, oltre al nome tipico di quegli anni, mi fa pensare alla vecchia k.k. Monarchia prima del grande disastro storico.

Ancora viveva Franz Josef, il vecchio Kaiser, e con lui le tanto decantate tradizioni asburgiche; nonostante le piccole rivolte, i vani tentativi di qualche cambiamento, tutto sembrava fermo ai vecchi criteri di vita. Gli Stati europei avevano regimi ormai centenari, il sistema delle suddivisioni in caste sociali sembrava intoccabile: da una parte la nobiltà con tutti i privilegi, dall'altra il resto dell'umanità. La Prima guerra mondiale mise termine in modo definitivo a quello che da secoli sembrava essere una legge divina.

La prima repubblica in Austria significò un grande cambiamento politico. Ma la fine della guerra sconvolse soprattutto l'economia del Paese: una enorme disoccupazione, la fame, vari sommovimenti politici caratterizzarono gli anni che seguirono. La ricerca di lavoro si fece sempre più drammatica. Ci fu un'ondata di emigrazione ovunque in Europa e anche in America.

Nel 1937 o '38 , insieme a una sorella emigrò in Olanda, dove trovò lavoro presso una famiglia. Restò lì fino al 1940. Al suo ritorno, l'Austria, in seguito all'Annessione del '38, faceva già parte del *Deutsche Reich* col nome di *Ostmark*, condividendo, dall'inizio fino alla fine, e con piena convinzione,

Treffpunkt für alle Einwohner dieser und der angrenzenden Straßen zu werden. Herta ist in jedem Fall ein Bezugspunkt; das geht so weit, dass, wer hier in der Gegend eine Wohnung sucht, immer hinzufügt: „In Herta Nähe".

Hertas Mutter, Leopoldine, wurde 1912 geboren, und bereits das Geburtsjahr, neben dem für diese Zeit typischen Namen, lässt uns an die k.u.k. Monarchie vor dem großen geschichtlichen Desaster denken.

Es war noch zu Zeiten Franz Josefs, des alten Kaisers, und mit ihm lebten noch die alten, vielgepriesenen Habsburger Traditionen. Trotz kleinerer Aufstände und verschiedenen Änderungsversuchen schien alles den alten Lebenskriterien zu folgen. Die europäischen Staaten waren von mittlerweile jahrhundertealten Regierungssystemen beherrscht und das System der sozialen Klassen schien unantastbar: auf der einen Seite die Adeligen mit all ihren Privilegien, auf der anderen der Rest der Menschheit. Der Erste Weltkrieg brachte für dieses scheinbar göttliche Gesetz das endgültige Aus.

Die Ausrufung der Republik bedeutete für Österreich eine große politische Veränderung, aber das Ende des Krieges erschütterte vor allem die Wirtschaft des Landes: eine ungeheure Arbeitslosigkeit, der Hunger, verschiedene politische Aufstände kennzeichneten die darauf folgenden Jahre. Die Arbeitssuche gestaltete sich immer dramatischer. Auswanderungswellen gab es innerhalb Überall in Europas und nach Amerika.

1937 oder '38 wanderte sie gemeinsam mit einer Schwester nach Holland aus, wo sie bei einer Familie Arbeit fand. Sie blieb bis 1940. Bei ihrer Rückkehr war Österreich in Folge des Anschlusses von 1938 unter der Bezeichnung Ostmark Teil des Deutschen Reiches und teilte von Anfang bis zum

i destini della Germania nazista: ne pagò anche le conseguenze, ben oltre la fine della II Guerra mondiale.

Mise su una sartoria, con i soldi guadagnati. Poco dopo conobbe uno spazzacamino del luogo: colpo di fulmine, matrimonio e l'anno seguente ecco Herta, la figlia molto amata.

Quanti drammi si nascondono dietro queste poche date, queste poche informazioni, queste vite di donne sole; infatti poco tempo prima era morto il nonno, e il padre di Herta, richiamato alle armi allo scoppio della guerra, nei primi anni aveva fatto servizio nelle vicinanze di Steyr. Nel 1944 fu spedito in Russia e da quel momento non si seppe più nulla di lui: fu dichiarato disperso. La madre restò sola . Continuò ad aspettarlo per oltre dieci anni, sempre sicura che sarebbe tornato: fino a metà degli anni Cinquanta arrivavano ancora treni interi pieni di prigionieri provenienti dalla Siberia. Una fotografia del marito, sempre bene in vista, ricordava la sua presenza. Herta crebbe senza padre, senza una figura maschile, in una famiglia di sole donne.

Herta mi racconta di non aver nessun ricordo della guerra, e mi sorprende perché già dal 1944 cominciarono i bombardamenti anche su Sierning, appunto per l'importanza della fabbrica di armi. Fino alla fine della guerra si contarono oltre mille bombardamenti, con gravissimi danni materiali e una quantità di morti. Certo una bambina di tre-quattro anni non può conservare ricordi di alcuna rilevanza, ma l'atmosfera di paura, di insicurezza?

Ricorda con nostalgia la propria infanzia, a quanto pare abbastanza serena; la madre oltre che come sarta accettava qualsiasi lavoro le venisse offerto: non si risparmiava mai e, nonostante la vita faticosa che conduceva, aveva grande cura della sua bambina . La vestiva ogni mattina nel miglior

Ende in vollster Überzeugung das Schicksal Nazideutschlands ... und trug noch weit über das Ende des Zweiten Weltkrieges hinaus die Folgen.

Mit dem in Holland Ersparten machte sie eine Schneiderei auf. Kurz darauf lernte sie einen ortsansässigen Kaminkehrer kennen: Liebe auf den ersten Blick, Hochzeit, und im Jahr darauf kam Herta zur Welt, die heißgeliebte Tochter.

Welche Dramen verbergen sich hinter diesen trockenen Daten, diesen spärlichen Informationen, den Leben dieser einsamen Frauen. In der Tat war kurze Zeit zuvor der Großvater gestorben und Hertas Vater wurde bei Ausbruch des Krieges eingezogen, und leistete zuerst in der Nähe Steyrs seinen Wehrdienst, wurde dann nach Russland abkommandiert, und ab 1944 erhielt man keine Nachricht mehr von ihm. Er wurde als vermisst erklärt. Die Mutter blieb alleine. Sie wartete mehr als zehn Jahre lang auf ihn, immer gewiss, dass er zurückkommen würde; bis zur Hälfte der fünfziger Jahre kamen immer noch ganze Züge voller Kriegsgefangener aus Sibirien an. Ein gut sichtbares Foto des Ehemannes erinnerte an seine Existenz. Herta wuchs ohne Vater, ohne männliche Bezugsperson in einer rein weiblichen Familie auf.

Herta sagte mir, dass sie keinerlei Erinnerung an den Krieg habe, was mich verwundert, weil auch in Sierning bereits 1944 gerade wegen der Waffenfabriken die Bombardierungen begannen. Bis zum Kriegsende zählte man über tausend Bombardements mit schweren Schäden und zahlreichen Toten. Gewiss, ein drei- bis vierjähriges Kind behält vielleicht keine besondere Erinnerung, aber diese Atmosphäre von Angst, von Ungewissheit?

Sie erinnert sich voller Sehnsucht an ihre, wie es scheint ziemlich heitere Kindheit. Die Mutter übernahm neben der Tätigkeit als Schneiderin jede Arbeit, die ihr angeboten wurde; sie schonte sich trotz des anstrengenden Lebens, das sie führte nicht und kümmerte sich sehr um ihre Tochter. Sie kleidete sie jeden Morgen auf die bestmöglichste Art, bevor

modo possibile prima di mandarla a scuola – Herta tiene asottolineare questo particolare – la pettinava, badava a lei in modo esemplare. Non volle mai risposarsi, nonostante il fratello del marito glielo avesse proposto.

Possedevano infatti insieme una piccola fattoria e secondo lui, per non ricorrere alla suddivisione della proprietà, sarebbe stato opportuno appunto sposarsi. Herta ricorda come dopo il rifiuto della madre si fosse rivolto a un notaio per dichiarare ufficialmente la morte del fratello: un affronto, un dolore che si aggiungeva alla perdita del marito molto amato. Alla vedova consegnò 10.000 scellini, una somma piuttosto irrisoria, comprando così la sua parte di eredità. Ancora adesso Herta non riesce a nascondere il risentimento contro questo zio che privò la madre di quanto in realtà le sarebbe spettato.

Herta a quattordici anni trovò lavoro presso un contadino che, a suo dire, la trattava bene; dopo qualche tempo un'amica, emigrata a Monaco, le propose di seguirla: qui c'erano maggiori possibilità di lavoro e una migliore retribuzione. Nel 1961 finalmente affrontò la grande avventura, come anni prima la madre in Olanda, ripromettendosi però di tornare a casa al più tardi dopo due anni. Fu necessario richiedere il visto e il permesso di lavoro, finché un bel giorno si mise in treno, direzione Monaco. Alla stazione l'aspettava l'amica e per i primi due giorni fu sua ospite. Senza perdere tempo cercarono sul giornale gli annunci di offerte di lavoro: un negozietto di alimentari aveva bisogno di un aiuto, possibilmente una ragazza giovane, anche senza alcuna esperienza.

Ho una foto in bianco e nero di Herta, datata 1957. Seduta su una poltrona, chiaramente nello studio del fotografo (allora le fotografie si facevano dal fotografo!) un vestito a fiori

sie sie in die Schule schickte – Herta betont besonders dieses Detail – dass sie sie immer schön kämmte und vorbildhaft für sie sorgte. Sie wollte sich nicht wieder verheiraten, obwohl der Bruder ihres Mannes um sie warb.

Gemeinsam besaßen sie einen kleinen Bauernhof und seiner Meinung nach wäre es angebracht gewesen zu heiraten, um die Teilung des Anwesens zu vermeiden. Herta erinnerte sich, dass er, nachdem ihre Mutter abgelehnt hatte, sich an einen Notar gewandt hatte, um den Bruder ganz offiziell für tot erklären zu lassen, ein Affront, ein zusätzlicher Schmerz, der sich zum Verlust des so sehr geliebten Mannes gesellte. Der Witwe gab er 10.000 Schilling, einen ziemlich läppischen Betrag, mit dem er sich ihren Teil des Erbes erkaufte. Heute noch vermag Herta nicht ihren Groll diesem Onkel gegenüber zu verbergen, der ihrer Mutter weggenommen hatte, was ihr zugestanden hätte.

Mit vierzehn Jahren fand Herta Arbeit bei einem Bauern, der sie laut ihrer Aussage gut behandelte. Einige Zeit später schlug ihr eine Freundin, die nach München ausgewandert war vor, ihr zu folgen, da es in München mehr Arbeit und eine höhere Entlohnung gab. 1961 wagte sie, wie ehemals ihre Mutter in Holland, endlich das große Abenteuer, wobei sie sich aber vornahm, nach höchstens zwei Jahren wieder nach Hause zurückzukehren. Erst musste sie aber ein Visum und eine Arbeitserlaubnis beantragen, und eines schönen Tages bestieg sie den Zug nach München. Am Bahnhof wurde sie von ihrer Freundin erwartet, bei der sie dann die ersten beiden Tage zu Gast war. Ohne lange Zeit zu verlieren, gingen sie in der Zeitung die Stellenangebote durch: ein kleiner Lebensmittelladen brauchte eine Gehilfin, wenn möglich ein junges Mädchen ... auch ohne Erfahrung.

Ich besitze ein Schwarzweißfoto von Herta aus dem Jahre 1957. Sie sitzt in einem Polstersessel, offensichtlich in einem Fotoatelier (damals wurden Fotos noch beim Fotografen gemacht), in einem geblümten ärmellosen Kleid, einer

a maniche corte, collana e braccialetto di perle, il viso incorniciato da una folta capigliatura nera, gli occhi fiduciosi, pieni di attesa; non sorride, una serietà già consapevole. I piedi incrociati sotto il vestito. Questa la Herta di appena sedici anni. Sembra quasi un'adulta. Ma allora a sedici anni si sapevano tante cose, si erano accumulate esperienze di vita inimmaginabili per una adolescente di oggi, soprattutto in un piccolo paese austriaco, subito dopo la guerra. Si conoscevano le difficoltà quotidiane, la necessità di lavorare per sopravvivere; lei stessa lavorava già da due anni e aveva visto la madre da sempre impegnata per il mantenimento della famiglia. Tutto questo è possibile leggere in questa fotografia di oltre sessant'anni fa.

Alla fine degli anni Cinquanta la Osterwaldstraße cominciava a cambiare aspetto: sul lato sinistro della strada era stata eliminata una grande autorimessa con officina (*Autowerkstatt*), per fare posto a una serie di palazzine eleganti.

Dopo la Imhofstraße, e cioè in Beltweg, in un grosso areale, fin dall'inizio del secolo sorgeva una grande fabbrica di pellami, appartenuta a una ricca famiglia di origine ebraica, con villa e costruzioni per i dipendenti, tutto espropriato dopo l'emanazione delle leggi razziali; la famiglia fece la stessa fine di milioni di altri ebrei. All'inizio degli anni Settanta su questo areale, comprato in seguito dal Comune di Monaco, furono costruiti diversi palazzi eleganti, la cosiddetta *Anlage* di Beltweg, dove trovai la mia prima casa a Monaco.

In questi ultimi 40 anni, come mi ha raccontato lei stessa, il ceto degli abitanti originari di questo quartiere è cambiato notevolmente. Se prima si trattava per la maggior parte di artigiani, piccoli e medi impiegati e non so che altro, oggi siamo arrivati alla classe più elevata non soltanto da un

Perlenkette und einem Perlenarmband, das Gesicht von üppigem schwarzen Haar eingerahmt, mit hoffnungsvollen Augen voller Erwartung. Sie lächelt nicht, eine bereits bewusste Ernsthaftigkeit. Die Füße unter dem Kleid überkreuzt. Das ist Herta mit sechzehn Jahren. Sie scheint beinahe erwachsen. Aber damals wusste man mit sechzehn bereits viele Dinge, hatte für eine Jugendliche von heute unvorstellbare Lebenserfahrungen gesammelt, vor allem in einem kleinen österreichischen Dorf gleich nach dem Krieg. Man kannte die Alltagsprobleme, die Notwendigkeit zu arbeiten, um zu überleben. Sie selbst arbeitete ja bereits seit zwei Jahren und hatte ihre Mutter immer schon damit beschäftigt erlebt, das Überleben ihrer Familie zu sichern. All das kann man aus diesem Foto von vor über sechzig Jahren herauslesen.

Am Ende der fünfziger Jahre begann die Osterwaldstraße ihr Aussehen zu verändern: auf der linken Straßenseite war die große Autowerkstätte verschwunden, um einer Reihe von eleganten Wohnhäusern Platz zu machen.

Am Ende der Imhofstraße, das heißt im Beltweg, einem großen Areal, stand seit Anfang des Jahrhunderts eine große Lederfabrik, eine Villa und Unterkünfte für die Angestellten, die einer reichen Familie mit jüdischen Wurzeln gehörten, und die mit dem Erlass der Rassengesetze enteignet worden war. Der Familie widerfuhr dasselbe Schicksal wie Millionen anderer Juden. Zu Beginn der siebziger Jahre wurden auf diesem Areal, das dann von der Stadt München erworben wurde, verschiedene elegante Wohnhäuser gebaut, die sogenannte Wohnanlage am Beltweg, wo auch ich meine erste Wohnung in München fand.

In den letzten vierzig Jahren, so erzählte mir Herta selbst, veränderte sich der soziale Status der Bewohner dieses Viertels erheblich. Waren es früher größtenteils Handwerker, kleinere und mittlere Beamte, so handelt es sich heute um die Oberschicht, nicht nur vom finanziellen Ge-

punto di vista finanziario, del resto non trascurabile, dati i prezzi delle case, ma anche da un punto di vista culturale. Per me, straniera, è facile riconoscere l'appartenenza delle persone che si incontrano nel negozietto di Herta: accanto al muratore, operaio e altro che lavora per un certo periodo alla ristrutturazione di qualche casa qui vicino, è possibile incontrare uomini e donne dell'alta borghesia monacense, personalità dello spettacolo, della politica, della cultura, tutti in rapporti di grande familiarità con lei.

Al numero 51 della Osterwaldstraße, un po' separata dalle altre case, sorgeva una piccola costruzione con un piano terra e un primo piano. Poco tempo fa è stata buttata giù e ne ha preso posto una bella palazzina, modernissima, sicuramente assai costosa: quattro o più appartamenti di lusso e un capitolo di vita è stato cancellato per sempre, letteralmente raso al suolo, quasi non fosse mai esistito.

Qui, nell'estate del 1961, avvenne l'incontro che doveva cambiare definitivamente la sua vita: il gestore di questo negozietto di alimentari, dal 1956, era il Signor Seibel, che nell'estate del 1975 conobbi personalmente: un ometto smilzo, sempre in movimento, gentile, assai discreto, modesto.

Che altro posso dire di lui?

Allora non sapevo di avere davanti a me un uomo che riassumeva in sé il periodo storico più tragico di tutta l'Europa; l'esempio vivente di tutti gli avvenimenti che hanno sconvolto per un secolo intero le coscienze, il senso morale, i principi di giustizia e umanità che avevano retto in qualche modo il mondo fino ad allora.

Ho cercato di sapere qualcosa di lui già durante gli anni in cui andavo a fare le mie piccole spese nel suo negozio, dal 1963 trasferito al numero 68 della Osterwaldstraße, appunto di sua proprietà: cosa mi avrebbe raccontato? Sicuramente avrebbe taciuto, divagando in qualche modo come ha fat-

sichtspunkt aus (angesichts des nicht zu vernachlässigenden Preises der Immobilien), sondern auch von einem kulturellen Standpunkt aus betrachtet. Für mich als Fremde ist es einfach die soziale Zughörigkeit der Menschen zu erkennen, denen man in Hertas Laden begegnet. Neben dem Maurer, dem Arbeiter, der für eine gewisse Zeit mit dem Umbau eines der Häuser in der Umgebung beschäftigt ist, kann man hier Männern und Frauen der gehobenen Münchner Mittelschicht begegnen, Persönlichkeiten aus dem Showgeschäft, der Politik und Kultur, die alle einen äußerst familiären Umgang mit Herta pflegen.

In der Osterwaldstraße Nummer 51 stand etwas abseits von den anderen Häusern ein kleines zweigeschossiges Gebäude. Vor kurzem wurde es abgerissen und an seiner Stelle wurde ein schönes, sehr modernes, gewiss äußerst kostspieliges Haus errichtet: vier oder mehr Luxuswohnungen und ein Lebensabschnitt ist für immer ausgelöscht worden, im wahrsten Sinne des Wortes dem Erdboden gleich gemacht, als hätte er nie existiert.

Hier fand im Sommer 1961 jene Begegnung statt, die ihr Leben endgültig verändern sollte. Hier begegnete sie Herrn Seibel, seit 1956 Besitzer des Ladens, den ich 1975 persönlich kennen lernte, ein kleiner Mann, immer in Bewegung, freundlich, ziemlich diskret, bescheiden.

Was kann ich sonst noch über ihn berichten?

Damals wusste ich nicht, dass ich einen Menschen vor mir hatte, der die tragischste Epoche ganz Europas in sich vereinte, das lebende Beispiel aller Ereignisse, die ein ganzes Jahrhundert lang das Gewissen, die Moral, die Grundlagen des Rechts und der Menschlichkeit erschüttert haben, die die Welt bisher irgendwie zusammengehalten hatten.

Ich habe bereits in den Jahren, als ich in seinem kleinen Laden (der 1963 in die Nummer 68 der Osterwaldstraße übersiedelt war, in die Räumlichkeiten, die ihm gehörten) meine kleinen Besorgungen machte, etwas über ihn in Erfahrung zu bringen versucht. Was hätte er mir wohl erzählen

Herta im Alter von 16 Jahren
Herta a 16 anni

to con tutti i suoi clienti. Chi di noi è disposto a raccontare di sé, soprattutto quando ha dietro un passato pesante, inaccettabile, che brucia ancora sulla pelle; un passato fatto solo di ferite mai rimarginate, sempre pronte a sanguinare? E quale diritto avevo io, giovane donna appartenente a un altro mondo, a un'altra generazione, di curiosare nella sua vita? Cosa avrei potuto capire, allora? Avevo vaghe informazioni sulle persecuzioni e i massacri commessi dai nazisti in tutta l'Europa; avevo letto il Diario di Anna Frank, come tutti, ma non avevo incontrato un solo sopravvissuto. Non conoscevo un solo ebreo.

Neanche Herta sa molto di lui.

È nato a Lemberg, capoluogo della Galizia, nel marzo del 1911, cioè quando la Galizia faceva ancora parte della k.k Monarchia. Una città nota per le sue bellezze architettoniche, definita la piccola Vienna dei Carpazi, assolutamente cosmopolita, abitata cioè da una popolazione eterogenea di polacchi, ucraini allora chiamati ruteni, uzuli, armeni, zingari, slavi di varia provenienza; naturalmente da austriaci, e da un gran numero di ebrei – un terzo della popolazione – tutti sterminati durante il periodo nazista. Una storia di lotte, massacri, pogrom di efferata crudeltà sempre contro gli ebrei; conflitti in massima parte causati dall'enorme diversità di tanti gruppi etnici, da vecchi risentimenti nazionalistici, ma soprattutto dalle notevoli disuguaglianze economiche e culturali. Nonostante tutto, dagli anni Settanta del XVIII secolo fino alla prima guerra mondiale, il governo austriaco era riuscito a mantenere un certo equilibrio fra le parti, assicurando anche un relativo progresso materiale oltre che culturale.

können? Sicher hätte er geschwiegen, wäre den Fragen ausgewichen, so wie er es bei allen seinen Kunden machte. Wer von uns ist schon bereit von sich zu erzählen, vor allem, wenn er eine schwere, inakzeptable Vergangenheit hinter sich hat, die noch auf der Haut brennt, eine Vergangenheit bestehend nur aus nie verheilten Wunden, immer bereit neu aufzubrechen? Und welches Recht hatte ich junge, einer anderen Welt, einer anderen Generation angehörenden Frau in seinem Leben herumzustöbern? Was hätte ich damals begreifen können? Ich hatte nur vage Informationen über die Verfolgungen und die Massaker, die die Nazis in ganz Europa verübt hatten, hatte das Tagebuch der Anna Frank gelesen, wie alle, aber ich hatte keinen einzigen Überlebenden kennen gelernt. Ich kannte keinen einzigen Juden.

Auch Herta wusste nicht viel über ihn.

Er war in Lemberg, der Hauptstadt Galiziens, im März 1911 zur Welt gekommen, das heißt als Galizien noch Teil der k.u.k. Monarchie war. Eine für seine architektonische Schönheiten bekannte Stadt, das kleine Wien der Karpaten genannt, absolut kosmopolitisch, von einer heterogenen Bevölkerung bestehend aus Polen, Ukrainern, damals Rutenen genannt, Uzulen, Armeniern, Zigeunern, Slawen unterschiedlichster Herkunft und natürlich Österreichern bewohnt, dazu eine Vielzahl von Juden, ein Drittel der Bevölkerung, die alle unter den Nazis umgebracht wurden. Eine Geschichte der Kämpfe, Massaker, Pogrome abscheulichster Grausamkeit, immer gegen die Juden gerichtet. Konflikte, die zum größten Teil von den enormen Unterschieden zwischen so vielen ethnischen Gruppen, alten nationalistischen Ressentiments, vor allem aber von der beträchtlichen ökonomischen und kulturellen Ungleichheit ausgelöst wurden. Trotz alledem war die österreichische Regierung von den siebziger Jahren des achtzehnten Jahrhunderts bis zum Ausbruch des Ersten Weltkrieges in der Lage gewesen ein gewisses Gleichgewicht zwischen den Gruppen aufrecht zu er-

Il Signor Seibel, ebreo, deve aver conosciuto e subito sulla propria pelle le solite discriminazioni cui nel corso dei secoli la gente della sua comunità era abituata, ma a queste si aggiungevano ora soprusi e offese di ben altra natura: si considera che dei circa 700.000 ebrei vissuti in quella regione, alla fine della II Guerra mondiale ne sono rimasti soltanto qualche migliaio.

Herta ricorda qualche scena, qualche episodio slegato che ogni tanto lui, quasi in una sorta di incubo, riviveva, senza mai dare spiegazioni, senza aggiunte che avrebbero potuto specificare, chiarire, quasi parlasse fra sé e sé, in un soliloquio destinato a nessuno. Questi brevi racconti, forse i sogni che lo avevano tormentato durante la notte, le visioni terribili impresse nella sua mente, avvenivano la domenica mattina quando, il negozio chiuso, si permettevano di fare colazione insieme, magari restando seduti a lungo davanti a una tazza di caffè.

Un particolare che mi ha sorpreso: lui non dormiva mai in un letto, ma su una poltrona, vestito di tutto punto, con le scarpe ai piedi, sempre pronto a scappare. Bastava un piccolo rumore sulla strada o in casa per essere subito sveglio, subito presente, in tutto e per tutto.

A Lemberg gestiva, insieme al padre, un negozio di generi alimentari all'ingrosso, specializzato in import ed export di uova. Così si spiega il rapporto particolare che ebbe sempre verso questo prodotto: appena si alzava, assai presto, pare trascorresse alcune ore, solo e indisturbato, nella cantina del suo negozio della Osterwaldstraße, a controllare la freschezza delle uova; un'attività che evidentemente lo riportava al passato, una sorta di raccoglimento prima di iniziare la

halten, indem sie einen bestimmten materiellen und darüber hinaus kulturellen Fortschritt garantierte.

Herr Seibel musste als Jude die üblichen Diskriminierungen kennen gelernt und auf der eigenen Haut erlebt haben, an die die Angehörigen seiner Gemeinschaft im Laufe der Jahrhunderte gewohnt war, aber nun kamen Übergriffe und Beleidigungen ganz anderer Natur hinzu. Man bedenke, dass von den ca. 700.000 Juden, die in dieser Region gelebt hatten, am Ende des Zweiten Weltkrieges nur mehr einige Tausend übrig geblieben waren.

Herta erinnerte sich an einige Szenen, einzelne Episoden, da er ab und zu eine Art Alptraum durchlebte, ohne je Erklärungen darüber abzugeben, ohne etwas hinzuzufügen, das etwas hätte erklären können, beinahe so, als spreche er zu sich selbst, als führe er ein an niemanden gerichtetes Selbstgespräch. Die kurzen Episoden, vielleicht Träume, die ihn nachts gequält hatten, schreckliche, in sein Gehirn eingebrannte Visionen, erzählte er sonntags Früh, wenn sie, da der Laden geschlossen war, sich ein gemeinsames Frühstück vergönnten und vielleicht etwas länger bei einer Tasse Kaffee sitzen blieben.

Ein Detail hatte mich überrascht: Er schlief nie in einem Bett, sondern in einem Sessel, völlig angekleidet, die Schuhe immer an den Füßen, immer zur Flucht bereit. Es genügte ein kleines Geräusch auf der Straße oder im Haus, und er war sofort wach, sofort gegenwärtig, zu allem bereit.

In Lemberg führte er mit dem Vater ein auf den Import und Export von Eiern spezialisiertes Großhandelsgeschäft. So erklärt sich auch seine besondere Vorliebe für dieses Produkt. Sowie er am Morgen aufstand, sehr früh, verbrachte er anscheinend einige Stunden ungestört im Keller seines Ladens in der Osterwaldstraße, um die Frische der Eier zu prüfen. Offensichtlich eine Gewohnheit, die ihn in die Vergangenheit zurückführte, eine Art Besinnung zum Beginn

giornata. Un ricordo che lo conciliava con quel periodo ancora sereno della sua vita, prima della grande tragedia.

Herta afferma che è stato benestante nonostante la situazione assai precaria degli anni dopo la prima guerra mondiale, quando la Galizia passò alla Polonia.

A lei raccontò di aver fatto propaganda contro i polacchi prima e i nazisti dopo, durante l'occupazione tedesca, e per questo motivo di essere stato perseguitato. Fuggì in Russia per salvarsi dagli uni e dagli altri. Parlava sette lingue, anche il russo. Pare che, durante la fuga di ben settanta chilometri a piedi, fosse finito in un posto isolato, circondato dal ghiaccio. Non raccontò mai di essere stato internato in un Lager o in un campo di lavoro, per lo meno Herta non ne sa niente, mentre mio figlio afferma di aver visto sul suo braccio un numero tatuato, un lungo numero di tristissima memoria, che appariva ogni volta che sollevava una cassetta di acqua minerale o di birra. Mi ha infatti raccontato che insieme al suo amico di sempre, David Müller, per un certo periodo di tempo, fra i tredici-quindici anni, lavorò per lui, nel senso che nel pomeriggio, appena tornati da scuola, andavano a portare a casa le spese che i vari clienti avevano ordinato per telefono.

Di lui conserva ancora un ricordo indelebile: nonostante la sua giovane età, aveva capito di trovarsi davanti un uomo '*gebrochen*', questa la sua espressione, cioè spezzato dalla vita, dalle esperienze vissute. Ciò che lo aveva colpito era il suo rapporto verso i bambini, il suo rispetto, la comprensione, la tenerezza anche, cosa che del resto avevo notato anch'io fin dal primo momento: sapeva che la parte più preziosa dell'umanità sono i bambini, lui che non aveva avuto figli.

Non voglio immaginare cosa fu costretto a vedere, chissà

des neuen Tages. Eine Erinnerung, die ihn mit dem noch unbeschwerten Abschnitt seines Lebens vor der großen Tragödie aussöhnte.

Herta behauptete, dass er trotz der ziemlich prekären Zeiten nach dem Ersten Weltkrieg, als Galizien zu Polen kam, noch wohlhabend gewesen sei.

Ihr erzählte er, dass er erst gegen die Polen und dann, während der deutschen Besetzung gegen die Nazis Propaganda gemacht habe, und dass er deshalb verfolgt worden sei. Er floh nach Russland, um seine Haut sowohl vor den einen wie den anderen zu retten. Er beherrschte sieben Sprachen, auch Russisch. Anscheinend war er nach einem Fußmarsch von siebzig Kilometern in einem ziemlich isolierten, von Eis eingeschlossenem Ort gelandet. Er erzählte nie, dass er in einem Lager oder einem Arbeitslager interniert gewesen sei, zumindest wusste Herta nichts davon, während mein Sohn behauptet, auf seinem Arm eine eintätowierte Nummer, eine lange Zahl traurigen Gedenkens, gesehen zu haben, die jedes Mal zum Vorschein kam, wenn er eine Kiste Mineralwasser oder Bier hochhob. Mein Sohn arbeitete nämlich im Alter von dreizehn bis fünfzehn Jahren zusammen mit seinem Jugendfreund David Müller für Herrn Seibel, um am Nachmittag nach der Schule den Kunden, die am Vormittag ihre Bestellungen per Telefon durchgegeben hatten, die Einkäufe zuzustellen.

Er hatte sich trotz seines jungen Alters eine unauslöschliche Erinnerung an Herrn Seibel bewahrt; er hatte verstanden, dass er einem 'gebrochenen Mann' – das waren seine Worte – gegenüber stand, einem vom Leben, von den gemachten Erfahrungen gebrochenem Mann. Was ihn besonders beeindruckt hatte, war sein Verhältnis zu den Kindern, der Respekt, das Verständnis, die Zärtlichkeit, die er ihnen entgegenbrachte, etwas, was auch ich vom ersten Augenblick an bemerkt hatte. Er wusste, dass der wertvollste Teil der Menschheit die Kinder sind, er, der keine Kinder hatte.

Ich will mir gar nicht ausmalen, was er alles hat mit an-

quali crudeltà soprattutto nei confronti dei bambini.

Mi sembra strano che proprio a Lemberg, essendo ebreo, non fosse finito nello *Zwangsarbeiterlager* (campo di lavoro forzato) diventato assai presto anche *Vernichtungslager* (campo di sterminio), istituito dai nazisti subito dopo un pogrom, ai primi di luglio del 1941, durante il quale nel giro di due giorni la gente del luogo, con la partecipazione attiva dei militari tedeschi, massacrò oltre quattromila ebrei.

O come minimo nel ghetto, dato che un terzo della popolazione era appunto di fede giudaica e i polacchi erano e sono per tradizione antisemiti, quasi per una forma di razzismo ancestrale. Ma Herta afferma che lui fu perseguitato soltanto per via della sua propaganda, non certo per la sua appartenenza alla 'razza ebraica'. Anzi mi racconta che si era convertito qui, nonostante fosse ateo per sua definizione. Una storia piuttosto incredibile della quale però è fermamente convinta.

Tutto questo ha un motivo ben preciso che cercherò di spiegare più avanti.

Aveva solo un fratello, veterinario, sempre secondo il racconto di Herta: l'unico a salvarsi di tutta la famiglia, emigrato poi in Francia. Avevano però rotto ogni rapporto: quel fratello infatti non aveva accettato che dopo la guerra si fosse stabilito proprio in Germania, il Paese nemico per eccellenza.

Sento il bisogno di fare qualche ricerca storica: quando in seguito alla disfatta di Stalingrado i nazisti, per ordine esplicito venuto da Berlino, iniziarono lo sgombero (*Auflösung*) dei Lager lungo la linea più orientale, nel novembre del

sehen müssen, wer weiß welche Grausamkeiten vor allem-Kindern gegenüber.

Es erscheint mir seltsam, dass er gerade in Lemberg, da er doch Jude war, nicht in einem der Zwangsarbeiterlager gelandet war, die sehr schnell zu Vernichtungslagern wurden und die von den Nazis gleich nach dem Pogrom Anfang Juli 1941 – bei dem im Laufe zweier Tage die Bevölkerung mit der tatkräftigen Hilfe der deutschen Wehrmacht über viertausend Juden massakrierte hatte – eingerichtet worden waren.

Seltsam, dass er auch nicht im Ghetto gelandet war, da doch ein Drittel der Bevölkerung jüdischen Glaubens war und die Polen aus Tradition Antisemiten waren und sind, beinahe aus einer Art urtümlichem Rassismus heraus. Herta aber ist überzeugt, dass er nur wegen seiner Propagandatätigkeit verfolgt worden sei, gewiss nicht wegen seiner Zugehörigkeit zur 'jüdischen Rasse'. Sie hatte mir im Gegenteil erzählt, dass er sich erst hier bekehrt hätte ... obwohl er laut seinen Aussagen ein Atheist war. Eine ziemlich unglaubwürdige Sache, von der sie aber felsenfest überzeugt ist.

Das alles hat eine ganz präzise Ursache, die ich noch zu erklären versuchen werde.

Er hatte nur einen Bruder, der Veterinär war, und der – immer laut Herta – der einzige der Familie war, der sich hatte retten können, und der dann nach Frankreich ausgewandert war. Sie hatten jegliche Beziehung abgebrochen, da dieser Bruder nie zu akzeptieren vermochte, dass er sich nach dem Krieg gerade in Deutschland niedergelassen hatte, im Feindesland par excellence.

Ich glaube, es bedarf eines geschichtlichen Ausflugs. Als nach der Niederlage von Stalingrad, auf Anordnung von Berlin die Nazis im November 1943 mit der Auflösung der Lager entlang der östlichen Grenzen begonnen hatten, wurden

1943, soltanto nel Lager di Lemberg-Janowska, così chiamato dalla strada dove appunto si trovava, furono massacrati oltre 4000 Zwansgsarbeiter per un tentativo di fuga: qualche giorno prima, alla fine di ottobre, avevano assistito alla fucilazione di tutti gli altri prigionieri. Questo terribile episodio, documentato storicamente, mi aiuta a ricostruire la scena ricorrente nei sogni della sua fuga, del freddo, dato che era vestito solo di tela (e so già di quale tela si trattava: quella terribile a righe, che ormai conosciamo tutti, una delle tante umiliazioni inferte ai prigionieri), zoccoli di legno ai piedi, all'inizio di quell'inverno ricordato in vari testi per la sua particolare durezza (fino a quaranta gradi sotto zero) eccessivo anche per quelle regioni, fra la neve di non so quale bosco dove si era rifugiato. E la fame. La fame e il freddo e un aereo a bassa quota che perlustrava la zona per cercare chi era fuggito dal campo per ucciderlo sul posto. Per cercare lui e ucciderlo, come erano stati uccisi gli altri.

Un sogno che lo torturò per il resto della sua vita. Lo raccontò varie volte a Herta senza mai aggiungere altri particolari.

Quando arrivò a Monaco e in seguito a quali peripezie? Secondo il racconto di Herta, restò due anni in Russia, cioè fino alla fine della guerra. Dove? E dove andò dopo, dove si rifugiò? Chi lo accolse o meglio non lo accolse? Chi lo aiutò in quel periodo di estrema miseria, di grandi travolgimenti per tutti? Domande cui non trovo risposta.

Ho deciso di fare una vera ricerca di archivio e incomincio con il Ministero delle Finanze di Monaco, dove dovrebbero esserci documenti che certificano quello che si chiama *Wiedergutmachung*, una legge istituita nel 1952 dall'allora Governo di Bonn, per risarcire coloro che erano stati danneggiati durante il regime nazista. Penso infatti che abbia rice-

allein im Lager Lemberg-Janowska (so nach der Straße benannt, an der es sich befand) 4000 Zwangsarbeiter wegen eines Fluchtversuchs massakriert. Einige Tage zuvor, EndeOktober, hatten sie die Erschießung aller anderen Gefangenen mit angesehen. Diese schreckliche, geschichtlich belegte Episode hilft mir, die in seinen Träumen ständig wiederkehrende Szene der Flucht, die Eiseskälte, die dünne Häftlingskleidung (wir alle kennen das schreckliche gestreifte Leinen, Kennzeichen der vielen, den Gefangenen zugefügten Erniedrigungen), die Holzpantinen an den Füßen, der in verschiedenen Quellen erwähnte besonders harte Winter (bis zu minus vierzig Grad), ungewöhnlich auch für die Gegend, in der er sich, in wer weiß welchen Wald geflüchtet hatte. Und der Hunger. Der Hunger und die Kälte und ein Flugzeug im Tiefflug, das die Gegend nach Flüchtigen aus dem Lager absuchte, um sie auf der Stelle zu erschießen. Um ihn zu suchen und umzubringen, so wie sie all die anderen umgebracht haben.

Ein Alptraum, der ihn für den Rest seines Lebens quälte und von dem er Herta wiederholte Male erzählte, ohne jedoch weitere Einzelheiten hinzuzufügen.

Wann und auf welchen Umwegen kam er nach München? Laut Hertas Erzählungen blieb er zwei Jahre in Russland, das heißt bis Kriegsende. Aber wo in Russland? Und wohin ging er nachher, wo kam er unter? Wer nahm ihn auf, beziehungsweise wer verstieß ihn? Wer war ihm in dieser Zeit extremster Not und großer Umwälzungen behilflich? Fragen, auf die ich keine Antwort erhalte.

Ich beschloss richtige Archivforschung zu betreiben und begann damit im Finanzministerium in München, wo es ja irgendwelche Unterlagen geben musste, die die sogenannte Wiedergutmachung belegten, eine Entschädigung, die laut einem von der Bonner Regierung 1952 beschlossenem Gesetz für die Opfer des Naziregimes geleistet worden war. Ich

vuto un aiuto dallo Stato appunto per rifarsi una nuova vita. Inoltre mi sono messa in contatto con il *Landesarchiv* (Archivio di Stato) di Berlino per ricostruire il corso delle sue peregrinazioni, le difficoltà, le nuove lotte per sopravvivere anche dopo la guerra, prima di arrivare qui.

Non avrei mai creduto di trovare qui una tale quantità di documenti che vanno dall'inizio del 1946, anno del suo arrivo in Germania, a Berlino prima e da luglio dello stesso anno a Monaco, fino al 1959. In realtà si tratta quasi esclusivamente di certificati medici, di visite di vario tipo, necessari per dimostrare che oltre alla libertà e dignità personale, era stata distrutta la sua salute fisica e psichica. Una documentazione assai particolareggiata per arrivare finalmente a un sussidio, una piccola pensione che gli avrebbe consentito di vivere, assai modestamente, per il resto dei suoi giorni. Ma lui non era il tipo da restarsene con le mani in mano (nonostante tutte le sue disavventure, era un uomo di soli trentacinque anni, con una lunga vita davanti a sé) infatti aveva bisogno di un piccolo capitale per aprire un negozio di generi alimentari, proseguire così quella stessa attività che aveva svolto in tutti gli anni della sua permanenza a Lemberg. La madre era morta già nel 1936 e il padre, insieme a cinque fratelli, nel 1942.

In un documento scritto di sua mano, in buona lingua tedesca, dichiara di essere nato e di aver studiato in una scuola tecnica appunto a Lemberg fino al conseguimento del diploma. Racconta della sua permanenza nel ghetto dal novembre 1941 fino a dicembre 1942 e di essere passato nello stesso dicembre nello *Zwangsarbeiterlager Janowska* per lavorare nelle condizioni peggiori in una cava di pietra (*Steinbruch*) sopportando maltrattamenti indescrivibili che aveva-

glaubte nämlich, dass er vom Staat eine Unterstützung erhalten haben dürfte, um sich eine neue Existenz aufbauen zu können. Zudem habe ich mich mit dem Landesarchiv in Berlin in Verbindung gesetzt, um sein Umherirren, die Schwierigkeiten, den erneuten Überlebenskampf nach dem Krieg und vor seiner Ankunft in München zu rekonstruieren.

Ich hätte nie geglaubt dort eine derartige Menge von Unterlagen zu finden, die von Anfang 1946, dem Jahr seiner Ankunft in Deutschland – zuerst in Berlin, dann, im selben Jahr noch, in München – bis ins Jahr 1959 reichen. In Wirklichkeit handelt es sich beinahe ausschließlich um ärztliche Zeugnisse, Befunde, Untersuchungen unterschiedlichster Art, die belegen sollten, dass ihm außer seiner Freiheit und seiner Würde auch die körperliche und psychische Unversehrtheit genommen worden war. Eine sehr detaillierte Dokumentation, um schließlich in den Genuss einer Beihilfe, einer kleinen Rente zu gelangen, die es ihm erlauben sollte, für den Rest seines Daseins ein bescheidenes Leben zu führen. Er war aber nicht der Typ Mensch, der die Hände in den Schoß legen konnte (trotz seiner Missgeschicke war er ja immerhin ein Mann von erst 35 Jahren, der noch ein langes Leben vor sich hatte); er brauchte in der Tat bloß ein kleines Startkapital, um einen Gemischtwarenladen eröffnen und so sein altes Leben weiterführen zu können, das er in all den Jahren seines Aufenthalts in Lemberg geführt hatte. Seine Mutter war bereits 1936 gestorben und sein Vater und fünf seiner Brüder 1942.

In einem handschriftlich von ihm in gutem Deutsch verfassten Dokument erklärt er, dass er in Lemberg geboren war und dort eine Technikerschule bis zur Erreichung des Abschlussdiploms besucht hatte. Er beschreibt seinen Aufenthalt im Ghetto von November 1941 bis Dezember 1942, und erzählt, dass er in jenem Dezember ins Zwangsarbeiterlager Janowska verlegt worden war, um dort unter den schlimmsten Bedingungen im Steinbruch zu arbeiten und

no minato la sua salute, senza considerare la fame e il freddo. Nel novembre o all'inizio di dicembre del 1943 riuscì a fuggire in un bosco, camminando, come raccontò poi a Herta, per ben settanta chilometri col terrore degli aerei che lo/li cercavano. Non racconta dove si nascose o si nascosero, se cioè si era unito ad altri del campo, fino all'arrivo dei russi. A Lemberg, scrive, ma non è chiaro dove.

Nel 1945-46 si recò a Cracovia, vecchio centro ebraico: per quale motivo? Forse cercava amici o parenti, ma non trovò nessuno. Erano stati tutti eliminati prima dell'arrivo dei russi; all'inizio del 1946 si trasferì a Berlino.

Come? Con quali mezzi? Ben oltre trecento chilometri separano Lemberg da Cracovia, e da qui fino a Berlino ce ne sono altri seicento. Di certo insieme a quel fiume di profughi provenienti dalla Germania orientale e dai Paesi conquistati dai nazisti e ora liberati dai russi che cercavano di salvarsi dai massacri, dalla fame. Ma soprattutto dalla guerra, dai soprusi dei russi contro i vinti, contro la popolazione civile.

Era sua intenzione emigrare, forse in Palestina o altrove, ma in ogni caso via da Lemberg. Infatti non vi tornò più.

Nel luglio dello stesso anno arrivò a Monaco.

Dove andò, dove si rifugiò? E di cosa viveva?

Penso subito alla solidarietà degli ebrei, sempre o quasi sempre pronti ad aiutarsi l'un l'altro, per antica tradizione, date le persecuzioni di cui sono sempre stati oggetto. Qui, secondo il racconto di Herta, si mise in contatto con un rabbino, col quale restò in ottimi rapporti per il resto della sua vita; inoltre incontrò altri ebrei di Lemberg, necessari al mo-

neben der Kälte und dem Hunger auch die unbeschreiblichsten Misshandlungen erdulden zu müssen, die seine Gesundheit ruiniert hätten. Im November oder Dezember 1943 gelang es ihm dann sich nach einem Fußmarsch von siebzig Kilometern in einen Wald zu flüchten, immer – wie er später Herta erzählt hatte – in Angst vor den Fliegern, die nach ihnen suchten. Er schreibt nicht, wo er oder sie sich versteckt hatten beziehungsweise, ob er sich bis zur Ankunft der Russen mit anderen Flüchtlingen aus dem Lager zusammengetan hatte. Er erwähnt zwar Lemberg, es ist aber nicht klar, wo genau er sich befand.

1945/46 geht er nach Krakau ins alte Judenviertel. Warum? Vielleicht suchte er nach Freunden oder Verwandten, fand aber niemanden. Sie waren alle vor der Ankunft der Russen eliminiert worden. Anfang 1946 machte er sich dann nach Berlin auf.

Wie? Mit welchen Mitteln? Es handelt sich um mehr als dreihundert Kilometer von Lemberg nach Krakau und weiteren sechshundert Kilometern bis Berlin. Gewiss zog er mit den aus Ostdeutschland und den aus den von den Nazis eroberten und nun von den Russen befreiten Gebieten kommenden Flüchtlingen, die den Massakern und dem Hunger, vor allem aber dem Krieg, den Übergriffen der Russen auf die Verlierer, auf die Zivilbevölkerung zu entgehen suchten.

Es war seine Absicht auszuwandern, vielleicht nach Palästina oder anderswohin, jedenfalls weg aus Lemberg. In der Tat kehrte er nie wieder dorthin zurück.

Im Juli desselben Jahres kam er nach München.

Wo kam er unter? Wovon lebte er?

Unwillkürlich denke ich an die Solidarität unter den Juden, die immer oder beinahe immer aus einer Tradition heraus bereit sind sich gegenseitig zu helfen, angesichts der Verfolgungen, deren Opfer sie immer gewesen sind. Hier in München setzte er sich laut Hertas Erzählung mit einem Rabbiner in Verbindung, zu dem er ein Leben lang eine hervorra-

Lebenslauf von Alfred Seitel

Bin geboren am 30. März 1911 in Lemberg. Vom 6. bis zum 10. Lebensjahr besuchte ich dort die Volksschule. Vom 10. bis 18. Lebensjahr die Oberschule. Danach arbeitete ich im Familiengeschäft, Export - Import Lebensmittel. Vom 20. bis 22. Lebensjahr war ich beim Militär - Dienst. Nach der Entlassung arbeitete ich bis Ausbruch des Krieges weiter ins Familiengeschäft.

Nach Besetzung der Stadt durch die Russen arbeitete ich gleichfalls in einem staatlichen Lebensmittelgeschäft. Von 41 bis ende 42 war ich im Ghetto, ende 42 - 43 war ich ins K.Z. Lager. Im Ghetto arbeitete ich beim Schuttabladeplatz, später im Steinbruch. Die Arbeiten mit den schwersten Bedingung haben meine Gesundheit zerbrochen. Durch einen Unfall im Lager habe ich eine Kopfverletzung davon getragen. Nach Auflösung des Lagers gelang mir die Flucht in den Wald, wo ich mich bis Einzug der Russen versteckte. Danach begab ich mich in Behandlung verschiedener Ärzte. 1945 fuhr ich nach Krakau. Anfang 46 fuhr ich nach Deutschland, Juli 46 kam ich nach Münch[en] und wohne bis zum heutigen Tage hier. Mein Gesundheitszustand ist seither nicht gut, sodass ich in Behandlung verschiedener Ärzte war. Offiziell wollte ich über meine Krankheiten nichts aussagen, weil ich

auswandern wollte. Durch daß sich mein Gesundheitszustand stets verschlechterte mußte ich mich längere Zeit in ärztliche Behandlung begeben. Von einem Teil der Ärzte liegen die Atteste bei

18/8 1955

Alfred Seibel

Handschriftlicher Lebenslauf von Alfred Seibel
Curriculum di Alfred Seibel scritto da lui stesso

mento di stabilire l'entità dei danni subiti, per testimoniare la sua effettiva situazione finanziaria prima della guerra: nel 1953, infatti, in base alla legge chiamata *Wiedergutmachung*, ricevette una piccola somma e nel 1959 ancora del denaro che gli permise di mettere su un piccolo negozio di alimentari.

I documenti del Landesarchiv di Berlino invece partono dal 1959 e arrivano fino al 1971. Il suo avvocato chiedeva il risarcimento per oggetti di valore che però non era in grado di descrivere: pellicce, gioielli, e non so che altro. Ho l'impressione si tratti di un carteggio più o meno voluto da un avvocato molto volenteroso con pochissime speranze di arrivare a una conclusione positiva. Infatti a un certo punto lasciò cadere tutto, rinunciando a proseguire una pratica puramente burocratica e niente altro.

Devo ora cercare di spiegare l'ignoranza di Herta su fatti che coinvolsero il mondo, e cioè lo sterminio di milioni di persone, di buona parte della popolazione europea, come mai era accaduto prima. Il motivo più evidente, che però non vuole essere una giustificazione, è che dopo la seconda guerra mondiale la maggior parte dei sopravvissuti alle persecuzioni tacevano ostinatamente; si rifiutavano di raccontare, di parlare, sopraffatti da un profondo senso di vergogna, quasi si trattasse di una colpa commessa da loro stessi; anzi di una loro debolezza. E questo per molti anni, per la maggior parte di loro, per sempre. Cercavano disperatamente di dimenticare, solo dimenticare. E nascondevano anche a sé stessi il terribile passato, le esperienze traumatiche di cui erano stati protagonisti, le umiliazioni subite, nel vano tentativo di tornare alla normalità.

gende Beziehung aufrecht hielt. Außerdem traf er andere Juden aus Lemberg, deren Aussagen er bei der Feststellung des erlittenen Schadens und zur Bezeugung seiner Vermögenslage vor dem Krieg brauchte. 1953 erhielt er im Zuge des Wiedergutmachungsgesetzes einen kleinen Betrag zugesprochen und 1959 wurde ihm noch einmal ein Betrag zugestanden, der es ihm ermöglichte, den kleinen Lebensmittelladen zu eröffnen.

Die Unterlagen des Landesarchivs Berlin dokumentieren die Jahre von 1959 bis 1971. Sein Anwalt forderte eine Entschädigung für Wertsachen, die er aber nicht näher zu beschreiben wusste: Pelze, Schmuck und ich weiß nicht was noch. Ich habe den Eindruck, dass es sich um Unterlagen eines rührigen Anwalts handelt, der es zwar gut meinte, aber kaum Hoffnung hegte, die Angelegenheit zu einem guten Ende bringen zu können. In der Tat ließ er die Sache an einem gewissen Punkt fallen und verzichtete darauf, die inzwischen rein bürokratische Angelegenheit weiter zu verfolgen.

Ich muss jetzt versuchen, Hertas Unwissenheit hinsichtlich der Ereignisse zu erklären, die die ganze Welt in Mitleidenschaft gezogen hatte, das heißt die Auslöschung von Millionen von Menschenleben, eines Gutteils der europäischen Bevölkerung, eines noch nie dagewesenen Vorfalls. Die vordergründigste Ursache, die keine Entschuldigung sein will, war, dass nach dem Krieg der Großteil derer, die die Verfolgung überlebt hatten, beharrlich schwieg. Die Überlebenden, überwältigt von einem tiefen Schamgefühl, weigerten sich darüber zu reden, davon zu erzählen, beinahe so, als handle es sich um eine selbst auferlegte Schuld, um ihre eigene Schwäche. Und das über viele Jahre hinweg, bei den meisten sogar ein Leben lang. Sie versuchten verzweifelt zu vergessen, nur zu vergessen. Sie versteckten diese schreckliche Vergangenheit, die traumatischen Erfahrungen, deren Protagonisten sie selbst gewesen sind, versuchten die erlit-

Non avevano fatto i conti con i sogni, incubi sempre pronti a tormentarli, notte dopo notte: fantasmi implacabili, irriducibili, sempre presenti. Sempre lì, in attesa che chiudessero gli occhi per ricostruire scena dopo scena, orrore dopo orrore, quel passato impossibile da cancellare.

Fino all'ultimo. Tutta la vita.

Questo mi fa riflettere sulla posizione dell'offeso, della vittima nei confronti di chi offende e spiega anche la reazione di tutti i colpevoli che alla resa dei conti si sono dichiarati innocenti esecutori di ordini provenienti dall'alto. Che, anche dopo anni, non hanno riconosciuto nessuna colpa, nessuna responsabilità: chi ha invece sofferto, per il resto della propria vita, sono state le vittime, tormentate dai ricordi, dagli incubi, dall'angoscia, dalla paura, come appunto il Signor Seibel che non andava mai a letto, che dormiva su una poltrona, sempre vestito, sempre pronto a scappare. Gli aguzzini hanno dormito nel loro letto e non hanno mai sognato qualcosa che avesse a che fare col loro terribile passato. Così almeno viene fuori dalle interviste degli ultimi guardiani dei campi di concentramento, dei responsabili sopravvissuti ai pochi processi fatti subito dopo la guerra.

Ma forse mentono. Almeno voglio sperarlo, perché ho bisogno di credere nella coscienza umana.

Su questo argomento hanno scritto vari filosofi e psicologi, come la Arendt e i Mitscherlich.

L'incapacità di riconoscere le proprie colpe, il pentimento, il senso di vergogna per le azioni compiute, sono tipici dei criminali? Il processo di rimozione di episodi negativi, soprattutto di offese fatte ad altri, di azioni anche criminali, sembra essere una prerogativa riservata a un certo tipo di

tenen Erniedrigungen sogar vor sich selbst zu verbergen, indem vergeblichen Versuch, zur Normalität zurückzukehren.

Sie hatten die Rechnung ohne ihre Träume gemacht, immer bereit sie zu quälen, Nacht für Nacht. Unversöhnliche Gespenster, nicht klein zu kriegen, ständig bereit. Immer darauf wartend, dass sie die Augen schlossen, um Szene für Szene, Schrecken um Schrecken jener unauslöschlichen Vergangenheit zurückzubringen.

Bis zuletzt. Ein Leben lang.

Das alles lässt mich über die Position des Opfers im Verhältnis zum Täter nachdenken und erklärt auch die Reaktion all der Schuldigen, die sich am Ende zu unschuldigen Ausführenden der von oben erteilten Befehle erklärt haben, und auch Jahre später keinerlei Schuld, keinerlei Verantwortung eingestanden haben. Wer hingegen für den Rest des Lebens gelitten hat, waren die Opfer, die von den Erinnerungen, den Alpträumen, den Ängsten Gequälten, so wie eben auch Herr Seibel, der nie zu Bett ging, in einem Sessel und immer angekleidet schlief, immer zur Flucht bereit. Die Häscher haben in ihren Betten geschlafen, haben nie von etwas geträumt, das mit ihrer schrecklichen Vergangenheit zu tun hatte. Das zumindest geht aus den Interviews mit den letzten Aufsehern der Konzentrationslager hervor, die mit den überlebenden Verantwortlichen anlässlich der wenigen Prozesse nach dem Krieg geführt wurden.

Aber vielleicht logen sie. Das zumindest möchte ich hoffen, denn ich will an das menschliche Gewissen glauben.

Darüber haben Philosophen und Psychologen wie Hannah Arendt und Margarethe und Alexander Mitscherlich geschrieben.

Ist die Unfähigkeit die eigene Schuld zu erkennen, sich der begangenen Taten zu schämen typisch für Kriminelle? Der Verdrängungsprozess negativer Episoden, anderen zugefügter Kränkungen, krimineller Taten, scheint eine einem bestimmten Typ von Gehirn vorbehaltene Voraussetzung zu

cervello: un meccanismo di difesa per non avere orrore di se stessi?

Tornando alla reazione di Herta: è ancora convinta che il Signor Seibel fosse stato perseguitato per aver fatto propaganda contro i polacchi e contro i tedeschi; che anzi si fosse addirittura convertito al giudaismo soltanto qui, senza spiegarne il motivo. E non vide mai il numero tatuato sul suo braccio... cosa che invece notò subito un ragazzino, mio figlio, e con lui il suo amico. Ma i ragazzini avevano imparato qualcosa a scuola, durante le lezioni di storia del periodo nazista; insieme agli insegnanti avevano visitato perfino il Lager di Dachau, ed erano quindi informati sul significato di quel numero tatuato. Perché, in poche parole, facevano parte di un'altra generazione e avevano gli occhi aperti su ciò che agli adulti faceva paura, ancora trent'anni dopo.

Questa piccola esperienza mi ha fatto capire che in realtà noi vediamo soltanto ciò che conosciamo, ciò che in qualche modo ci rassicura: i nostri occhi sono guidati dalla nostra conoscenza, ma anche da una sorta di coscienza morale che stabilisce cosa registrare nel cervello, mettendo quasi una sorta di schermo sulle negatività della vita, per proteggerci da situazioni troppo traumatiche e quindi inaccettabili.

Da qui nasce la cecità dovuta alla paura. La paura di vedere oltre.

Ho chiesto a mio marito, austriaco, nato durante la guerra: neanche lui sapeva niente di deportazioni, di Lager, di massacri; nella sua famiglia e sicuramente anche in quella di Herta, la parola ebreo non veniva mai pronunciata.

E nei Lager venivano rinchiusi i criminali, questa l'opinione generale!

Si tratta di quella che altrove ho definito la 'generazione del silenzio', ma anche della più completa cecità.

sein, ein Verteidigungsmechanismus, um nicht vor sich selbst Grauen zu empfinden?

Aber zurück zu Hertas Reaktion: Sie ist immer noch überzeugt, dass Herr Seibel wegen seiner Propaganda gegen die Polen und die Deutschen verfolgt worden war, dass er gar erst hier zum Judentum konvertiert sei, ohne aber Gründe dafür zu erläutern. Und sie hatte auch nie die auf seinen Arm eintätowierte Nummer gesehen ... die hingegen ein Knabe, mein Sohn, und mit ihm sein Freund sofort bemerkt hatten. Aber die Kinder lernen im Geschichtsunterricht in der Schule etwas über die Nazizeit. Gemeinsam mit dem Lehrer hatten sie sogar das Lager in Dachau besichtigt und wussten deshalb über jene eintätowierte Nummer Bescheid. Kurzum, sie gehören einer anderen Generation an und haben einen Blick dafür, was den Erwachsenen Angst macht, auch noch dreißig Jahre danach.

Diese kleine Episode hat mir zu verstehen gegeben, dass wir in Wirklichkeit nur das sehen, was wir kennen, was uns irgendwie beruhigt. Unsere Blicke werden von unserem Wissen geleitet, aber auch von einer Art moralischem Bewusstsein, das bestimmt, was im Gehirn aufgezeichnet wird und beinahe eine Art Schirm über die negativen Seiten des Lebens stülpt, um uns vor zu traumatischen und deshalb inakzeptablen Situationen zu beschützen.

Daraus entsteht die der Angst geschuldete Blindheit. Die Angst zu sehen.

Ich habe meinen Mann, einen während des Krieges geborenen Österreicher darüber befragt. Auch er wusste nichts von Deportationen, Lagern, Massakern. In seiner Familie, und gewiss auch in jener Hertas, wurde das Wort Jude nie ausgesprochen.

Ins Lager kamen nur Kriminelle, so die gängige Meinung!

Es handelt sich um die 'schweigende Generation', wie ich sie anderswo einmal genannt habe, aber auch um die völliger Blindheit.

Infatti non posso credere che a Sierning non ci fossero ebrei, che non esistessero discriminazioni razziali e anche deportazioni: tutto questo accadeva sotto gli occhi di tutti e tutti ignoravano quella realtà troppo spaventosa. La paura riesce a far tacere anche la coscienza morale; da qui il silenzio, il terribile silenzio del dopoguerra.

Ecco come spiego il comportamento di Herta.

Il Signor Seibel durante la sua vita nella Osterwaldstraße raccontò poco di sé, si rifiutò con decisione di parlare del proprio passato; in generale diede notizie assai vaghe, sempre infastidito dalla curiosità della gente. Secondo Herta cambiò anche nome per chiudere definitivamente col passato; ora so che conservò il suo nome fino alla fine.

Alla sua morte Herta trovò una piccola valigia, che sembrava essere stato l'unico oggetto col quale era venuto a Monaco. Dentro c'era solo il passaporto, una fotografia di quando era giovane e niente altro, neanche una foto della sua famiglia, qualche lettera. Niente, assolutamente niente.

Una piccola valigia vuota.

Il suo corpo, chiuso in una bara, finì nel cimitero giudaico qui vicino. Herta si curò di comprare una tomba, di organizzare il funerale. Anch'io partecipai alla cerimonia, insieme a una folla di abitanti della Osterwaldstraße.

Herta mi ha portato una foto del Signor Seibel: l'ho qui davanti a me e cerco di capire che tipo di uomo fosse prima della tragedia, prima cioè delle persecuzioni, perché mi sembra di capire che andò dal fotografo forse fra i venti e i trent'anni, cioè negli anni Trenta. Anche lui, come Herta, è

In der Tat kann ich nicht glauben, dass es in Sierning keine Juden, keine Rassendiskriminierung und keine Deportationen gegeben hat. Das alles geschah doch vor den Augen aller und alle ignorierten diese zu furchtbare Wirklichkeit. Der Angst gelingt es sogar das Gewissen zum Schweigen zu bringen; daher also das Stillschweigen, das furchtbare Schweigen nach dem Krieg.

So erkläre ich mir Hertas Verhalten.

Während der Zeit seines Lebens in der Osterwaldstraße erzählte Herr Seibel wenig von sich, er weigerte sich ganz entschieden über seine Vergangenheit zu sprechen. Ganz allgemein gab er ziemlich vage Auskunft, immer ein wenig von der Neugierde der Menschen genervt. Laut Herta hatte er auch seinen Namen geändert, um endgültig mit der Vergangenheit abzuschließen. Jetzt aber weiß ich, dass er seinen Namen bis zum Ende behalten hat.

Nach seinem Tod fand Herta einen kleinen Koffer, der seine einzige Habe gewesen zu sein scheint, mit der er in München angekommen war. Darin befand sich nur ein Pass, eine Fotografie von ihm als er jung war und nichts weiter, nicht einmal eine Fotografie seiner Familie, kein Brief. Nichts, absolut nichts.

Ein kleiner, leerer Koffer.

Sein in einem Sarg eingeschlossener Körper landete auf dem jüdischen Friedhof hier in der Nähe. Herta kümmerte sich darum ein Grab zu kaufen, das Begräbnis zu organisieren. Auch ich nahm an der Zeremonie teil, gemeinsam mit vielen Bewohnern der Osterwaldstraße.

Herta hat mir eine Fotografie Herrn Seibels gebracht; ich habe sie hier vor mir und versuche zu verstehen, was für Mensch er vor der Tragödie, also vor der Verfolgung gewesen sein mag, denn mir scheint, dass er zwischen zwanzig und dreißig gewesen sein dürfte, als er sich fotografieren

seduto su una poltroncina, vicino a un tavolo. Appoggia il gomito sul tavolo, fuma una sigaretta che tiene fra l'indice e il medio in un gesto elegante; nell'altra mano, in grembo, un libro. Dalla giacca scura si vede il colletto aperto di una camicia chiara, una camicia chiaramente estiva, senza cravatta. I capelli ondulati, a detta di Herta, biondi, la fronte alta, i tratti del viso, di taglio vagamente slavo, piacenti. Gli occhi chiari, seri, guardano il fotografo con fermezza. Non un cenno di sorriso. Mi sembra un uomo sicuro di sé, deciso a vivere in modo dignitoso: si vede dal vestito, da quello che si definisce *Körpersprache* (linguaggio del corpo) cioè da come sta seduto: nessuna modestia o umiltà, ma coscienza di sé. Chiaramente un uomo abituato a comandare, a decidere della propria vita.

Sapeva cosa lo aspettava, come sarebbero stati i prossimi quindici anni? E dopo, le tante notti, solo sulla poltrona, nel buio della sua stanza; solo, in compagnia del terrore, e l'istinto di scappare? Sempre pronto a scappare, anche da se stesso: uscire dalla propria pelle e dimenticare tutto; dimenticare o meglio eliminare quei quindici o forse venti anni di vita; ritrovare la sua dignità di essere umano, il rispetto verso i propri ricordi, il proprio passato, come ognuno ha il diritto di avere. Senza il timore di addormentarsi in un letto, svestirsi, togliersi le scarpe, rilassarsi e sognare finalmente soltanto le banalità del giorno appena trascorso; senza la terribile necessità di tacere, solo tacere e tenere dentro la disperazione, il vivo senso di vergogna che tormentò lui e tutti gli altri come lui.

I ricordi annientano più della realtà vissuta, lasciano uno strascico lungo tutta la vita. E se le vicende umane passano come il vento in tempesta, lasciando dietro di sé solo qual-

hat lassen, wahrscheinlich in den dreißiger Jahren. So wie Herta, sitzt auch er auf einem Sessel, ein Tischchen neben sich. Er stützt einen Ellenbogen auf das Tischchen, raucht eine Zigarette, die er in einer eleganten Geste zwischen Zeige- und Mittelfinger hält, in der anderen Hand, die im Schoß ruht, ein Buch. Unter der dunklen Jacke sieht man den offenen Kragen eines hellen, offensichtlich sommerlichen Hemdes ohne Krawatte. Laut Herta hatte er gewelltes blondes Haar, eine hohe Stirn, gefällige, andeutungsweise slawische Gesichtszüge. Die hellen, ernsten Augen schauen den Fotografen bestimmt an. Keine Andeutung eines Lächelns. Er erscheint mir ein selbstsicherer Mann zu sein, entschlossen ein würdevolles Leben zu führen. Man erkennt das an seiner Kleidung, an seiner Körpersprache, wie er da sitzt: keine Bescheidenheit und Demut sondern voller Selbstbewusstsein. Offensichtlich ein Mann, daran gewohnt zu befehlen, über sein Leben zu bestimmen.

Ahnte er, was ihn erwartete, wie seine kommenden fünfzehn Jahre sich gestalten würden? Und danach, die vielen Nächte allein im Sessel, im Dunkel des Zimmers; allein, in Gesellschaft der Angst und dem Instinkt zur Flucht? Immer bereit zu fliehen, auch vor sich selbst, aus der eigenen Haut zu fahren und alles zu vergessen, vergessen oder besser noch diese fünfzehn oder vielleicht zwanzig Jahre zu eliminieren, seine Würde als Mensch wiederzufinden, den Respekt vor den eigenen Erinnerungen, der eigenen Vergangenheit, ein Recht, das jedem zusteht. Ohne die Angst, in einem Bett einzuschlafen, sich zu entkleiden, die Schuhe auszuziehen, zu entspannen und zu träumen, endlich nur von den Banalitäten des eben vergangenen Tages zu träumen, ohne diese schreckliche Notwendigkeit zu schweigen, die Verzweiflung in sich zu behalten, das brennende Schamgefühl, das ihn und all die anderen quälte.

Die Erinnerungen vernichten eher noch als die gelebte Wirklichkeit, sind eine lebenslange Belastung. Auch wenn die menschlichen Begebenheiten wie ein Sturmwind vor-

Alfred Seibel etwa 25 Jahre alt
Alfred Seibel a 25 anni circa

che albero sradicato, qualche ramo abbattuto, uno scenario di distruzione che però la natura riesce col tempo a risanare, il ricordo al contrario resta radicato nella mente umana.

Per sempre.

La mattina alle cinque, quando si alzava dalla sua poltrona, dopo chissà quali incubi notturni, fughe, terrore, ritrovava la luce del giorno e il viso sereno di Herta, la sua fiducia; il sorriso innocente di quella ragazza tanto giovane che non conosceva la crudeltà umana, la bestialità umana; che non avrebbe mai potuto immaginare il mondo dei suoi sogni, la realtà che vi si nascondeva. Per lui Herta ha significato l'altra faccia della vita, il lato positivo per il quale vale la pena vivere. Ha amato questa ragazza come una figlia, si è stupito della sua purezza e se ne è nutrito, forse inconsciamente, come di una linfa vitale, che lo ha aiutato, sempre con discrezione, a chiudere le tante ferite aperte, sanguinanti; a riconciliarsi con la vita; a credere di nuovo nel genere umano, nei sentimenti di amore, di solidarietà, di appartenenza a un luogo, a un gruppo di persone degne di rispetto e questo proprio nella stessa terra dei suoi aguzzini.

Questo è stata per lui Herta per oltre trentatré anni; lo ha assistito durante la sua malattia, lo ha curato, lo ha circondato di un amore filiale che lui non aveva mai conosciuto, che non aveva neanche supposto potesse esistere.

überziehen und bloß einige entwurzelte Bäume, einige abgebrochene Äste zurück lassen, eine Szene der Verwüstung, die jedoch die Natur mit der Zeit wieder zu heilen vermag, so bleibt die Erinnerung im Gegenteil dazu im menschlichen Gehirn verwurzelt.

Für immer.

Um fünf Uhr morgens, wenn er aus seinem Sessel aufstand, wer weiß nach welch nächtlichen Alpträumen, Fluchten, Ängsten, fand er das Tageslicht wieder und das unbeschwerte Gesicht Hertas, ihre Zuversicht. Das unschuldige Lächeln dieses so jungen Mädchens, das die menschliche Grausamkeit, die menschliche Bestialität nicht kannte, das sich niemals seine Welt der Träume und die Wirklichkeit, die sich darin verbarg hätte vorstellen können. Für ihn bedeutete Herta die andere Seite des Lebens, die positive Seite, für die es sich zu leben lohnte. Er hatte dieses Mädchen wie eine Tochter geliebt, hatte sich gewundert ob ihrer Reinheit und hatte sich vielleicht unbewusst davon ernährt, wie von einem Lebenssaft, der ihm, stets diskret, geholfen hatte die vielen offenen, blutenden Wunden zu schließen, sich mit dem Leben auszusöhnen, wiederum an die Menschen zu glauben, an die Gefühle, die Liebe, die Solidarität, an die Zugehörigkeit zu einem Ort, an eine Respekt verdienende Gruppe von Menschen, und das gerade im Land seiner Häscher.

Das war Herta für ihn mehr als dreißig Jahre lang. Sie hat ihn während seiner Krankheit betreut, hat ihn gepflegt, hat ihn mit der Liebe einer Tochter umgeben, die er nie gekannt hatte, deren mögliche Existenz er nicht einmal zu erhoffen gewagt hatte.

Anche per questo motivo il 27. agosto 1996 ha ricevuto la Croce al merito della Repubblica tedesca (*Bundesverdienstkreuz*) con la seguente motivazione:

In modo del tutto disinteressato ha svolto un'attività per il bene del suo vicinato.

Il suo piccolo negozio di alimentari, luogo di incontro e di assistenza per tutto il quartiere, è diventato una vera istituzione, sempre presente in tutte le situazioni difficili.

Con molta discrezione aiuta il prossimo con piccoli gesti: si preoccupa di far trovare a malati, persone anziane e anche a chi si trova in difficoltà per i troppi impegni professionali, le loro compere davanti alla loro porta di casa. Inoltre trova sempre una buona parola per tutti, collabora nella ricerca di una casa, raccomanda buoni insegnanti per lezioni private e altro. Nonostante la crisi provocata dai grandi supermercati, è riuscita a mantenere il suo piccolo negozio per il bene della comunità, superando difficoltà anche di ordine economico.

Il presidente della Repubblica onora questo esempio di altruismo, importante per il mantenimento dei valori altamente umanitari nella nostra società, conferendole la Croce al merito della Repubblica.

Auch aus diesem Grund wurde ihr am 27. August 1996 das Bundesverdienstkreuz mit der folgenden Begründung verliehen:

Sie haben sich durch tatkräftige uneigennützige Nachbarschaftshilfe um das Gemeinwohl verdient gemacht.

Sie betreiben in München-Schwabing einen kleinen Lebensmittelladen im Sinne eines 'Nachbarschaftsladens', der sich durch ihre fürsorgliche und mitmenschliche Art zu einer festen Institution und Anlaufstelle in der Wohngegend entwickelt hat.

Sie stehen Ihren Kunden bei allen Nöten und Sorgen mit Rat und Tat zur Seite und versuchen auf unauffällige Art, Zuspruch und Hilfestellungen zu geben. Sie sorgen dafür, dass beruflich Beanspruchte und Kranke ihren Einkauf vor der Haustür vorfinden, haben für jeden ein gutes Wort, helfen Wohnungen, Nachhilfestunden und anderes zu vermitteln. Sie haben sich durch ihr selbstloses Engagement, das Sie trotz des anhaltenden existenzbedrohenden Wettbewerbs mit Großbetriebsformen des Lebensmitteleinzelhandels unbeirrt fortführen, besondere Verdienste zum Wohle ihrer Mitmenschen erworben.

Der Herr Bundespräsident hat ihr beispielhaftes Wirken gewürdigt und Ihnen das Bundesverdienstkreuz am Bande verliehen. Ich gratuliere Ihnen herzlich zu dieser Auszeichnung und freue mich, Ihnen die Insignien überreichen zu können.

Non so quando Herta cominciò a chiamarlo *Vater*, Padre, più tardi *Väterchen*, babbino. Soltanto alla fine degli anni Sessanta, dopo aver abitato un appartamentino proprio di fronte a casa mia (ma allora la mia casa non esisteva nemmeno) si trasferì al primo piano del negozio. Il loro rapporto restò sempre affettuoso ma senza alcuna intimità: Herta dice di non averlo mai visto poco vestito. Forse per questo motivo non si è accorta del numero tatuato sul suo braccio, mi dice adesso.

Voglio crederci.

Herta si alzava alle cinque del mattino, cosa che fa ancora oggi, per preparare il negozio fino alla sua apertura alle 6.30. Fino alla morte del Signor Seibel non ha mai fatto ferie. Soltanto dopo la sua morte, avvenuta nel febbraio del 1994, Herta, ormai sola erede del negozio, si è permessa di chiudere durante tutto il mese di agosto e va in vacanza al suo paese.

Le chiedo se ha mai avuto una relazione amorosa, se non si è mai innamorata, almeno da giovane... se ha mai desiderato avere dei figli, lei che ama tanto i bambini e si vede da come li accoglie, quando vanno nel suo negozio. Sorride. Certo ha avuto dei corteggiatori, ma capiva subito cosa volevano da lei, questa la sua risposta.

Aggiunge subito di non essere mai stata sola: ha una grande famiglia come nessuno, è amata per quello che è e non per quello che ha, e la sua ultima frase, dopo una lunga intervista durata tutto un pomeriggio, sempre accompagnata dal suo sorriso innocente, è:

„Jeder Tag war ein glücklicher Tag." (Ogni giorno della mia vita è stato un giorno felice).

Ich weiß nicht, wann Herta begonnen hatte ihn Vater und später Väterchen zu nennen. Erst Ende der sechziger Jahre, nachdem sie in einer Wohnung genau der meinen gegenüber gewohnt hatte (mein Haus existierte damals noch gar nicht), zog sie in den ersten Stock des Ladens. Ihre Beziehung blieb immer liebevoll, jedoch ohne jegliche Intimität. Herta sagt, sie habe ihn nie spärlich bekleidet gesehen. Vielleicht hatte sie auch deshalb nie die in seinen Arm eintätowierte Nummer bemerkt, sagt sie mir jetzt.

Ich will es glauben.

Herta stand um fünf Uhr morgens auf – was sie auch heute noch tut – um im Laden alles herzurichten, den sie um 6:30 Uhr aufsperrt. Bis zum Tod Herrn Seibels hat sie nie Urlaub gemacht. Erst nach seinem im März 1994 erfolgten Tod, mittlerweile einzige Erbin des Ladens, erlaubt sie sich den ganzen Monat August zuzusperren und die Ferien in ihrem Geburtsort zu verbringen.

Ich frage sie, ob sie nie eine Liebesbeziehung gehabt hatte, ob sie sich als junges Mädchen nie verliebt hatte ... ob sie sich nie Kinder gewünscht hatte, sie, die doch Kinder so sehr liebt, was man daran erkennt, wie sie sie in ihrem Laden empfängt. Sie lächelt. Gewiss hatte sie Verehrer gehabt, aber sie habe sofort verstanden, was die von ihr wollten, so ihre Antwort.

Sie fügt sofort hinzu, dass sie nie alleine gewesen sei: sie habe eine Familie so groß wie sonst niemand, wird geliebt für das, was sie ist und nicht dafür, was sie hat. Ihre letzten Worte am Ende eines Gesprächs, das einen ganzen Nachmittag gedauert hatte und immer von ihrem unschuldigen Lächeln begleitet worden war, lauteten:

„Jeder Tag war ein glücklicher Tag."

L'ultimo testimone

Prima di tornare a casa mi siedo un momento sull'ultima panchina del grande viale del parco, godendo dell'aria ancora calda di questa fine estate, spesso fredda e piovosa.

Mi sono abituata anch'io a uscire ogni volta che c'è una bella giornata.

Da tempo avevo notato questa particolarità dei tedeschi: il bel tempo, qui, mette la gente in stato di euforia. Escono tutti dalle loro case e sciamano per strada, sulle piazze, nei molti parchi della città: i caffè all'aperto traboccano di persone; nei ristoranti è impossibile trovare un posto libero ai tavolini messi sul marciapiedi, quasi in mezzo al traffico delle macchine. Anche l'Englischer Garten è meta di frotte che passeggiano o fanno il bagno nelle acque dell'Isar, pulitissime ma gelide, per poi distendersi sui sassi e meglio ancora, sull'erba verde, soffice come un tappeto, dei grandi prati, facendosi coscienziosamente rosolare dal sole, prima da una parte, e poi dall'altra. E sono uomini, donne, giovani e vecchi, mezzo nudi o del tutto nudi, incuranti dei passanti che non gettano neanche uno sguardo curioso sui corpi spesso grassi, avvizziti, molto raramente ben formati. Fino a che le prime ombre della sera, furtive e silenziose, uscendo da dietro gli alberi, mettono fine a quella lunga giornata di sole.

Io siedo senza pensieri e osservo i cani camminare accanto ai loro padroni, alcuni disciplinati, altri giocherelloni, pochi decisamente ribelli e litigiosi.

Dall'angolo del viale che conduce a una delle uscite del

Der letzte Zeuge

Bevor ich nach Hause gehe, setze ich mich einen Augenblick auf die letzte Bank der großen Allee im Park und genieße die noch warme Luft dieses häufig kalten und regnerischen Sommerausklangs.

Auch ich habe mir angewöhnt, an jedem schönen Tag hinauszugehen.

Seit langem habe ich diese Besonderheit der Deutschen beobachtet: das gute Wetter versetzt die Leute hier in einen euphorischen Zustand. Sie kommen alle aus ihren Häusern, schwärmen auf die Straßen, auf die Plätze und in die vielen Parks der Stadt; die Kaffees im Freien quellen über vor Menschen; in den Restaurants ist es unmöglich einen freien Platz an den Tischen auf den Gehsteigen, beinahe mitten im Autoverkehr, zu finden. Auch der Englische Garten ist Ziel von Scharen von Spaziergängern oder Menschen, die ein Bad in den Fluten der Isar nehmen, sauber aber eiskalt, um sich dann auf den Steinen auszustrecken, oder noch besser auf dem Gras des grünen und weichen Teppichs der großen Wiesen, um sich gewissenhaft von der Sonne bräunen zu lassen, zuerst auf der einen und dann auf der anderen Seite. Es sind Männer, Frauen, Junge und Alte, halb- oder ganz nackt, unbekümmert ob der Passanten, die nicht einmal einen neugierigen Blick auf die häufig fetten, runzeligen, selten gut geformten Körper werfen, bis die ersten Abendschatten verstohlen und leise hinter den Bäumen hervorkommend diesem langen Sonnentag ein Ende setzen.

Ich sitze gedankenlos und beobachte die Hunde neben ihren Herrchen herlaufen, einige diszipliniert, andere verspielt, wenige ausgesprochen rebellisch und streitsüchtig.

Von der Ecke der Allee, die zu den Ausgängen des Parks

parco, vedo venire un uomo alto, magro, diritto, i lunghi capelli bianchi svolazzanti sulle spalle, un gran paio di baffi, anch'essi candidi, ben piantati in mezzo a un viso ascetico: non può essere altri che il signor Müller, mia vecchia conoscenza da più di trent'anni. I nostri figli sono cresciuti insieme e ancora adesso si considerano fratelli di elezione, benché vivano ormai lontani qualche migliaio di chilometri.

Ci salutiamo e io subito lo invito a sedersi, la panchina è libera. Lui, un libro in mano, (leggo di sfuggita il nome dell'autore, Siegfried Lenz; non riesco a decifrare il titolo, ma credo di aver indovinato l'ultimo racconto dell'ormai ottantaduenne scrittore), si siede come se non avesse aspettato altro, benché credo abbia iniziato la sua passeggiata proprio in quel momento.

«Ho visto la sua nipotina. Proprio la settimana scorsa sono venute a trovarmi, lei e la madre, in Sudtirolo. Fiona è una bellissima bambina, assomiglia tanto al padre quando era piccolo.»

Il signor Müller sorride compiaciuto, ma si meraviglia che la nuora con la bambina siano state a casa mia. Lo vedo dall'espressione dei suoi occhi. Cauto, quasi tastando il terreno, come fanno le persone di una certa età quando temono di aver dimenticato qualcosa, e lui ha ben 84 anni, risponde:

«Si, è una bella bambina, anche il nome lo dice: Fiona in gaelico vuol dire 'La bella'. Devo ammetterlo anche se sono suo nonno, in fondo non starebbe a me lodarla!»

Ancora sorpreso mi guarda come per chiedermi come faccio a conoscere la nuora, la nipotina...
Io proseguo, cambiando argomento per evitare qualche gaffe: lui forse non sa che il figlio ci ha presentato sia la moglie

führt, sehe ich einen großen, mageren, aufrechten Mann kommen, mit langen weißen, auf den Schultern wehenden Haaren und einem in der Mitte eines asketischen Gesichts platzierten richtigen Schnurrbart, auch der schneeweiß; das kann niemand anderer als Herr Müller sein, meine alte Bekanntschaft seit mehr als dreißig Jahren. Unsere Söhne sind miteinander aufgewachsen, und noch heute betrachten sie sich als wahlverwandte Brüder, obwohl sie mittlerweile einige hundert Kilometer voneinander entfernt leben.

Wir grüßen uns und ich lade ihn gleich ein sich zu setzen; die Bank ist frei. Er, ein Buch in der Hand (ich lese ganz nebenbei den Namen des Autors, Siegfried Lenz; ich kann den Titel nicht entziffern, glaube aber die letzte Erzählung des mittlerweile achtzigjährigen Schriftstellers erkannt zu haben), er setzt sich, als hätte er auf nichts anderes gewartet, obschon er, glaube ich, seinen Spaziergang gerade erst begonnen hat.

»Ich habe ihre Enkelin gesehen. Gerade vergangene Woche sind sie mich besuchen gekommen, sie und ihre Mutter, in Südtirol. Fiona ist ein wunderschönes Mädchen, gleicht ihrem Vater sehr, als er noch klein war.«

Herr Müller lächelt geschmeichelt, aber er wundert sich, dass seine Schwiegertochter mit dem Mädchen bei mir Zuhause gewesen ist. Ich kann es am Ausdruck seiner Augen erkennen. Vorsichtig, beinahe das Terrain abtastend, wie es die Menschen eines gewissen Alters machen, wenn sie fürchten, etwas vergessen zu haben, er ist immerhin 84 Jahre alt, antwortet er:

»Ja, sie ist ein schönes Mädchen, auch der Name sagt es; Fiona bedeutet auf Gälisch 'Die Schöne'. Ich muss es bestätigen, auch wenn ich ihr Großvater bin, im Grunde steht es mir nicht zu, sie zu loben!«

Noch überrascht sieht er mich an, als wolle er mich fragen, warum ich seine Schwiegertochter, die Enkelin kenne ...

Ich fahre fort, indem ich das Thema wechsle, um einen Fauxpas zu vermeiden: er weiß vielleicht nicht, dass der

che la bambina, e che ogni volta che va a visitare i suoi genitori fa un salto da noi.

Abitiamo nella strada accanto alla sua: noi siamo la sua seconda famiglia, ha dichiarato più volte.

«Qualche sera fa l'ho vista in televisione per non so più quale anniversario della *Weiße Rose*[1].»

Lui si schermisce, ha parlato poco, mi dice, c'erano vari politici che avevano molto da dire. Altro è quando va nelle scuole superiori, allora è solo e può parlare liberamente.

Penso di approfittare dell'occasione per improvvisare una sorta di intervista, impossibile quando è presente la famiglia, ed esordisco con la prima domanda.

«Ha mai avuto modo, dopo, di incontrare i suoi aguzzini?»

Ora mi sembra nel suo elemento.

«Due anni di prigione, e ho cambiato ben sette carceri.»

La risposta è pronta. Si vede che non è la prima volta che risponde a una domanda così banale come la mia.

«In due anni, sette carceri... Lo facevano apposta, per non permettere a noi politici di assuefarci a un certo ambiente. E ogni volta un'altra città: qui, mi hanno portato prima nelle carceri della Gestapo. Erano due edifici dietro l'attuale Palazzo di Giustizia, ora ne esiste soltanto uno. Qualche anno fa, forse dieci, uno dei due è stato demolito... Ora c'è un piccolo parco. Se ne è accorta?»

---

[1]La *Rosa Bianca* era l'organizzazione di un piccolo gruppo di studenti dell'Università di Monaco, fondata dai fratelli Scholl, per opporsi, in modo pacifico, contro il sistema nazista. Tutti i componenti il gruppo, eccettuato Franz Müller, furono giustiziati. Nel 1986 Franz Müller, per informare le nuove generazioni sul passato del nazionalsocialismo in Germania, mise su la fondazione della *Rosa Bianca*.

Sohn uns Frau und Kind vorgestellt hat und, dass er jedes Mal, wenn er seine Eltern besucht, auf einen Sprung zu uns kommt.

Wir wohnen in der Straße parallel zu seiner; wir sind seine zweite Familie, hat er mehrmals betont.

»Vor einigen Abenden habe ich sie im Fernsehen anlässlich eines, ich weiß nicht mehr wievielten, Jahrestages der Weißen Rose[2] gesehen.«

Er weicht aus, er habe wenig geredet, sagt er zu mir und dass verschiedene Politiker da gewesen wären, die viel zu sagen hätten. Es sei etwas anderes, wenn er in die Oberschulen gehe, da sei er allein, und könne frei sprechen.

Ich will die Gelegenheit nützen, um eine Art Interview zu improvisieren, das unmöglich wäre, wenn die Familie dabei wäre und beginne mit der ersten Frage.

»Hatten sie nie die Gelegenheit, nachher, ihren Kerkermeistern zu begegnen?«

Nun scheint er mir in seinem Element zu sein.

»Zwei Jahre Haft, und ich habe sieben Mal das Gefängnis gewechselt.«

Die Antwort kommt sofort. Man merkt, dass er nicht zum ersten Mal auf eine derart banale Frage wie der meinen antwortet.

»In zwei Jahre, sieben Gefängnisse ... Sie machten es absichtlich, um uns Politischen nicht zu ermöglichen uns an eine bestimmte Umgebung zu gewöhnen. Und jedes Mal eine andere Stadt; hier haben sie mich zuerst in den Kerker der Gestapo gebracht. Es waren zwei Gebäude hinter dem derzeitigen Justizpalast, jetzt gibt es nur mehr eines davon. Vor einigen Jahren, vielleicht zehn, ist eines von beiden ab-

---

[2] *Weiße Rose* nannte sich eine von den Geschwistern Scholl gegründete kleine Gruppe von Studenten der Münchner Universität, die zum pazifistischem Widerstand gegen die Nazis aufrief. Bis auf Franz Müller wurden alle zum Tode verurteilt und hingerichtet. Franz Müller rief 1986 die Stiftung *Weiße Rose* mit der Absicht ins Leben, vor allem die neuen Generationen über die Geschichte des Nationalsozialismus in Deutschland zu informieren.

Non aspetta una risposta. Tace e si guarda intorno. Proprio di fronte a noi, seduta sul prato, vediamo una giovane madre con due bambini piccoli: il più piccolo, forse di un anno, tenta varie volte di alzarsi e di fare qualche passo, sostenuto dalla madre; l'altro, più grandicello, mangia un gelato. Dopo un po' viene verso di noi e butta la carta e non so che altro nel cassonetto della spazzatura, accanto al sedile. Io lo lodo e lui se ne va tutto fiero. Il signor Müller osserva la scena e sorride ai tentativi del bambino che ogni volta cade seduto per rialzarsi subito dopo, quasi spinto da una molla.

«Questo è il grande momento della sua vita appena iniziata: deve alzarsi per forza e non ce la fa. È la natura... vuole correre. Tutti noi vogliamo correre, è un istinto più forte di noi. Anch'io ero un ottimo corridore, uno sportivo di gran formato! Non soltanto la corsa, anche la lotta... Allora era importante essere dei buoni sportivi e anche adesso mi faccio 25 minuti di nuoto ogni mattina, nella piscina di fronte a casa, quando non c'è nessuno.»

«Di mattina l'acqua dev'essere piuttosto fredda.»

«A me l'acqua fredda non dà fastidio, credo però che la riscaldino un poco. Forse a 20 gradi. Io sono un uomo sportivo... Senza la disciplina dello sport non avrei potuto superare quegli anni, chiuso in una cella di sette metri quadrati. Avevo inventato degli esercizi per tenermi in forma, senza alcuna perdita di energie. Così...» E mi mostra come muoveva le braccia, torcendo il dorso, la testa, in una specie di ginnastica cinese.

«Il mangiare era quello che era, ogni giorno rape, ancora adesso mi sembra di sentirne l'odore, e qualche patata, due o tre, per cui le nostre forze erano assai limitate, ma io con-

gerissen worden ... Jetzt ist dort ein kleiner Park. Haben sie ihn bemerkt?«

Er wartet nicht auf die Antwort. Er schweigt und sieht sich um. Genau uns gegenüber sehen wir eine junge Mutter mit zwei kleinen Kindern auf der Wiese sitzen; das kleinere, vielleicht ein Jahr alt, versucht wiederholt aufzustehen und, gestützt von der Mutter, einige Schritte zu tun; das andere, schon größer, schleckt ein Eis. Nach einer Weile kommt es in unsere Richtung und wirft das Papier und ich weiß nicht, was noch, in den Abfallkorb neben der Bank. Ich lobe es und es geht ganz stolz davon. Herr Müller beobachtet die Szene und lächelt wegen der Versuche des Kindes, das jedes Mal wenn es auf den Hintern fällt, sofort wieder aufsteht, beinahe wie von einer Feder getrieben.

»Das ist der große Moment in seinem gerade begonnenen Leben: es muss notgedrungen aufstehen und schafft es nicht. Das ist die Natur ... es will vorwärts. Wir alle wollen voran, es ist ein Instinkt, stärker als wir. Auch ich war ein ausgezeichneter Läufer, ein Sportler überragendem Formats! Nicht nur Laufen, auch Ringen ... Damals war es wichtig ein guter Sportler zu sein, und auch heute schwimme ich noch jeden Morgen fünfundzwanzig Minuten im Schwimmbad gegenüber, wenn niemand da ist.«

»Am Morgen muss das Wasser ziemlich kalt sein.«

»Mir macht das kalte Wasser nichts aus, glaube aber, dass sie es ein wenig aufheizen. Vielleicht auf zwanzig Grad. Ich bin ein sportlicher Mensch ... Ohne die Disziplin des Sports hätte ich jene Jahre nicht überstehen können, in eine sieben Quadratmeter große Zelle gesperrt. Ich hatte mir Übungen ausgedacht, um in Form zu bleiben, ohne irgendeinen Energieverlust. So ...« Und er zeigt mir, wie er die Arme bewegte, den Oberkörper und den Kopf in einer Art chinesischen Gymnastik verbiegend.

»Das Essen war, wie es war, jeden Tag Rüben; noch heute glaube ich ihren Geruch wahrzunehmen und ab und zu einige Kartoffeln, zwei oder drei, weswegen unsere Kräfte ziem-

tinuavo a tenermi in forma, appunto, facendo ogni giorno esercizi di ginnastica.»

Si ferma un momento soprappensiero.

«I ragazzi delle scuole mi fanno certe domande... Qualche tempo fa una ragazza mi ha chiesto come trascorrevo la giornata, dalla mattina alla sera in una cella di sette metri quadrati senza parlare con nessuno. Le ragazze hanno certe idee! Non è vero che non parlavo con nessuno: avevamo vari sistemi di comunicazione. C'era il vicino di cella col quale avevo messo a punto una tecnica particolare. Era un francese che a forza di stare in Svevia aveva finito con l'imparare a parlare svevo e non tedesco! È morto qualche anno fa. Ci siamo incontrati, poi... Sono morti tutti... Io sono rimasto l'ultimo di quel gruppo.»

Il suo sguardo si incupisce un momento. Noto due occhi molto chiari, annacquati, le palpebre piuttosto gonfie. Si riprende: non sembra molto contento di essere rimasto il solo testimone.

«Del resto, parlavamo tutti in dialetto, allora: i guardiani, gente primitiva che non sapeva una parola di tedesco, se avessimo parlato in *Hochdeutsch*[3], ci avrebbero picchiato. Ogni piccola scusa era buona per picchiarci. Parlare tedesco significava volersi distinguere, considerarsi migliori di loro. E lo eravamo, noi politici.»

Lo dice non senza una certa fierezza.

Si ferma, e penso che non voglia parlare più. Infatti, dopo un po' mi chiede se i suoi racconti non mi annoiano. Io lo assicuro che, al contrario, mi piace moltissimo ascoltarlo, anzi da tempo avrei voluto fargli qualche domanda, ma non ne ho mai avuto occasione.

Non ho aggiunto che l'ultima volta che ci siamo incontrati è

---

[3]l'Alto Tedesco, grammaticalmente perfetto,

lich begrenzt waren, aber ich hielt mich weiter in Form, indem ich eben jeden Tag Gymnastikübungen machte.«

Er hält einen Moment gedankenverloren inne.

»Die Jugendlichen in den Schulen stellen mir gewisse Fragen … Vor einiger Zeit hat mich ein Mädchen gefragt, wie ich den Tag verbracht hätte, vom Morgen bis zum Abend in einer Zelle von sieben Quadratmetern, ohne mit jemandem zu sprechen. Ideen haben die Mädchen! Es stimmt nicht, dass ich mit niemandem sprach; wir hatten verschiedene Kommunikationssysteme. Da war ein Zellennachbar, mit dem ich eine besondere Technik ausgearbeitet hatte. Er war Franzose, der wegen seines langen Aufenthalts in Schwaben Schwäbisch statt Deutsch gelernt hatte! Er ist vor einigen Jahren gestorben. Wir haben uns getroffen, nachher … Alle sind tot … Ich bin der letzte Übriggebliebene jener Gruppe.«

Sein Blick verfinstert sich einen Moment lang. Ich sehe zwei sehr helle Augen, wässrig, die Lider ziemlich geschwollen. Er fängt sich wieder, scheint nicht sehr froh zu sein, der letzte Zeuge zu sein.

»Außerdem sprachen wir alle Dialekt, damals: die Wachen waren primitive Menschen, die kein Hochdeutsch konnten; hätten wir Hochdeutsch gesprochen, hätten sie uns geschlagen. Jede kleinste Ausrede genügte ihnen, um uns zu schlagen. Hochdeutsch sprechen bedeutete sich abheben zu wollen, sich als Besserer zu betrachten. Und wir waren es, wir Politischen.

Er sagt es nicht ohne einen gewissen Stolz.

Er hält ein, und ich glaube, dass er nicht mehr reden möchte. In der Tat fragt er mich nach einer Weile, ob mich seine Erzählungen langweilten. Ich versichere ihm das Gegenteil, mir gefällt es sehr, ihm zuzuhören, ich hatte ihm schon lange einige Fragen stellen wollen, aber nie die Gelegenheit dazu gehabt.

Ich habe nicht hinzugefügt, dass das letzte Mal, als wir uns begegnet sind, der Geburtstag seines Sohnes war, der dreißigste, zu dem er nur seine Eltern und uns eingeladen

stato per il compleanno di suo figlio, il trentesimo, a cui aveva voluto invitare solo i genitori e noi. Un grande onore per me. Avevamo cenato nel ristorante dell'Allianz, la società di assicurazioni che dispone di una grossa area confinante con l'Englischer Garten, con piscina riservata solo ai soci e agli abitanti della strada, un campo di tennis, e un ristorante dove si mangia abbastanza male.
In realtà conosco il signor Müller solo attraverso il figlio, ma ho sempre saputo che è il presidente della Weiße Rose. Qui tutti lo sanno. Tutti lo conoscono.

«Io avevo studiato quattro lingue, latino, greco antico, tedesco e francese, senza parlare di tutte le altre materie... ho fatto il liceo classico, io. Della nostra classe siamo arrivati in pochi all'esame di maturità: la maggior parte ha dovuto ritirarsi man mano che andavamo avanti nelle classi superiori. Io ero bravo a scuola, non faticavo neanche un po' e facevo molto sport. Ancora adesso faccio molto sport: ogni giorno 25 minuti di nuoto... ma questo credo di averlo già detto.»

Si interrompe di colpo, insicuro.

«Mi accade di ripetere sempre le stesse cose.» Lo dice come per scusarsi. Sento una certa malinconia nella sua voce. Evidentemente la moglie o il figlio devono averglielo fatto notare varie volte. Con una certa impazienza, anche.

Io dico che può ripetersi tutte le volte che vuole, e sorrido per incoraggiarlo, aggiungo che anch'io ripeto sempre le stesse cose. Non so quanto mi abbia ascoltato. Chiaro. A lui non interessa niente se gli altri si ripetono. È un problema solo suo, del quale magari si vergogna come di un segno di senilità.

«Loro erano tutti ignoranti. Avevano fatto le scuole primarie e sapevano giusto leggere quel poco che veniva scritto nelle

hatte. Eine große Ehre für mich. Wir haben im Restaurant Allianz zu Abend gegessen, der Versicherungsgesellschaft, die eine große, an den Englischen Garten angrenzende Fläche mit Schwimmbad hat, nur für Mitglieder und die Anwohner jener Straße reserviert, mit einem Tennisplatz und einem Restaurant, in dem man ziemlich schlecht isst.

In Wirklichkeit kenne ich Herrn Müller nur über seinen Sohn, habe aber immer gewusst, dass er der Vorsitzende der Weißen Rose ist. Hier wissen das alle. Alle kennen ihn.

»Ich habe das klassische Gymnasium besucht und vier Sprachen gelernt: Latein, Altgriechisch, Deutsch und Französisch, von all den anderen Fächern ganz zu schweigen. Aus unserer Klasse haben es nur wenige bis zum Abitur geschafft; der Großteil hat stückweise aufgeben müssen, während wir in die höheren Klassen aufstiegen. Ich war gut in der Schule, tat mich nicht einmal schwer, und betrieb viel Sport. Heute noch betreibe ich viel Sport: jeden Tag schwimme ich fünfundzwanzig Minuten … aber das habe ich bereits gesagt, glaube ich.«

Er unterbricht sich schlagartig, unsicher.

»Es passiert mir, dass ich immer dieselben Sachen wiederhole.« Er sagt es, als wolle er sich entschuldigen. Ich höre eine gewisse Schwermut in seiner Stimme. Offensichtlich hatten ihn seine Frau oder der Sohn verschiedene Male darauf hingewiesen. Mit einem gewissen Unmut vielleicht.

Ich sage ihm, dass er sich wiederholen könne, so oft er wolle, und lächle, um ihn zu ermutigen, füge hinzu, dass auch ich immer dieselben Dinge wiederhole. Ich weiß nicht, wie genau er mir zugehört hat. Klar. Ihn interessiert es nicht, wenn sich die anderen wiederholen. Es ist allein sein Problem, dessentwegen er sich, als ein Zeichen von Senilität, vielleicht schämt.

»Es waren lauter Ignoranten. Sie haben die Grundschule besucht und konnten gerade mal lesen, was in den Verordnun-

ordinanze, e anche quello non so quanto bene. Io facevo parte di un ristretto gruppo, di una élite se così posso dire, avevo la maturità classica, non bisogna dimenticarlo, ma con loro parlavo sempre in svevo, e quando ero qui, in bavarese. Dovevo mettermi al loro stesso livello, non mostrare nessuna superiorità, altrimenti mi avrebbero picchiato di più. Sei volte fui picchiato qui dalla Gestapo e ce n'era uno particolarmente brutale che poi denunziai agli americani: gli hanno dato sei mesi. Un altro venne dopo da me per ringraziarmi di non averlo denunziato! Due ne ho denunziati e dopo sei mesi sono tornati al lavoro di prima, guardiani in carcere. Come prima. I carcerieri sono sempre gli stessi, da che mondo è mondo.»

Tace di nuovo e si guarda intorno, pare riflettere.

«La massa è sempre stata ignorante e quando riesce ad avere un po' di potere ne approfitta per vendicarsi di quei quattro che sa essere superiori... Perché loro riconoscono la superiorità di chi è più istruito, più intelligente, ma non lo sopportano: vogliono avvilire, schiacciare, umiliare... così è la massa. Quei ragazzi di oggi che picchiano soltanto se qualcuno li guarda, se vedono un giovane dall'aspetto diverso dal loro, se capiscono che è straniero e ha paura, se è vecchio e debole, colpiscono, ma soltanto se sono in gruppo: allora si sentono forti, potenti. Sanno però di essere ignoranti, deboli, incapaci di affrontare la vita da soli. Questo è il senso della massa, il motivo per il quale stanno insieme come le pecore... Allora, erano loro al potere: una massa di ignoranti criminali... perché non tutti gli ignoranti devono essere per forza criminali! Dodici anni di vergogna per la Germania, per questo popolo, per il mondo intero!»

Ho l'impressione che mi abbia dimenticato, che parli per

gen stand, und auch da bin ich mir nicht sicher. Ich gehörte zu einer engeren Gruppe, einer Elite, wenn man so sagen kann, ich hatte klassisches Abitur, darf man nicht vergessen, aber mit ihnen sprach ich immer Schwäbisch und, wenn ich hier war, Bayrisch. Ich musste mich auf ihre Ebene stellen, keine Überlegenheit zeigen, sonst hätten sie mich noch mehr geschlagen. Sechs Mal wurde ich hier von der Gestapo geschlagen, einer war besonders brutal, den habe ich dann bei den Amerikanern angezeigt: sie haben ihm sechs Monate aufgebrummt. Ein anderer kam danach zu mir, um sich zu bedanken, dass ich ihn nicht angezeigt habe! Zwei habe ich angezeigt, nach sechs Monaten sind sie zu ihrer Arbeit zurückgekehrt, Gefängniswärter. Wie früher. Die Kerkermeister sind immer dieselben, seit es die Welt gibt.«

Er schweigt erneut und sieht sich um, scheint zu überlegen.

»Die Masse war immer unwissend und wenn sie ein wenig Macht erlangen kann, nutzt sie die aus, um sich an denen zu rächen, von denen sie wissen, dass sie ihnen überlegen sind ... Denn sie erkennen die Überlegenheit derer, die gebildeter, intelligenter sind, aber sie ertragen es nicht: sie wollen erniedrigen, zerdrücken, demütigen ... so ist die Masse. Diese Jugendlichen von heute, die zuschlagen, nur, weil jemand sie anschaut, oder wenn sie einen Jugendlichen sehen, der anders aussieht als sie, wenn sie merken, dass er fremd ist und Angst hat, wenn er alt und schwach ist, schlagen sie zu, aber nur, wenn sie in der Gruppe sind, dann fühlen sie sich stark, mächtig. Sie wissen aber, dass sie unwissend sind, schwach, unfähig das Leben alleine anzugehen. Das ist der Sinn der Masse, der Grund, weshalb sie zusammenstehen wie die Schafe ... Damals waren sie an der Macht: eine Menge von kriminellen Ignoranten ... denn nicht alle Ignoranten müssen gezwungenermaßen Kriminelle sein! Zwölf Jahre der Schande für Deutschland, für dieses Volk, für die ganze Welt!«

Er macht den Eindruck, als habe er mich vergessen, als

conto proprio.

«Ebbi la fortuna di essere messo in un carcere per minorenni. Un giudice molto comprensivo... se penso che, per via del mio aspetto, il Presidente del Tribunale Popolare, Roland Freisler[4], non mi condannò a morte, come fece con gli altri! Disse che un ragazzo tedesco con la mia figura, allora ero ancora più alto di adesso, capelli biondi e occhi azzurri, tutto di pura razza ariana, non poteva essere contrario al nazionalsocialismo!»

Non potei fare a meno di ripensare a una scena rimasta famosa nella mia famiglia.

David, il figlio del signor Müller, venuto in vacanza in Italia con noi, e precisamente a Rapallo, in un momento di esuberanza giovanile, non ricordo più per quale motivo, si arrampicò sul palo di un lampione, per strada. Una signora si avvicinò subito, indignata, e gli intimò di scendere. Una vergogna, disse, e se la prese anche con me perché, secondo lei, permettevo simili sciocchezze. Lui, ancora in alto, rispose con una frase che poi ripeteva in tutte le occasioni: „Io ragazzo tedesco. Io non capire." Anche lui era, nonostante i suoi tredici anni, un ragazzone alto più della media, i capelli biondissimi e diritti sulla testa, gli occhi azzurri, la pelle bianchissima, tutto di pura razza ariana! Da bambino portava i capelli lunghi fin sulle spalle, perché non voleva andare dal barbiere, proprio come ora fa il padre forse per lo stesso motivo.

Ora, Fiona la bella ha i suoi stessi tratti: bionda, bianca, occhi azzurri, nonostante la madre sia una brunetta, piccola e minuta, dall'aspetto niente affatto tedesco.

---

[4]*Roland Freisler*, presidente del Tribunale del Popolo, famoso per la sua crudeltà, definito '*Blutrichter*', (giudice del sangue). Morì nel '45, nella cantina del Tribunale del Popolo, sotto un bombardamento alleato.

rede er mit sich selbst.

»Ich hatte das Glück, dass ich in ein Gefängnis für Minderjährige gekommen bin. Ein sehr verständnisvoller Richter ... wenn ich daran denke, dass der Vorsitzende des Volksgerichtshofs, Roland Freisler[5], mich wegen meines Aussehens nicht zum Tode verurteilt hat, wie die anderen! Er sagte, dass ein Junge mit meinem Aussehen – damals war ich noch größer als heute, hatte blonde Haare und blaue Augen, alles reinste arische Rasse – nicht gegen den Nationalsozialismus sein könne!«

Ich konnte nicht anders, ich musste an eine, in unserer Familie in Erinnerung gebliebene Szene zu denken.

David, Herrn Müllers Sohn, der mit uns nach Italien in die Ferien gefahren war, nach Rapallo um genau zu sein, kletterte in einem Augenblick des jugendlichen Übermuts, ich weiß nicht mehr aus welchem Grund, eine Straßenlaterne hoch. Eine Frau näherte sich sofort entrüstet und forderte ihn auf herunter zu kommen. Eine Schande, sagte sie, und schimpfte auch mit mir, weil ich solche Dummheiten erlaubte. Er, immer noch oben, antwortete mit einem Satz, den er dann bei jeder Gelegenheit wiederholte: „Io ragazzo tedesco. Io non capire[6]." Auch er war trotz seiner dreizehn Jahre ein überdurchschnittlich großer Junge, mit strohblonden, aufrecht stehenden kurzen Haaren, blauen Augen, schneeweißer Haut, alles reinste arische Rasse! Als Kind trug er schulterlanges Haar, weil er nicht zum Friseur gehen wollte, genau so wie es heute sein Vater aus gleichem Grund macht.

Jetzt hatte Fiona, die Schöne, dieselben Merkmale: blond, schneeweiß, obwohl die Mutter braunhaarig, zierlich und zart, kein typisch deutsches Äußeres hat.

---

[5]*Roland Freisler*, berüchtigt wegen seiner Grausamkeit, 'Blutrichter' genannt. Er starb 1945 in Berlin bei einem Bombardement im Keller des Volksgerichtshofs.

[6]Ich deutscher Junge. Ich nicht verstehen.

Il signor Müller continua, raccontando che il carcere di Heilbronn ospitava circa mille e cinquecento prigionieri ed era una vera cittadella, dove nessuno sapeva mai dove si trovasse: ogni condannato, chiuso nella sua cella, non avrebbe mai potuto fuggire in quel labirinto di passaggi, scale, porte. Tuttavia, ci fu chi riuscì a evadere anche da lì! Lo dice con una certa ammirazione.

Chiedo come mai le carceri non venissero bombardate dagli alleati: pare punto da una vespa, quasi avessi detto un'eresia.

Le sue reazioni alle mie domande sono sempre di grande irritazione, quasi a dire, „Come mai non lo sa?"

Così, mi spiega come erano costruite le prigioni, come se si trattasse di cosa ovvia, che ogni persona assennata dovrebbe sapere. Dice che i muri erano doppi ovunque, anche fra le celle, e che ogni reparto, in caso fosse stato colpito da una bomba, sarebbe rimasto isolato dagli altri da una serie di muri, costituiti dalla sequenza delle molte celle. Si trattava di una vera e propria fortezza. Si dilunga poi in altri chiarimenti tecnici, sempre più sorpreso che io non ne sappia niente: io cerco di nascondere una certa incredulità. La storia dei doppi muri delle celle non mi convince affatto, e non capisco ancora per quale motivo non venissero mai bombardate le prigioni, le centrali della Gestapo, i tribunali popolari e altri luoghi di tortura.

«Dei cinque anni che avrei dovuto trascorrere in carcere, in realtà ne scontai solo due. Gli americani mi hanno liberato. Sono molto grato agli americani, checché se ne pensi adesso; dopo, nel '47, avrei voluto emigrare in America, ma il pa-

Herr Müller fährt fort zu erzählen, dass das Gefängnis von Heilbronn ungefähr tausendfünfhundert Gefangene beherbergte und eine richtige Zitadelle war, in der niemand genau wusste, wo er sich befand; kein Häftling, der nur seine Zelle kannte, hätte jemals aus diesem Labyrinth von Gängen, Treppen, Türen entfliehen können. Trotzdem gab es welche, denen es gelungen war! Er sagt es mit einer gewissen Bewunderung.

Ich frage, warum die Gefängnisse nicht von den Alliierten bombardiert worden waren. Er reagiert wie von einer Wespe gestochen, beinahe so, als hätte ich eine Häresie ausgesprochen.

Seine Reaktionen auf meine Fragen sind immer eine große Irritation, beinahe als wolle er sagen: „Warum wissen Sie das nicht?"

Also erklärt er mir, wie die Gefängnisse gebaut waren, so als handle es sich um eine offensichtliche Sache, die jede vernünftige Person wissen müsse. Er sagt, dass es überall doppelte Mauern gab, auch zwischen den Zellen, und dass jede Abteilung, sollte sie von einer Bombe getroffen werden, von den anderen durch eine Reihe von Mauern, gebildet durch die Aufeinanderfolge der Zellen, isoliert geblieben wäre. Es handelte sich um eine richtig gehende Festung. Er ergeht sich dann in weiteren technischen Erklärungen, immer überrascht, dass ich nicht Bescheid wusste; ich versuche eine gewisse Ungläubigkeit zu verbergen. Die Geschichte mit den doppelten Mauern überzeugt mich überhaupt nicht und ich verstehe immer noch nicht, aus welchem Grund die Gefängnisse, die Gestapozentralen, die Volksgerichtshöfe und andere Orte der Folterung nie bombardiert worden waren.

»Von den fünf Jahren, die ich im Gefängnis hätte verbringen müssen, habe ich in Wirklichkeit nur zwei abgesessen. Die Amerikaner haben mich befreit. Ich bin den Amerikanern sehr dankbar, was immer man heute auch darüber denken

dre dei fratelli Scholl[7] mi convinse a restare. Avevo solo 21 anni, nel '45, così decisi di studiare giurisprudenza.»

Sono sorpresa da quest'ultima affermazione: il figlio, una volta, ci aveva raccontato che il padre aveva un negozio di paralumi. Credo addirittura che li avesse definiti cappelli per lampade! Eppure, aveva studiato Legge... Non chiedo chiarimenti, né ripeto la storia dei cappelli, per evitare la sua indignazione: sono certa che non sa niente dei racconti del figlio.

Chiedo invece della sua scuola, di come erano gli insegnanti, se erano tutti nazisti convinti, di come trattavano gli scolari. Mi risponde nuovamente irritato. Come posso pensare una tale assurdità?

«Adesso la gente pensa che tutti i tedeschi fossero nazisti. Non è vero. Di venti insegnanti, per esempio, cinque lo erano per intima convinzione, cinque seguivano gli ordini che venivano dall'alto senza darsi troppi pensieri, e gli altri erano del tutto normali. Noi capivamo subito con chi avevamo a che fare dal modo in cui salutavano: appena entravano in classe, non dicevano certo „Buongiorno" come si fa oggigiorno. Per ordini superiori, ogni professore aveva l'obbligo di alzare il braccio e gridare „Heil Hitler". Dal modo in cui sollevavano il braccio e, mi creda, c'erano vari gradi, e dal tono della voce, potevamo capire cosa ci stava dietro.»

---

[7]Hans e Sophie Scholl facevano parte di una organizzazione studentesca cattolica denominata *Die Weiße Rose*, uno dei pochi movimenti di resistenza al nazismo. Franz Müller, nel 1986 diede vita alla Fondazione della *Weiße Rose*, (La rosa bianca) con l'intento di informare soprattutto le nuove generazioni sulla storia del nazismo in Germania.

mag; dann, 1947, hatte ich nach Amerika auswandern wollen, aber der Vater der Geschwister Scholl[8] überzeugte mich zu bleiben. 1945 war ich erst einundzwanzig, also beschloss ich Rechtswissenschaften zu studieren.«

Diese letzte Behauptung überrascht mich; sein Sohn hatte uns einmal erzählt, dass der Vater ein Geschäft für Lampenschirme gehabt hat. Ich glaube sogar, dass er sie ‚Hüte für Lampen' genannt hat! Und doch hatte er Jura studiert ... Ich bitte um keine Erklärung und wiederhole auch nicht die Geschichte mit den Hüten, um nicht seine Entrüstung zu riskieren; ich bin mir sicher, dass er von den Erzählungen des Sohnes nichts weiß.

Ich frage ihn hingegen nach seiner Schule, wie die Lehrer waren, ob sie alle überzeugte Nazis waren, wie sie die Schüler behandelten. Er antwortet mir erneut gereizt. Wie konnte ich eine solche Absurdität annehmen?

»Heute denken die Leute, dass alle Deutschen Nazis waren. Das stimmt nicht. Von zwanzig Lehrern, zum Beispiel, waren fünf zutiefst überzeugt, fünf folgten ohne lange nachzudenken den Anordnungen, die von oben kamen und die anderen waren völlig normal. Wir kapierten gleich, mit wem wir es zu tun hatten, an der Art, wie sie uns grüßten: sowie sie die Klasse betraten, sagten sie natürlich nicht „Guten Morgen", wie man es heutzutage macht. Auf Anordnung von oben war jeder Lehrer verpflichtet den Arm auszustrecken und „Heil Hitler" zu rufen. Nach der Art, wie sie den Arm hoben, und glauben Sie mir, es gab verschiedene Arten, und vom Ton der Stimme, konnten wir schließen, wer dahinter steckte.«

---

[8]Hans und Sophie Scholl gehörten einer katholischen Studentenorganisation an, *Die weiße Rose*, eine der wenigen Widerstandsbewegungen gegen das Nazi Regime. Franz Müller gründete 1986 die Stiftung *Weiße Rose* mit der Idee, vor allem künftige Generationen über die Geschichte des Faschismus in Deutschland zu informieren.

Mi mostra i vari modi di salutare, alzando e tendendo il braccio, riducendo poi man mano il movimento fino ad arrivare a un breve cenno dell'avambraccio. E' molto chiaro.

«Io ero sempre molto bravo a scuola, soprattutto nello sport, uno dei primi cinque in Svevia... allora era molto importante lo sport: un vero tedesco di pura razza doveva avere un corpo sano, esercitato a tutti gli sport... e a me piaceva, benché non avessi nessuna voglia di fare quindici ore alla settimana di marce con la HJ[9] Trovavo la cosa molto stupida e cercavo sempre delle scuse per non andare. Ma ognuno di noi doveva saper battere i tacchi nel modo giusto, salutare per strada un superiore o soltanto un poliziotto, purché portasse una qualsiasi divisa: in caso contrario venivamo subito richiamati all'ordine e dovevamo mostrare la tessera, o almeno certificarci come membri della HJ.

I regolamenti erano molto severi. Il senso dell'ordine, così radicato nella mentalità tedesca, ha avuto il suo grande momento: tutto doveva funzionare e tutti, anche i più normali cittadini, avevano cura che ognuno obbedisse agli ordini che venivano dall'alto.»

Mentre parla vedo che non è più nel parco. È chiaramente altrove, nella sua Svevia, dove ognuno conosceva l'altro e sapeva soprattutto cosa l'altro pensava: lui studiava a Ulm, ma viveva a pochi chilometri dalla città, in un piccolo paese di contadini.

Chiedo come mai lui solo fosse contrario a quell'ordine, a quella mentalità, che invece coinvolgeva la maggior parte della popolazione e degli scolari.

Mi permetto di chiedere se i suoi genitori fossero convinti nazisti.

«Mio padre. Lui sì era un nazi, ma solo per vigliaccheria. Un piccolo uomo vile, incapace di pensare con la propria te-

---

[9] Hitler Jugend.

Er zeigte mir die verschiedenen Arten zu grüßen, indem er den Arm hob und ausstreckte, die Bewegung Schritt für Schritt reduzierend, bis sie sich auf ein kurzes Zucken des Unterarms reduzierte. Es war sehr deutlich.

»Ich war immer gut in der Schule, vor allem aber im Sport, einer der besten fünf in Schwaben ... damals war der Sport sehr wichtig: ein richtiger reinrassiger Deutscher musste einen gesunden Körper haben, geübt in allen Sportarten ... und mir gefiel es, obwohl ich keine Lust hatte, fünfzehn Stunden in der Woche mit der HJ zu marschieren. Ich fand das sehr blöde und suchte immer nach Ausreden, um nicht mitzugehen. Aber jeder von uns musste die Absätze in der richtigen Art zusammenschlagen können, auf der Straße einen Höheren oder auch nur einen Polizisten grüßen, wenn er irgendeine Uniform trug; ansonsten wurden wir sofort zur Ordnung gerufen und mussten den Ausweis vorzeigen, oder uns zumindest als Mitglieder der HJ[10] ausweisen.

Die Vorschriften waren sehr streng. Der Ordnungssinn, so sehr in der deutschen Mentalität verwurzelt, hatte seine großen Momente: alles musste funktionieren, auch die normalsten Bürger; sie achteten darauf, dass alle die Anordnungen befolgten, die von oben kamen.«

Während er redet, merke ich, dass er nicht mehr hier im Park ist. Er ist offensichtlich anderswo, in seinem Schwaben, wo jeder jeden kannte und vor allem wusste, was er dachte; er ging in Ulm zur Schule, aber er wohnte wenige Kilometer außerhalb in einem kleinen Bauerndorf.

Ich frage, warum er alleine gegen jene Ordnung, jene Mentalität war, die doch den Großteil der Bevölkerung und der Schüler erfasste.

Ich erlaube mir zu fragen, ob seine Eltern überzeugte Nazis gewesen sind.

»Mein Vater. Er war schon ein Nazi, aber nur aus Feigheit. Ein kleiner, feiger Mensch, unfähig mit dem eigenen

[10] Hitler Jugend

sta, che approfittò della venuta del nazismo per trarne certi vantaggi personali, qualche impiego... roba da poco, che però lo faceva sentire importante.

Mia madre invece no. Lei no. Mia madre era una gran bella donna, alta, bionda, un viso nobile, lungo, tipico delle sveve. È morta a 86 anni, nel 1975. L'ho ancora davanti a me, una gran donna, un carattere forte... Non so proprio come abbia fatto a sposare mio padre, lei, una ricca contadina, lui un... un niente, proveniente dalla Franconia, con una famiglia numerosa. Credo avesse sei fratelli e qualche sorella. Possedeva soltanto un pezzetto di terra dove avrebbe potuto allevare quattro galline, mentre mia madre era la sola erede di una grandissima fattoria, con terreni, boschi e altro che è inutile elencare. Era lei il vero capo famiglia, lei dava ordini, decideva su tutto... Una donna di grande personalità. A lei devo tutto quello che sono.»

Adesso finalmente sento parlare della famosa nonna di David: da ragazzino si divertiva a raccontarci episodi riguardanti quella nonna, rimasti ormai nel nostro linguaggio familiare, di cui uno soltanto mi viene subito in mente:

Un vicino di casa era andato a farle visita. Voleva soltanto salutarla, aveva detto.

Il ragazzino di cinque o sei anni, era lì, insieme al padre. La nonna, in occasione della venuta del figlio e del nipote, aveva preparato un enorme vassoio di frittelle di mele, spolverate di cannella e zucchero a velo, che erano la passione del ragazzo e del figlio: il loro profumo doveva aver attratto il vicino di casa.

Controvoglia la nonna lo aveva invitato a sedersi e ad assaggiare i dolci fragranti e quello non se lo era fatto ripetere due volte. Si era seduto e aveva preso a mangiare una frittel-

Kopf zu denken, der vom Auftreten des Nationalsozialismus profitierte, um gewisse persönliche Vorteile zu erlangen, einige Aufträge ... Kleinigkeiten, durch die er sich aber wichtig fühlte.

Meine Mutter hingegen nicht. Sie nicht. Meine Mutter war eine richtig schöne Frau, groß, blond, ein edles Antlitz, typisch für die Schwaben. Sie starb mit sechsundachtzig Jahren im Jahr 1975. Ich seh' sie noch vor mir, eine große Frau, ein starker Charakter ... Ich weiß wirklich nicht, wie sie meinen Vater heiraten konnte, sie, eine reiche Bäuerin, er ein ... Nichts, stammte aus Franken, aus einer vielköpfigen Familie. Ich glaube, er hatte sechs Brüder und einige Schwestern. Er besaß nur einen Flecken Erde, wo er vier Hühner hätte züchten können, während meine Mutter die Alleinerbin eines riesigen Landgutes war, mit Äckern, Wäldern und sonstigem, das aufzuzählen unnütz wäre. Sie war das wirkliche Familienoberhaupt, sie erteilte die Anordnungen, bestimmte alles ... Eine Frau mit großer Persönlichkeit. Ihr verdanke ich alles, was ich bin.«

Jetzt höre ich endlich von der berühmten Großmutter Davids. Als Bub machte es ihm Spaß, Episoden zu erzählen, die diese Großmutter betrafen und die mittlerweile ins Familiengedächtnis übergegangen sind, von denen mir gerade nur eine einfällt:

Ein Nachbar ist sie besuchen gekommen. Er wolle sie nur grüßen, hatte er gesagt.

Der Junge war auch da, gemeinsam mit dem Vater. Die Großmutter hatte zum Anlass des Besuchs des Sohnes und des Enkels eine riesige Schüssel voller Apfelpfannkuchen gebacken, bestäubt mit Puderzucker und Zimtpulver, eine Leibspeise des Buben und ihres Sohnes; der Geruch musste den Nachbarn angelockt haben.

Missmutig hatte ihn die Großmutter eingeladen sich zu setzen und die duftende Süßspeise zu kosten, und dieser hatte es sich nicht zweimal sagen lassen. Er hatte sich ge-

la dietro l'altra. Dopo circa un'ora aveva detto che si era fatto tardi: doveva tornare a casa, la moglie lo aspettava.

La nonna, per pura cortesia, gli aveva offerto allora ancora una frittella, una delle poche rimaste nel piatto. Lui si era schermito: ne aveva mangiate dieci e proprio non ne poteva più. Al che la nonna aveva risposto con una frase rimasta proverbiale:

„Veramente erano tredici... *aber bei uns z'ählat ma net*[11]."

Quella era la nonna di David!

Al signor Müller non racconto l'episodio delle frittelle, perché sicuramente se ne è dimenticato. Inoltre, mi sembra inopportuno metterlo di fronte alle tante storie che il ragazzo ci regalava durante le sue visite quotidiane: appena usciva di scuola, prima di andare a casa, passava sempre da noi, e spesso restava fino a sera, se non fino al giorno dopo.

La madre era stata di grande esempio per il giovane Müller, che da lei aveva imparato a pensare con la propria testa, ad avere una posizione critica di fronte alle varie personalità naziste. Quando veniva trasmesso un discorso di Hitler gli diceva subito di spegnere la radio, perché non voleva sentire quello *Schreier*[12]. E poi era cattolica, il che aveva molto rilievo, era un segno di estrema superiorità spirituale, secondo il signor Müller. Si dilunga sulla superiorità dei cattolici, che obbediscono al Papa, che è un capo ben più importante di un qualsiasi Vescovo luterano... io non oso contraddirlo.

Ma le scelte religiose della madre non mi interessano più di tanto, così lo prego di raccontarmi come ha conosciuto i fratelli Scholl e cosa lo ha spinto a partecipare a quel gruppo

---

[11] ...ma noi non contiamo.

[12] Strillone

setzt und angefangen einen Pfannkuchen nach dem anderen zu essen. Nach ungefähr einer Stunde hatte er gesagt, es sei spät geworden, er müsse nach Hause, da die Frau auf ihn warte.

Die Großmutter hatte ihm aus reiner Höflichkeit noch einen der wenigen im Teller verbliebenen Pfannkuchen angeboten. Er hatte sich geziert, hatte gesagt er habe schon zehn Stück gegessen und könne nicht mehr. Worauf die Großmutter geantwortet habe:

„In Wahrheit sind es dreizehn gewesen, aber bei uns *zählat ma net!*"

Das war Davids Großmutter.

Herrn Müller erzähle ich die Episode mit den Pfannkuchen nicht, weil er sie sicher vergessen hat. Außerdem scheint es mir unangebracht, ihn mit all den Geschichten zu konfrontieren, die sein Sohn uns bei seinen täglichen Besuchen erzählt hat; sowie er aus der Schule kam, schaute er, noch bevor er nach Hause ging, immer bei uns vorbei und häufig blieb er bis abends, wenn nicht gar bis zum Morgen danach.

Die Mutter war für den jungen Müller ein großes Vorbild gewesen, von ihr hat er mit dem eigenen Kopf denken gelernt, eine kritische Haltung den verschiedenen nationalsozialistischen Persönlichkeiten gegenüber eingenommen. Wenn eine Ansprache Hitlers gesendet wurde, schaltete sie das Radio aus, weil sie diesen Schreier nicht hören wollte. Und außerdem war sie katholisch, was große Bedeutung hatte; das war laut Herrn Müller ein Zeichen der spirituellen Überlegenheit. Er lässt sich noch über die Überlegenheit der Katholiken aus, die dem Papst gehorchen, der ein ungleich wichtigeres Oberhaupt sei, als jeder lutherische Bischof ... ich wage nicht, ihm zu widersprechen.

Doch die religiösen Vorlieben der Mutter interessieren mich nicht sonderlich, also bitte ich ihn mir zu erzählen, wie er die Geschwister Scholl kennen gelernt hat, und was ihn

di resistenza, in un periodo in cui non ci si poteva permettere di aver fiducia di nessuno.

«Hans Scholl era il nostro capogruppo nella *Hitler Jugend*, e aveva qualche anno più di me. Chiaro che lo conoscevo.»

Ma non vuole soffermarsi su particolari del tutto ovvi: qui tutti sanno la storia della '*Weiße Rose*'.

Intanto, un cane di piccola taglia si avvicina molto interessato a noi; subito, il padrone, con una voce che stranamente ricorda quella con cui, in certi vecchi film, un ufficiale nazista dava un ordine, urla al povero cane un „*Hier!*[13]" che mi fa agghiacciare.

Vedo che anche il signor Müller è sconcertato.

«Allora, bisognava sempre gridare, era una regola, serviva a dimostrare che eravamo veri uomini... Era proibito dire soltanto '*Ja*', bisognava dire '*Jawol*l!' e il tono doveva essere duro, tagliente... Anch'io avevo un cane, un grosso cane da guardia. In una fattoria un cane da guardia è indispensabile. Era il mio amico, il mio compagno, il mio camerata e quando morì, a undici anni, fui triste come neanche per la morte di mio padre.»

Tace, ancora commosso, benché siano passati almeno settant'anni. Io chiedo se ha avuto altri cani, in seguito. Lui reagisce con la solita impazienza.

«In città non è possibile avere un cane, è ingiusto verso queste povere bestie: il cane ha bisogno di libertà, di spazio, deve poter andare per boschi e prati... Un cane deve essere rispettato.»

Adesso capisco perché David non ha mai potuto avere un cane, benché lo desiderasse tanto, o almeno un gatto. Era infatti innamorato dei nostri gatti, e appena arrivava ne pren-

---

[13]Qui!

bewogen hat, bei dieser Widerstandsgruppe mitzumachen, in einer Zeit, da man sich nicht erlauben konnte, irgendjemandem zu vertrauen.

»Hans Scholl war unser Gruppenführer in der Hitlerjugend und war ein paar Jahre älter als ich. Von daher habe ich ihn gekannt.«

Aber er will sich nicht bei völlig selbstverständlichen Details aufhalten: hier wissen alle, was die 'Weiße Rose' ist.

Inzwischen nähert sich uns ein sehr neugieriger kleiner Hund; sofort ruft sein Herr dem armen Hund, mit einer Stimme, die eigenartig an die Stimme eines Nazioffiziers in gewissen alten Filmen erinnert, ein „Hier!" zu, das mich erschaudern lässt.

Ich sehe, dass auch Herr Müller bestürzt ist.

»Damals musste man immer schreien, das war die Regel, damit zeigten wir, dass wir richtige Männer waren ... Es war verboten nur 'Ja' zu sagen, man musste 'Jawoll!' sagen, und der Ton musste hart und schneidend sein ... Auch ich hatte einen Hund, einen großen Wachhund. Auf einem Bauernhof war ein Wachhund unentbehrlich. Er war mein Freund, mein Kumpel, mein Kamerad und als er mit zwölf Jahren starb, war ich traurig, wie selbst beim Tod meines Vaters nicht.«

Er schweigt, noch immer gerührt, obwohl mindestens siebzig Jahre seither vergangen sind. Ich frage ihn, ob er in der Folge noch andere Hunde gehabt hat. Er reagiert mit der üblichen Ungeduld.

»In der Stadt ist es nicht möglich, einen Hund zu halten, es ist ungerecht diesen armen Tieren gegenüber; ein Hund braucht Freiheit, Platz, er muss durch Wälder und Wiesen laufen können ... Ein Hund muss respektiert werden.«

Jetzt verstehe ich, warum David nie einen Hund haben durfte, obwohl er ihn sich so sehr gewünscht hat, oder mindestens eine Katze. Er war in der Tat in unsere Katzen verliebt und sowie er kam, nahm er eine in den Arm und schmuste mit ihr, streichelte sie mit großer Zärtlichkeit, leg-

deva uno in braccio e lo coccolava, lo accarezzava con grandissima tenerezza, se lo metteva intorno al collo come un colletto di pelliccia, gli permetteva di salire sulla sua testa... Lui aveva soltanto due stupidissimi porcellini d'India, che non capivano niente.

Quando ci assentavamo per qualche giorno gli lasciavamo la chiave di casa e veniva più volte al giorno per accudire i due gatti, che lo conoscevano e correvano appena lui li chiamava. Spesso dormiva anche là, per non lasciarli soli la notte, diceva, e loro gli si accoccolavano sulle spalle, uno per lato.

David faceva parte della nostra famiglia e abbiamo una quantità di ricordi in comune. Di certo il padre li ignora tutti.

Guardo l'orologio: si è fatto tardi. I raggi del sole si sono già nascosti dietro gli alberi. Cadono le prime ombre della sera. Vedo la gente rivestirsi, mettere insieme le proprie cose e prepararsi a uscire dal parco. Dico che anche per me è ora di tornare a casa e mi alzo. Lui si alza insieme a me e mi accompagna. Ormai sulla strada mi chiede dove abito. Capisco solo allora che non mi ha riconosciuto. Gli indico la strada, la casa dove lui e la moglie varie volte sono stati nostri ospiti e faccio il mio nome, aggiungendo di essere la madre di Max l'amico di suo figlio: il nome di Max è per lui illuminante.

Si batte una mano sulla fronte.

«Ah, l'età, l'età!», esclama.

te sie sich auf den Nacken, wie einen Pelzkragen und erlaubte ihr, ihm auf den Kopf zu steigen ... Er selbst hatte nur zwei saudumme Meerschweinchen, die nichts verstanden.

Wenn wir für einige Tage wegfuhren, ließen wir ihm die Hausschlüssel und er kam mehrmals am Tag vorbei, um die beiden Katzen zu versorgen, die ihn kannten und angerannt kamen, sowie er sie rief. Häufig schlief er auch da, um sie nachts nicht alleine zu lassen, sagte er, und sie kuschelten sich an seine Schultern, eine auf jeder Seite.

David gehört zu unserer Familie und wir haben eine Menge gemeinsamer Erinnerungen. Der Vater weiß mit Sicherheit von keiner einzigen.

Ich schaue auf die Uhr: es ist spät geworden. Die Sonnenstrahlen haben sich bereits hinter den Bäumen versteckt. Die ersten Schatten des Abends fallen ein. Ich sehe, wie sich die Leute wieder anziehen, die persönlichen Dinge zusammensuchen und sich vorbereiten, den Park zu verlassen. Ich sage, dass es auch für mich an der Zeit ist, nach Hause zurückzukehren. Er erhebt sich gemeinsam mit mir und begleitet mich. Schon auf dem Weg, fragt er mich, wo ich wohne. Erst jetzt begreife ich, dass er mich nicht wiedererkannt hat. Ich zeige ihm den Weg, das Haus, in dem er und seine Frau verschiedene Male unsere Gäste gewesen sind und nenne meinen Namen, hinzufügend, dass ich die Mutter von Max bin, dem Freund seines Sohnes; der Name Max ist für ihn erleuchtend.

Er schlägt sich mit einer Hand an die Stirn.

»Ach, das Alter, das Alter!«, ruft er aus.

Incontro ad Altea

Erna è una sorellastra di Herbert. Per essere più precisi, non una vera e propria sorellastra, nel senso che nessun legame di parentela esiste fra i due, né per via materna né, tanto meno, paterna. C'è solo un tenuissimo filo di ricordi lontani e un affetto fraterno che li unisce. Ma loro due si considerano parenti a tutti gli effetti: Herbert, quando parla di Erna, non manca mai di aggiungere „mia sorella" e così pure Erna dice „mio fratello Herbert". Inoltre, non passa settimana senza che i due si scambino lunghe telefonate sui più diversi temi di carattere familiare.

Per capire il rapporto che corre fra i due è necessario fare un salto indietro di almeno sessant'anni e più, e ripercorrere un tratto di storia riguardante non solo le due famiglie, quella di Herbert e quella di Erna, ma anche un certo periodo della Storia europea.

È più facile iniziare con la famiglia di Herbert, che per certi versi era una tipica famiglia austriaca. Ma solo per certi versi. Infatti, alla fine degli anni Trenta non era facile ottenere il divorzio in un paese cattolico. Per annullare un matrimonio era necessario che uno dei due contraenti, preferibilmente la donna, venisse colta in flagrante, con testimoni oculari e altre prove inconfutabili. D'altra parte, l'adulterio di per sé non era il solo motivo che poteva condurre a una separazione: altre colpe, di varia natura, ma sempre di una certa rilevanza, e non certo l'incompatibilità di carattere, avevano il loro peso. Uno, in ogni caso, aveva la precedenza su tutti gli

Begegnung in Altea

Erna ist die Stiefschwester Herberts. Um genau zu sein, keine richtige Stiefschwester, da zwischen den beiden keinerlei verwandtschaftliche Beziehung besteht, weder mütterlicher- noch väterlicherseits. Es gibt nur einen sehr dünnen Faden weit zurückliegender Erinnerungen und eine Art geschwisterliche Zuneigung, die sie verbindet. Aber sie beide betrachten sich als durch und durch richtige Verwandte. Wenn Herbert von Erna spricht, vergisst er nie „meine Schwester“ anzufügen, und genauso sagt Erna „mein Bruder Herbert“. Außerdem vergeht keine Woche, ohne dass die beiden nicht lange Telefonate zu den verschiedensten Belangen familiären Charakters führen würden.

Um die Beziehung zu verstehen, die zwischen den beiden besteht, muss man einen Sprung von mindestens sechzig und mehr Jahren zurück machen, und einen Geschichtsabschnitt betrachten, der nicht nur die beiden Familien angeht, sondern auch eine bestimmte Periode der europäischen Geschichte.

Es ist einfacher, bei der Geschichte der Familie Herberts zu beginnen, die in gewissem Sinne eine typisch österreichische Familie war. Aber nur in einem gewissen Sinn. In der Tat war es Ende der dreißiger Jahre in einem katholischen Land nicht einfach, die Scheidung zu erreichen. Um eine Ehe zu annullieren, war es notwendig, dass einer der beiden Kontrahenten, vorzugsweise die Frau, in flagranti, mit Augenzeugen und weiteren unwiderlegbaren Beweisen erwischt wurde. Andererseits war der Ehebruch an sich nicht der einzige Grund, der zu einer Trennung führen konnte. Auch andere Gründe unterschiedlicher Natur von einer gewissen Relevanz hatten ihr Gewicht; charakterliche Inkom-

altri: l'origine ebraica di uno dei partner. Qui non erano necessarie prove, né testimonianze. Bastava una sola domanda, solitamente presentata dalla parte ariana, perché il matrimonio venisse dichiarato nullo a tutti gli effetti e con procedimento immediato.

I genitori di Herbert, ambedue di dichiarata razza ariana, con tanto di certificati genealogici, pochi mesi dopo le nozze furono separati senza indugi di sorta, benché la donna fosse già incinta. I motivi? Mai chiariti al figlio, nonostante avesse chiesto più di una volta spiegazioni sia ai genitori che ai nonni. Solo in seguito alla morte del padre settantenne, dovendo sgomberare la sua casa di tutto punto, scoprì nel solaio una cassa piena di lettere, fotografie e documenti. Dopo essersi accertato che si trattava di roba vecchia, riguardante la famiglia paterna, trasferì il piccolo contenitore nella cantina della propria casa e non ci pensò più.

Furono necessari molti altri anni prima che riuscisse a superare una sorta di rifiuto, dettato più che dal rispetto da una fortissima inibizione: esaminarne il contenuto significava violare un tabù o, meglio, gettare uno sguardo sacrilego nell'intimità della vita del padre. Tuttavia, prima di dare tutto alle fiamme, volle gettarvi un'occhiata per accertarsi che non si trattasse di documenti di una certa importanza.

Un piccolo pacchetto annodato con un nastrino rosso attirò subito la sua attenzione. Era un carteggio, una decina di lettere, forse più, scambiate fra il padre e colei che sarebbe poi diventata la sua seconda moglie. Le date, piuttosto ravvicinate, risalivano a qualche anno dopo la guerra, cioè dopo il suo ritorno dalla prigionia. Sorvolò velocemente su quelle scritte dalla donna, senza soffermarsi a decifrarne la calligrafia piena di svolazzi e inutili orpelli, segno del carattere

patibilitäten allein galten nicht. Ein Grund aber hatte in jedem Fall Vorrang vor allen anderen: die jüdische Abstammung eines der beiden Partner. Hier brauchte es weder Beweise, noch Bezeugungen. Es genügte eine Anzeige, üblicherweise von der arischen Seite eingebracht, damit die Ehe mit augenblicklicher Wirkung für nichtig erklärt wurde.

Aber die Eltern Herberts, obwohl beide mit genealogischen Zertifikaten nachgewiesener arischer Rasse, wurden wenige Monate nach der Hochzeit ohne jegliche Verzögerung getrennt, obwohl die Frau schwanger war. Die Gründe? Sie wurden dem Sohn nie mitgeteilt, obwohl er mehr als einmal, sei es die Eltern, sei es die Großeltern, um Erklärungen gebeten hat. Erst nach dem Tod des siebzigjährigen Vaters, als er dessen Haus völlig ausräumen musste, entdeckte er auf dem Dachboden eine Schatulle voller Briefe, Fotografien und Dokumente. Nachdem er sich vergewissert hatte, dass es sich um alte Sachen handelte, die die väterliche Familie betrafen, brachte er den kleinen Behälter in den Keller des eigenen Hause und dachte nicht mehr daran.

Es brauchte viele weitere Jahre, bis er eine Art Verweigerung überwinden konnte, die eher von einer sehr starken Hemmung als von Respekt herrührte. Den Inhalt untersuchen, bedeutete ein Tabu zu brechen, beziehungsweise einen lästerlichen Blick in die Intimität des Vaters zu werfen. Dennoch, bevor er alles den Flammen übergeben würde, wollte er einen Blick darauf werfen, um sich zu vergewissern, dass es sich nicht um Dokumente einer gewissen Wichtigkeit handelte.

Ein kleines, mit einem roten Band zusammengebundenes Päckchen zog sofort seine Aufmerksamkeit auf sich. Es war ein Briefwechsel, an die zehn Briefe, vielleicht auch mehr, zwischen seinem Vater und derjenigen, die dann seine zweite Frau werden sollte. Die Daten, ziemlich eng aufeinanderfolgend, verwiesen auf die Zeit einige Jahre nach dem Krieg, das heißt, nach seiner Rückkehr aus der Kriegsgefangenschaft. Er überflog kurz die von der Frau geschriebenen,

un po' pretenzioso della futura matrigna, mentre una fra quelle del padre lo fece sobbalzare: era chiaramente la risposta a un'esplicita domanda della fidanzata sui motivi che avevano provocato il divorzio.

L'uomo, nonostante fossero trascorsi dieci anni, otto dei quali fra il fronte e il campo di prigionia, non riusciva ancora a perdonare l'offesa subita. Non solo, ma dalle poche parole scritte con una certa ripugnanza, e si sentiva, trapelava la profonda amarezza di una persona ferita in modo grossolano.

„E' stato messo allo scoperto e dileggiato oscenamente quanto di più sacro, di più sensibile ci sia in un rapporto a due", scriveva, „intimità sulle quali nessun essere umano ha diritto di indagare."

La moglie era riuscita a ottenere, per mezzo di un'accusa infamante, impossibile da provare, con un processo celere e senza testimoni, la separazione immediata da lui. Le era inoltre stato affidato il bambino che ancora doveva nascere. Ultimo insulto, il nome che la madre impose al nuovo nato, un nome assolutamente germanico, Herbert. Non che lui avesse avuto qualcosa contro il germanismo, anzi, lui era stato uno dei primi entusiastici fautori dell'unione dell'Austria con il *Reich*. Solo che avrebbe preferito un nome di famiglia, Joseph, portato da innumerevoli rampolli di generazioni passate e presenti, oppure Friedrich: ognuno dei fratelli e dei cugini aveva nella propria famiglia almeno un Joseph o un Friedrich da annoverare. Come non bastasse, fu condannato alle spese del processo, più il mantenimento del figlio fino alla maggiore età.

Lui non aveva neanche tentato di difendersi. A che pro? Una

ohne sich damit aufzuhalten, ihre Schrift voller Schnörkel und unnützer Verzierungen zu entziffern, ein Zeichen für eine sich anspruchsvoll gebende zukünftige Stiefmutter, während einer unter denen des Vaters ihn hochfahren ließ: es war klarerweise die Antwort auf eine eindeutige Frage der Verlobten nach den Gründen, die zur Scheidung geführt hatten.

Obwohl zehn Jahre verflossen waren, acht davon an der Front und in Kriegsgefangenschaft zugebracht, vermochte der Mann immer noch nicht die erlittene Schmach zu verzeihen. Nicht nur das, sondern aus den wenigen geschriebenen Worten klang der tiefe Ärger eines aufs gröbste verletzten Menschen.

„Es wurde auf die obszönste Weise öffentlich gemacht und verhöhnt, was es in einer Zweierbeziehung an Heiligstem, und Empfindlichsten geben kann", schrieb er, „eine Intimität, die auszuforschen kein Mensch das Recht hat."

Der Ehefrau war es mittels einer entehrenden, unmöglich zu beweisenden Anklage in einem schnellen Prozess ohne Zeugen gelungen, die sofortige Trennung von ihm zu erwirken. Es war ihr außerdem das Kind, das noch zur Welt kommen musste, zugesprochen worden. Die letzte Beleidigung war der Name, den die Mutter dem Neugeborenen gab, ein absolut germanischer Name, Herbert. Nicht dass der Vater etwas gegen den Germanismus gehabt hätte, im Gegenteil, er war einer der ersten begeisterten Anhänger des Zusammenschlusses Österreichs und des Reiches gewesen. Er hätte nur einen in der Familie üblicheren Namen vorgezogen, Joseph, von zahllosen Sprösslingen vergangener und lebender Generationen getragen, oder Friedrich: jeder der Brüder und der Kusinen hatte in seiner Familie mindestens einen Joseph oder einen Friedrich zu verzeichnen. Als hätte das nicht gereicht, musste er auch die Prozesskosten tragen und wurde zu Unterhaltszahlungen für den Sohn bis zu dessen Volljährigkeit verurteilt.

Er hatte gar nicht erst versucht sich zu verteidigen. Wozu

donna capace di inventarsi tali accuse non era degna neanche di una replica, di una risposta.

Di quale infamità si trattasse, però, nessun cenno.

Il vero motivo, che in seguito la madre di Herbert non si peritò di ammettere, fu la noia: quel paese dove il novello sposo l'aveva portata, dove lui e il resto della sua famiglia viveva da generazioni, era un maledetto buco dove non accadeva mai niente. A questo si aggiungeva una suocera severa ed esigente che viveva insieme a loro, senza contare la lontananza dalla propria cerchia di amici e dalla madre, a cui era molto legata. Il resto, l'accusa infamante che aveva indotto il giudice a una rapida separazione, accusa che non volle mai specificare: solo un cavillo legale inventato dal suo avvocato!

Un bel giorno, approfittando dell'assenza del marito e della suocera, senza avvertire nessuno, aveva fatto le valigie e se ne era tornata a casa: era l'inizio della primavera del 1938, neanche sei mesi dopo la celebrazione delle nozze. Dovette attraversare tutta l'Austria, fra corriere e treni vari, impegnando una giornata intera. Un viaggio pieno di strapazzi, commentava ridendo, e nelle sue condizioni. Ma ne valeva la candela: per caso e forse no, fece tappa a Vienna, in quel fatidico 15 marzo. Un'occasione unica per assistere alla grandiosa sfilata delle truppe tedesche lungo il Ring, accolte da una folla esultante come non si era visto neanche nei giorni migliori della vecchia Monarchia. E aveva gridato insieme agli altri tutta la sua gioia al passaggio della macchina scoperta dove, in piedi, era possibile vedere l'uomo del destino, l'uomo inviato dalla Provvidenza. In realtà, perduta nella massa, aveva potuto vedere sì e no un braccio teso in segno di saluto, e nient'altro.

auch? Eine Frau, die fähig ist, solche Anschuldigungen zu erfinden, war einer Erwiderung, einer Antwort nicht würdig.

Keinerlei Hinweis, um welche Niedertracht es sich gehandelt hat.

Der wahre Grund, den sich Herberts Mutter in der Folge nicht zuzugeben scheute, war Langeweile; das Dorf, in das sie der frisch Angetraute brachte, wo übrigens seine gesamte Familie seit Generationen lebte, war ein vermaledeites Loch, wo nie etwas passierte. Dazu gesellte sich eine strenge und anspruchsvolle Schwiegermutter, die bei ihnen wohnte, den fehlenden Freundeskreis und ihre Mutter nicht zu vergessen, an der sie sehr hing. Der Rest, die entehrende Anschuldigung, die den Richter zu der schnellen Trennung bewogen hatte, eine Anschuldigung, die er nie näher benennen wollte, wahrscheinlich nichts als eine von ihrem Advokaten erfundene juristische Spitzfindigkeit!

Eines schönen Tages, die Abwesenheit des Mannes und der Schwiegermutter ausnutzend, hatte sie, ohne jemanden zu informieren, die Koffer gepackt und war nach Hause zurückgekehrt; es war zu Frühlingsbeginn 1938, nicht einmal sechs Monate nach der Hochzeit. Sie musste ganz Österreich durchqueren und benötigte mit Bussen und verschiedenen Zügen einen ganzen Tag. Eine Reise voller Strapazen, kommentierte sie lachend, und das in ihrem Zustand. Aber sie war die Mühe wert: zufällig, oder auch nicht, legte sie in Wien an jenem schicksalhaften 15. März einen Zwischenstopp ein. Eine einzigartige Gelegenheit, dem grandiosen Aufmarsch der deutschen Truppen am Ring beizuwohnen, die von einer jubelnden Menge empfangen wurden, wie man sie zu den besten Zeiten der Monarchie nicht gesehen hatte. Und sie hatte gemeinsam mit den anderen beim Vorbeifahren des offenen Wagens, in dem man den Mann der Vorsehung sehen konnte, ihre ganze Freude hinausgerufen. In Wirklichkeit hatte sie, in der Menge verloren, gerade einmal einen zum Gruß ausgestreckten Arm sehen können und nichts weiter.

Un momento indimenticabile, un'esplosione di gioia sconosciuta, non paragonabile a nessun'altra gioia; un sentimento di grandezza, di superiorità, di felicità assoluta, una commozione che l'aveva scossa fin nelle viscere, travolgendola al punto da farla piangere, senza vergogna, lì, in mezzo alla strada, accomunata in questo da un profondo senso di fratellanza con i suoi compatrioti, molti dei quali, uomini e donne, non nascondevano le loro lacrime. Un momento eccezionale, un'esperienza che riempì la sua vita anche dopo quando, finita la guerra, non riuscì a capire il senso di quanto era accaduto.

Per molti anni.

Una guerra perduta non significò solo miseria, rovina, sottomissione al nemico, ma perdita di un ideale, di un sogno di grandezza. Tutto era andato in frantumi, spazzato via da una realtà difficile da accettare: erano seguiti anni di depressione, di intima protesta, di rabbia anche, muta, chiusa a ogni scambio, a ogni possibile discussione. Alle illusioni perdute si aggiungeva un'ignobile accusa, una calunnia: fatti che aveva sempre ignorato, dei quali nessuno sapeva niente, ora, soltanto ora, venivano alla luce. Certo, gli ebrei del vicinato erano spariti tutti, ma nessuno se ne era interessato più di tanto, si diceva fossero stati trasportati in campi di lavoro: in fondo erano responsabili della guerra, dei bombardamenti, delle sofferenze patite. E ora, di colpo, si parlava di milioni di vittime, di forni crematori, di orrori inimmaginabili. A chi credere? Lei non ne sapeva niente, continuava a ripetere, e con lei tutte le persone che conosceva.

Il ritratto dell'uomo, che col suo suicidio si era sottratto a ogni possibile giustificazione davanti alla sua gente e a una resa dei conti davanti al mondo intero, prima dell'arrivo dei

Ein unvergesslicher Augenblick, ein unbekannter Ausbruch der Begeisterung, mit keiner anderen Freude vergleichbar; ein Gefühl der Größe, der Überlegenheit, des absoluten Glücks, eine Ergriffenheit, die sie bis in die Eingeweide aufgewühlt und so überwältigt hatte, dass sie ohne sich zu schämen in Tränen ausgebrochen war, dort, mitten auf der Straße, verbündet in einem Gefühl der Verbrüderung mit ihren Landsleuten, von denen viele, Männer und Frauen, ihre Tränen nicht verbargen. Ein außergewöhnlicher Augenblick, eine Erfahrung, die ihr Leben ausfüllte, auch nachher noch, als sie, nach Kriegsende, den Sinn dessen nicht verstehen konnte, was ihr geschehen war.

Viele Jahre lang.

Der verlorene Krieg bedeutet nicht nur Elend, Verderben, Unterwerfung unter den Feind, sondern auch den Verlust eines Ideals, eines Traums von Größe. Alles war in die Brüche gegangen, hinweggefegt von einer schwer zu akzeptierenden Wirklichkeit. Es waren Jahre der Niedergeschlagenheit gefolgt, des innerlichen Protests, auch des Zorns, stumm, jedem Austausch, jeder Diskussion verschlossen. Zu den verlorenen Illusionen gesellte sich eine niederträchtige Anschuldigung, eine Verleumdung: Tatsachen, die sie immer ignoriert hatte, von denen niemand etwas wusste; jetzt, erst jetzt kamen sie ans Licht. Gewiss, die Juden aus der Nachbarschaft waren alle verschwunden, aber niemanden hatte das besonders interessiert; man sagte, dass sie in Arbeitslager transportiert worden waren: im Grunde waren sie am Krieg schuld, an den Bombardierungen, den erduldeten Leiden. Und jetzt, plötzlich, sprach man von Millionen von Opfern, von Verbrennungsöfen, von unvorstellbarem Grauen. Wem sollte man glauben? Sie wusste nichts davon, wiederholte sie weiterhin, und mit ihr alle Leute, die sie kannte.

Das Porträt des Schuldigen, der sich jeder Rechtfertigung vor seinen Leuten und der Abrechnung mit der ganzen Welt durch Selbsttötung entzogen hatte, wurde vor der Ankunft

russi fu nascosto e poi bruciato: nessuno allora pensava che quella morte avrebbe lasciato dietro di sé un'ombra lunga, inestinguibile anche nei secoli futuri.

Il nome germanico del figlio acquistò una nota puramente austriaca e nessuno ci pensò più.

Ma, tornando a quel lontano 1938, alla fine di quel viaggio attraverso un'Austria in fermento, la futura nonna di Herbert accolse la figlia fuggitiva a braccia aperte. Era la sua ultima nata, la prediletta, avuta tardi, quando ormai non pensava di mettere al mondo altri figli, un ultimo dono del Cielo, dopo cinque maschi, tutti più o meno in età adolescenziale.

Al contrario, la reazione del padre fu assai negativa. Non capì infatti cosa l'avesse spinta a un gesto così avventato, con un bambino in grembo, esposta a chissà quali pericoli, e in un momento simile.

«Così sono le donne,» aveva commentato, «scriteriate e irrazionali.»

Del resto, in quel periodo, come pure negli anni che seguirono, la famiglia era travagliata da conflitti non certo di carattere emozionale. Il vecchio padre, sindaco del paese dove risiedevano, in seguito al famoso *'Anschluss'* cioè all'annessione dell'Austria alla Germania, perse il suo posto al Comune: la nuova direzione politica lo aveva messo semplicemente alla porta, per incompatibilità di vedute. E doveva considerarsi fortunato se quello era stato l'unico atto a suo danno: lui si era infatti rifiutato di prendere la tessera del partito.

Nato negli anni Sessanta del XIX secolo, quando l'Impero Austro-Ungarico possedeva ancora una propria Marina Mer-

der Russen versteckt und dann verbrannt. Niemand dachte damals, dass dieser Tod einen langen, unauslöschlichen Schatten auch über die kommenden Jahrhunderte werfen würde.

Der germanische Name des Sohnes bekam eine rein österreichische Färbung, und niemand dachte mehr darüber nach.

Aber um auf jenes ferne Jahr 1938 zurückzukommen: die zukünftige Großmutter Herberts nahm die geflohene Tochter am Ende jener Reise durch ein gärendes Österreich mit offenen Armen auf. Sie war ihre Jüngste, das Nesthäkchen, spät geboren, als sie schon nicht mehr daran dachte noch weitere Kinder zur Welt zu bringen, ein letztes Geschenk des Himmels nach fünf Jungen, alle mehr oder weniger Teenager.

Im Gegenteil dazu war die Reaktion des Vaters ziemlich negativ. Er verstand nicht, was sie zu einem derart unbesonnen Schritt bewogen hatte, mit einem Kind im Schoß, wer weiß welchen Gefahren ausgesetzt, in solchen Zeiten.

»So sind die Frauen«, hatte er bemerkt, »unvernünftig, irrational.«

Im übrigen war, wie auch in den darauf folgenden Jahren, die Familie vor allem von nicht-emotionalen Konflikten heimgesucht worden. Der alte Vater, Bürgermeister des Ortes, in dem sie ansässig waren, verlor in der Folge des berühmten 'Anschlusses', das heißt der Annexion Österreichs durch Deutschland, seine Anstellung im Rathaus; die neue politische Führung hatte ihn einfach vor die Tür gesetzt, wegen Unvereinbarkeiten der Meinungen. Und er musste sich noch glücklich schätzen, dass das sein einziger Schaden war: er hatte sich in der Tat geweigert, der Partei beizutreten.

In den sechziger Jahren des neunzehnten Jahrhunderts geboren, als das österreichisch-ungarische Reich noch eine

cantile, con Trieste suo porto di mare, aveva fatto varie volte il giro del mondo su diverse navi da carico, passando dalle mansioni di mozzo a quelle di marinaio, poi di telegrafista e infine di timoniere. Nonostante le umili origini, parlava speditamente l'italiano e l'inglese e approfittava dei lunghi viaggi per ampliare la sua cultura leggendo quanto gli capitava fra le mani. Aveva inoltre tratto grande profitto dalle esperienze giovanili. La conoscenza e le relazioni strette con genti di colore e di origine diversa gli avevano insegnato a rispettare le usanze le più disparate, cambiando in tal modo la sua visione del mondo, in forte contrasto con la ristrettezza di vedute dei suoi compaesani. L'Austria alla fine dell'Ottocento e ancor più all'inizio del Novecento era sconvolta da vere e proprie ondate di estremo nazionalismo, accompagnate da un razzismo sempre latente, nonostante la permissività delle leggi vigenti. Proprio in quel periodo, alcuni pseudo antropologi, sociologi e altri studiosi, avevano elaborato certe teorie sulle razze umane e soprattutto sulla classificazione di razze superiori e razze inferiori, che avevano scosso nelle sue fondamenta quei principi morali che fino a quel momento avevano permesso una più o meno pacifica convivenza fra genti di diversa provenienza. L'Impero Austro-Ungarico era costituito da un agglomerato di popoli, undici in tutto, diversi per etnia, religione, lingua e costumi. Con ritmo sempre crescente, dalle più lontane province dell'Impero, affluivano quasi giornalmente masse di emigranti, per la maggior parte di religione giudaica, in buona parte nulla tenenti, in cerca di lavoro, di casa e di un inserimento nella vita sociale del luogo. Un fenomeno che provocò un'ennesima esplosione di razzismo indirizzata soprattutto contro slavi ed ebrei che, secondo le nuove teorie, erano di razza inferiore.

Handelsmarine mit Triest als Hafen am Meer besaß, hatte er mehrere Male auf verschiedenen Frachtschiffen die Welt umschifft, dabei vom Schiffsjungen zum Matrosen, dann zum Telegraphisten und schließlich zum Steuermann aufsteigend. Trotz seiner einfachen Herkunft, sprach er fließend Italienisch und Englisch, und nutzte die langen Reisen, um seinen kulturellen Horizont zu erweitern, indem er alles las, was ihm in die Hände kam. Zudem profitierte er sehr von den Erfahrungen seiner Jugendzeit. Die Bekanntschaften und Beziehungen, die er mit farbigen Menschen und solchen unterschiedlichster Herkunft gepflegt hatte, lehrten ihn, auch fremde Lebensgewohnheiten zu respektieren, und auf diese Weise änderte sich seine Sicht der Welt, im Gegensatz zur Beschränktheit der Ansichten seiner Landsleute. Österreich wurde gegen Ende des neunzehnten und noch viel mehr am Anfang des zwanzigsten Jahrhunderts von wahren Wellen des extremsten Nationalismus überschwemmt, die trotz der Permissivität der geltenden Gesetze, immer von einem latenten Rassismus begleitet wurden. Gerade in dieser Zeit hatten einige Pseudoanthropologen, Soziologen und andere Wissenschaftler gewisse Theorien zu den menschlichen Rassen und hauptsächlich zur Klassifizierung der höheren und niederen Rassen ausgearbeitet, die die Fundamente jener moralischen Prinzipien erschütterten, die bis zu diesem Zeitpunkt ein mehr oder weniger friedliches Zusammenleben der Menschen unterschiedlicher Herkunft ermöglicht hatten. Das österreichisch-ungarische Reich war ein Konglomerat von Völkern, elf insgesamt, unterschiedlichen Ethnien, Religionen, Sprachen und Bräuchen. In ständig wachsender Zahl kamen aus den entferntesten Provinzen beinahe täglich neue Massen von Immigranten herbeigeströmt, zum Großteil hebräischer Religion, meist völlig mittellos, auf der Suche nach Arbeit, einem Zuhause und einer Eingliederung in das soziale Leben. Ein Phänomen, das eine weitere Explosion des Rassismus‘ verursachte, der sich vor allem gegen die Slawen und die Juden

Il nonno di Herbert, ormai vicino ai quarant'anni, stanco degli strapazzi, dei viaggi che lo tenevano lontano buona parte dell'anno, e soprattutto desideroso di metter su famiglia, decise di stabilirsi definitivamente in patria. Essendo dipendente dello Stato non ebbe difficoltà a ottenere un ruolo stanziale. Fu così che, verso la fine del XIX secolo, ebbe il grado di capostazione presso la stazioncina di Hieflau, un paesetto sperduto fra le montagne della Stiria, conosciuto però fin dall'antichità per importanti giacimenti minerari di ferro; da una ventina d'anni vi era stata costruita una ferrovia locale che serviva per il trasporto del minerale nelle fonderie di Eisenerz.

A pochi chilometri dalla sua sede, e precisamente a Jassingau, conobbe la figlia dell'unico oste del luogo, più giovane di lui di una quindicina di anni. Dopo un breve fidanzamento la sposò. Da Hieflau fu poi trasferito a Liebenau, poco lontano da Graz, oggi un quartiere periferico della città, e dopo un primo periodo di assestamento mise su casa, una grande casa a due piani, adatta anche al numero sempre crescente dei componenti la famiglia.

Infine, smise di lavorare per limiti di età e si candidò per la carica di sindaco del paese.

Conosciuto come persona onesta e di severi costumi morali, ma tollerante e aperta, che non faceva distinzioni fra i diversi gruppi etnici che allora circolavano in Austria, venne eletto sindaco, e mantenne questa carica per ben sedici anni. In quel periodo si impegnò molto per far costruire una canalizzazione, le condutture dell'acqua, un'area adibita allo sport, (l'attuale stadio), e infine il prolungamento della linea tranviaria dalla città fino al paese.

richtete, die, laut den neuen Theorien, niedere Rassen waren.

Herberts Großvater, mittlerweile an die vierzig, von den Strapazen, den Reisen müde, die ihn einen Gutteil des Jahres von zu Hause fort geführt hatten, vor allem aber der Wunsch eine Familie zu gründen, beschloss, sich endlich in der Heimat niederzulassen. Da er Staatsangestellter war, hatte er keine Schwierigkeiten eine sichere Anstellung zu bekommen. So kam es, dass er am Ende des neunzehnten Jahrhunderts die Position eines Bahnhofvorstehers am Bahnhof Hieflau bekleidete, einem zwischen den Bergen der Steiermark verlorenen Dörfchen, das aber bereits im Altertum in Zusammenhang mit wichtigen Erzvorkommen bekannt war. Ungefähr zwanzig Jahre zuvor war eine Eisenbahnstrecke gebaut worden, die für den Transport des Erzes vom Erzberg in die Hochöfen diente.

Wenige Kilometer von seinem Arbeitsplatz entfernt, genauer gesagt in Jassingau, lernte er die Tochter des einzigen Gastwirtes des Ortes kennen; sie war ungefähr fünfzehn Jahre jünger als er. Nach kurzer Verlobung heiratete er sie. Von Hieflau wurde er dann nach Liebenau versetzt, nicht weit von Graz entfernt, heute ein Vorort der Stadt, und nach einer ersten Periode der Eingewöhnung, bauten sie dort ein Haus, ein großes Haus, zweistöckig, auch der ständig wachsenden Anzahl der Familienmitglieder angepasst.

Schließlich hörte er aus Altersgründen zu arbeiten auf und stellte sich der Wahl zum Bürgermeister des Dorfes.

Als ehrlicher Mensch mit strengen moralischen Sitten, aber doch tolerant und weltoffen, der keinen Unterschied zwischen den verschiedenen ethnischen Volksgruppen machte, die es damals in Österreich gab, wurde er zum Bürgermeister gewählt und bekleidete dieses Amt sechzehn Jahre lang. In dieser Zeit setzte er sich sehr für den Bau der Kanalisation, der Wasserleitungen, einer Sportstätte (das derzeitige Stadium), und schließlich für die Verlängerung

Tutto questo prima del '38.

La figlia, i figli e il resto della famiglia avevano accolto l'annessione con grandissima gioia: un'ondata di entusiasmo aveva scosso le loro anime. Uscire dall'isolamento a cui era stata condannata dalle nazioni vincenti in seguito alla Grande Guerra, far parte del '*Reich*', contare di nuovo in Europa, nel mondo: la piccola Austria, da vent'anni insignificante e senza futuro, privata non soltanto della Corona Imperiale, ma soprattutto di una propria identità nazionale, con quel formidabile tratto di penna veniva proiettata di nuovo al centro dell'attenzione mondiale. Finalmente, dopo anni di attesa, si avverava il sogno meraviglioso di fratellanza, di appartenenza allo stesso grande ceppo razziale, il grande ceppo ariano; il germanismo che in Austria aveva radici profonde, veniva riconosciuto in forma ufficiale, e questo, per mano di un austriaco!

Il padre, al contrario, ancora pieno dei ricordi di un grande passato autonomo, crollato come un castello di carta davanti ai suoi occhi in seguito alla Grande Guerra, non aveva fiducia nella Grande Germania, anzi ne temeva la nuova grandezza e ancor di più, quella terribile smania di espansione che non lasciava presagire niente di buono. Non condivideva con i suoi compaesani l'idea che la razza germanica fosse superiore a tutte le altre razze, ma non si lasciava andare in discussioni con la famiglia, né con gli amici e i conoscenti: le anime erano troppo infiammate perché si potesse discutere ragionevolmente, senza dire che avrebbe corso notevoli rischi se qualcuno si fosse preso la briga di denunciarlo, accusandolo di mancanza di patriottismo. Quell'ondata di fanatismo lo inquietava oltre misura, per un senso di giustizia in lui assai radicato, ma anche di morale cristiana. Inoltre, ciò che più lo disorientava era quel desiderio suicida di identifi-

der Straßenbahnlinie von der Stadt bis ins Dorf ein.

Das alles geschah vor 1938.

Die Tochter, die Kinder und der Rest der Familie hatten den Anschluss mit sehr großer Freude aufgenommen; eine Welle der Begeisterung hatte ihre Seelen aufgewühlt. Aus der Isolation ausbrechen, zu der sie von den Siegermächten nach dem Großen Krieg verurteilt worden waren, dem 'Reich' angehören, in Europa, in der Welt wieder etwas darstellen; das kleine Österreich, seit zwanzig Jahren unbedeutend und ohne Zukunftsperspektive, nicht nur der Kaiserkrone entledigt, sondern vor allem der nationalen Identität, mit diesem außerordentlichen Federstrich wurde es wieder in den Mittelpunkt des Weltinteresses gerückt. Endlich, nach jahrelangem Warten, verwirklichte sich der wunderbare Traum der Verbrüderung, der Zugehörigkeit zum selben Stamm der arischen Rasse. Der Germanismus, der in Österreich tief verwurzelt war, wurde ganz offiziell anerkannt, und das dank eines Österreichers.

Der Vater hingegen, noch voller Erinnerungen an eine große unabhängige Vergangenheit, die in Folge des Großen Krieges wie ein Kartenhaus vor seinen Augen eingestürzt war, hatte kein Vertrauen in Großdeutschland, im Gegenteil, er fürchtete die neue Größe, und noch mehr jene furchtbaren Ausdehnungsbestrebungen, die nichts Gutes ahnen ließen. Die Vorstellung, dass die germanische Rasse allen anderen überlegen sein sollte, teilte er mit seinen Landsleuten nicht, doch ließ er sich weder mit der Familie, noch mit den Freunden oder Bekannten auf Diskussionen ein; die Gemüter waren zu sehr erhitzt, als dass man vernünftig hätte diskutieren können, ohne die erhebliche Gefahr zu bedenken, die er gelaufen wäre, wenn sich jemand die Mühe gemacht hätte, ihn wegen mangelndem Patriotismus' anzuzeigen. Diese Welle des Fanatismus beunruhigte ihn über alle Maßen wegen des tief in ihm verwurzelten Gerechtigkeitssin-

carsi con un vecchio rivale, ignorando, in un'ammirazione cieca e tutt'altro che lungimirante, il ruolo che la Grande Germania riservava al loro Paese: quello di una provincia e niente di più. Perfino il nome era stato cambiato. L'Austria usciva dalla carta geografica per entrarci col nome di Ostmark.

I segni erano chiarissimi, non faceva che ripetersi: il riarmo; la parola 'rivincita' ripetuta in ogni occasione e che solo chi non voleva capire, non capiva; l'atmosfera sovreccitata, effervescente, di chi comandava; la messa a punto del *Lager* di Mauthausen per mano di trecento prigionieri, molti dei quali austriaci dissidenti, fatti venire appositamente da Dachau; la costruzione di ben 47 nuovi *Lager* in territorio austriaco e le persecuzioni sempre più evidenti degli ebrei: lui non chiudeva gli occhi come molti altri, vedeva e sapeva.

Il 9 novembre del '38 avrebbe dovuto essere un segnale di facile comprensione per ogni popolo civile: il grande Pogrom organizzato dal partito, la famosa '*Reichskristallnacht*', che sconvolse il paese fin nelle sue fondamenta, suscitò in lui un'impotente protesta, condivisa solo dalla moglie ma non dai figli, che continuavano a non voler capire. Si era infatti scatenata una criminalità antisemita di impressionanti dimensioni, fino ad allora repressa con qualche successo dal regime precedente e tenuta a freno dal vecchio Kaiser, ligio al rispetto di una legge degli anni Sessanta, secondo la quale agli austriaci di religione giudaica venivano riconosciuti tutti i diritti civili.

Tutto preannunciava l'avvicinarsi di una nuova guerra, borbottava il vecchio, sicuramente più disastrosa della prima, e gli austriaci avrebbero pagato di nuovo lo scotto, come

nes, aber auch wegen seiner christlichen Moral. Was ihn am meisten verunsicherte, war dieser selbstmörderische Wunsch, sich mit einem alten Rivalen zu identifizieren, und dabei in einer alles andere als weitblickenden, blinden Bewunderung die Rolle übersehend, die das große Deutschland ihrem Land vorbehielt: die einer Provinz und nichts weiter. Sogar der Name war geändert worden. Österreich war von der Landkarte verschwunden, um als Ostmark wieder aufzutauchen.

Die Zeichen waren eindeutig, er wiederholte es fortwährend: die Aufrüstung; die bei jeder Gelegenheit wiederholte Parole von 'Revanche', die nur der nicht kapierte, der sowieso nichts verstand; die überreizte, sprudelnde Stimmung derer, die befahlen; die Fertigstellung des Lagers bei Mauthausen durch dreihundert Häftlinge, viele davon eigens von Dachau angeforderte österreichische Dissidenten; der Bau von weiteren siebenundvierzig Lagern auf österreichischem Territorium, und die immer offensichtlichere Verfolgung der Juden. Er schloss nicht wie viele andere die Augen; er sah und er verstand.

Der 9. November 1938 hätte für jedes zivilisierte Volk ein leicht verständliches Zeichen sein müssen: das große, von der Partei organisierte Pogrom, die berüchtigte 'Reichskristallnacht', die das Land in ihren Grundfesten erschütterte, löste in ihm einen ohnmächtigen, nur von seiner Frau, nicht aber von den Kindern, die weiterhin nicht verstehen wollten, geteilten stillen Protest aus. Es war in der Tat eine antisemitische Hetze erschreckenden Ausmaßes entfesselt worden, die bis dahin mit einigem Erfolg vom vorangegangenen Regime unterdrückt, und vom alten Kaiser in Zaum gehalten worden war, der sich an ein Gesetz aus den sechziger Jahren hielt, mit dem den Österreichern jüdischer Religion alle zivilen Rechte zugesichert wurden.

Alles kündigte das Herannahen eines neuen Krieges an, brummte der Alte, bestimmt noch verheerender als der erste, und die Österreicher würden erneut die Zeche bezahlen,

ogni volta che si mettevano con o contro la Germania.

Già per natura molto taciturno, ora, in seguito agli ultimi rivolgimenti politici, aveva finito col chiudersi in un tetro mutismo. Tormentato da funesti presentimenti, niente riusciva a distoglierlo da quel pensiero fisso: la guerra, con tutte le sue conseguenze, al punto da fargli preferire la morte piuttosto che vedere con i suoi occhi la rovina verso la quale si stava avviando il suo Paese, ciecamente, inesorabilmente.

Morì nel 1948. Ultranovantenne. E la Storia degli ultimi anni gli aveva dato ragione, punto per punto.

La madre di Herbert, fremente del momento storico cui aveva partecipato, era posseduta da una sfrenata voglia di viverlo, di goderne: esisteva solo il partito, le riunioni, il centro sportivo collegato, le manifestazioni, i balli e le feste che si offrivano, i divertimenti connessi a quelle attività ricreative. Costi quel che costi. La nascita del bambino non le impedì di vivere in un continuo stato di esaltazione: si iscrisse subito al partito per non perdersi niente di quella nuova vita, una vita entusiasmante che le dava anche modo di conoscere nuova gente, di spostarsi spesso in città, libera più di prima essendo una donna sposata, sotto l'occhio comprensivo della madre che si occupava del bambino.

Conobbe un uomo il cui nome di famiglia giocò un certo ruolo, almeno al primo approccio: 'Casto', un nome che si prestava a scherzi e allusioni piccanti. A sentir lui, il destino aveva deciso della sua vita. Infatti era costretto, secondo le sue ammiccanti dichiarazioni, a confutare di continuo il significato fin troppo chiaro e compromettente del proprio nome, non avendolo rassicurato nemmeno il fatto di essere

wie jedes Mal, wenn sie sich auf die Seite Deutschlands schlugen oder dagegen stellten.

Schon von Natur aus schweigsam, hatte er sich infolge der letzten politischen Umwälzungen in ein düsteres Schweigen zurückgezogen. Von unheilvollen Vorahnungen geplagt, vermochte ihn nichts von seiner festen Überzeugung abzubringen: der Krieg mit all seinen Folgen würde kommen; so sehr war er davon überzeugt, dass er den Tod vorgezogen hätte, um nicht mit eigenen Augen das Verderben ansehen zu müssen, auf das sein Land zusteuerte, blind, unerbittlich.

Er starb 1948. Über neunzigjährig. Und die Geschichte der letzten Jahre hatte ihm Punkt für Punkt recht gegeben.

Herberts Mutter, aufgewühlt von dem historischen Ereignis, das sie miterlebt hatte, war von dem unbezähmbaren Wunsch besessen, diese Veränderung zu leben, zu genießen: es existierte nur die Partei, die Versammlungen, das dazugehörige Sportzentrum, die Aufmärsche, die Tanz- und Festveranstaltungen, die sich anboten, all die mit diesen Aktivitäten der Erneuerung verbundenen Unterhaltungen. Koste es, was es wolle. Die Geburt des Kindes hinderte sie nicht daran, in einem ständigen Zustand der Erregung zu leben. Sie trat sofort der Partei bei, um ja nichts von diesem neuen Leben zu verpassen, ein aufregendes Leben, das ihr auch die Gelegenheit gab, neue Menschen kennen zu lernen, häufig in der Stadt unterwegs zu sein, freier als vorher, da sie ja eine verheiratete Frau war, unter dem verständnisvollen Blick der Mutter, die sich um das Kind kümmerte.

Sie lernte einen Mann kennen, dessen Familienname eine gewisse Rolle spielte, zumindest im ersten Moment: 'Casto', der Reine, ein Name, der sich für Scherze und pikante Anspielungen anbot. Wollte man ihm glauben, so hatte das Schicksal sein Leben bestimmt. In der Tat sei er, so seine augenzwinkernde Erklärung, gezwungen, dauernd die allzu deutliche und kompromittierende Bedeutung des eigenen

sposato e di aver anche procreato una figlia.

Una bambina che si chiamava Erna.

La relazione fra la madre di Herbert e il signor Casto, come del resto ognuno si aspettava, non rientrò nei canoni che normalmente si attribuiscono alla virtù della castità: ma in Austria relazioni di questo tipo venivano da sempre considerate con compiacente tolleranza. Non disturbava il senso morale e tanto meno la pruderie dei benpensanti. Anzi, si poteva dire fosse un po' il passatempo preferito di quell'originale popolo alpino, spiegabile forse con l'inquieta ricerca di sé, in un'eterna adolescenza senza limiti di età. L'eros come fuga da una profonda insoddisfazione personale; o anche rifugio sempre a portata di mano di un io che riusciva a definirsi soltanto specchiandosi in un altro io; oppure qualcosa che distraeva da un io incerto della propria identità, proprio come negli adolescenti.

Comunque si voglia, l'Austria Felix è ancora oggi un simbolo assai romantico: i valzer di Strauss, il concerto di Capodanno, il grande ballo dell'Opera, il ricordo di una grandezza passata; ma anche un certo tipo di grande letteratura crepuscolare e, dulcis in fundo, la sempre attuale tradizione delle avventure galanti, dei grandi amori improvvisi e travolgenti, spesso di breve durata, che impegnano costantemente ogni strato della società, soprattutto urbana.

Il signor Casto, sposato da una decina di anni, non si poteva considerare il tipico uomo da colpo di fulmine. Bruno, piccolo, affetto da fortissima miopia, due piccoli occhi che sbirciavano sempre diffidenti attraverso le spesse lenti degli occhiali pesanti, doveva avere un suo fascino nascosto se, nonostante l'aspetto ben lontano dall'ideale di bellezza teuto-

Namens zu widerlegen, da nicht einmal die Tatsache, verheiratet zu sein und eine Tochter gezeugt zu haben, ihn mäßigen konnte.

Eine Tochter namens Erna.

Die Beziehung zwischen Herberts Mutter und Herrn Casto entsprach nicht, wie sich übrigens jeder erwarten würde, den Regeln, die man normalerweise mit der Tugend der Reinheit in Verbindung bringt, doch in Österreich wurden Beziehungen dieser Art seit jeher mit entgegenkommender Toleranz betrachtet. Sie störten die Moral nicht und ebenso wenig die Zimperlichkeit der braven Bürger. Man könnte sogar sagen, dass es der bevorzugte Zeitvertreib dieses originellen Alpenvolkes war, vielleicht mit der unruhigen Suche nach sich selbst erklärbar, in einem ewig pubertären Zustand, ohne Altersgrenze. Der Eros als Flucht vor einer tiefen persönlichen Unzufriedenheit, oder auch einer dem Ich immer zur Verfügung stehenden Zuflucht, die sich nur durch die Spiegelung in einem anderen Ich zu definieren vermochte, oder durch etwas, das von einem unsicheren Ich der eigenen Identität ablenkte, so wie bei Jugendlichen.

Wie man es auch sehen will, Austria Felix ist auch heute noch ein ziemlich romantisches Symbol: die Strauß-Walzer, das Neujahrskonzert, der große Opernball, die Erinnerung an eine vergangene Größe, aber auch eine gewisse Art der großen Dekadenzdichtung, und, dulcis in fundo, die immer aktuelle Tradition der galanten Abenteuer, der großen plötzlichen und überwältigenden Liebesaffären, häufig von kurzer Dauer, die jede Gesellschaftsschicht, vor allem die städtische, unablässig beschäftigt.

Herrn Casto, seit ungefähr zehn Jahren verheiratet, konnte man auf den ersten Blick nicht als typischen Mann zum Verlieben bezeichnen. Dunkel, klein, unter sehr starker Kurzsichtigkeit leidend, zwei kleine Augen, die immer argwöhnisch durch die dicken Linsen der schweren Brillen spähten, musste er doch eine verborgene Ausstrahlung be-

nica, riusciva ad avere un successo indiscutibile con le donne.

L'arma segreta? Sapeva mettersi al centro dell'attenzione con battutine di spirito, salaci, di una superficialità non del tutto grossolana, unita a una spigliatezza che seduceva. I suoi amici invidiavano quel suo modo irruente di irretire le donne, di conquistarle di slancio; la sua risorsa era appunto il senso dell'umorismo: „Le donne bisogna divertirle sempre", diceva ammiccando come era sua abitudine, „prima, durante e... dopo."

Aveva una giovane moglie bellissima, alta, fine, colta, di famiglia benestante. Ognuno si chiedeva come fosse riuscito a catturarla. Riservata e timida, assai di rado lo accompagnava a feste e banchetti che lui frequentava con puntuale assiduità. Forse conosceva anche lei la leggerezza, il carattere poco affidabile, la sua fama di seduttore, e lo accettava, lasciandolo vivere a modo suo, rassegnata o anche presaga del futuro che, a non voler essere ciechi, si stava annunciando.

Il signor Casto aveva una sorella maggiore, Gerhilde, sposata a un imprenditore, del tutto imbevuta di germanismo. Ai propri figli impose i nomi di Idomar, Rune e Senta, di wagneriana memoria e in ogni caso di sicura origine germanica, e questo, anni prima dell'Annessione. Del resto il suo stesso nome non era certo tipico della tradizione austriaca.

Questa sorella, del tutto diversa da lui sia fisicamente che per la ruvidezza dei modi, ben lontani dal raffinato manierismo tipico della donna austriaca, esercitava un'indiscutibile autorità in seno a tutto il parentado. Subito dopo 'l'*Anschluss*', approfittò della nuova situazione per costringere il fratello a divorziare dalla bellissima moglie, perché, disse:

sitzen, wenn er trotz seines Aussehens, das sehr weit vom Ideal der teutonischen Schönheit abwich, einen unbestreitbaren Erfolg bei den Frauen verzeichnen konnte.

Die geheime Waffe? Er wusste sich mit geistreichen, spitzen Bemerkungen von einer nicht zu groben Oberflächlichkeit, gepaart mit einer verführenden Gelassenheit ins Zentrum der Aufmerksamkeit zu stellen. Seine Freunde beneideten ihn um diese seine ungestüme Art die Frauen zu umgarnen, sie im Schwung zu erobern. Seine Quelle war eben der Sinn für Humor: „Die Frauen muss man immer unterhalten", sagte er augenzwinkernd, ganz so wie es seine Art war, „vorher, während und ... nachher."

Er hatte eine junge, sehr schöne Frau, groß, fein, belesen, aus einer begüterten Familie. Jeder fragte sich, wie es ihm gelungen sein mochte, sie zu umgarnen. Reserviert, schüchtern, selten nur begleitete sie ihn auf Feste und Bankette, die er mit pünktlicher Leidenschaft frequentierte. Vielleicht kannte auch sie die Flatterhaftigkeit, den wenig vertrauenswürdigen Charakter, seinen Ruf als Verführer, und akzeptierte ihn, indem sie ihn auf seine Art leben ließ, resigniert oder die Zukunft vorausahnend, die, wollte man nicht blind sein, sich ankündigte.

Herr Casto hatte eine ältere Schwester, Gerhilde, mit einem Unternehmer verheiratet, völlig vom Germanismus durchtränkt. Den eigenen Kindern gab sie die Namen Idomar, Rune und Senta, in Anlehnung an Wagner und weil sie sicheren germanischen Ursprungs waren, und das Jahre vor dem Anschluss. Im übrigen war auch ihr Name gewiss nicht typisch für die österreichische Tradition.

Die Schwester, völlig verschieden von ihm, sei es körperlich, sei es wegen der Grobheit ihrer Art, weit entfernt vom für die österreichische Frau typischen gepflegten Manierismus, übte sie inmitten der ganzen Verwandtschaft eine unbestreitbare Autorität aus. Gleich nach dem 'Anschluss' nutzte sie die neue Lage, um den Bruder zu zwingen, sich von

„Nella nostra posizione non possiamo permetterci di avere un'ebrea in famiglia." E a niente servì che la donna si fosse fatta battezzare già nel 1932, cioè molto prima che venissero emanate le leggi razziali. „La razza non la gratti via neanche con l'aiuto dell'acqua benedetta!" aveva sentenziato acidamente.

Il signor Casto, non si sa quanto contrariato, ma forse lui stesso convinto della necessità di quella decisione, cominciò a preparare le pratiche di divorzio. Nel giro di qualche settimana venne separato dalla moglie, contro la quale, pare, non nutrisse alcun sentimento negativo. Nello stesso tempo gli furono aperte le porte, in modo più o meno ufficiale, della casa della madre di Herbert, allora un bambino di neanche un anno, senza nessun entusiasmo da parte del capo famiglia, che non aveva mai manifestato alcun sentimento di simpatia per quella specie di burattino, (questa la sua opinione), da qualche tempo compagno assiduo della figlia divorziata. D'altra parte, il vecchio si considerava ormai un estraneo in casa propria: a nessuno interessava sapere quello che pensava, né quello che diceva. Le donne, da quando aveva perso il suo lavoro al Comune, avevano preso il timone in mano ed erano decise a tenerlo, soprattutto ora che avevano il vento in poppa.

Ecco spiegato come mai Erna, pur non avendo nessun legame di parentela con Herbert, venisse considerata da quest'ultimo come una sorella, anche se piuttosto alla lontana. Si conobbero infatti solo qualche anno dopo la fine della guerra.

* * *

seiner wunderschönen Frau scheiden zu lassen, weil, sagte sie „in unserer Position können wir es uns nicht erlauben, eine Jüdin in der Familie zu haben." Und es nütze nichts, dass sich seine Frau bereits 1932 hatte taufen lassen, das heißt, lange bevor die Rassengesetze erlassen wurden. „Die Rasse wäscht du nicht einmal mit dem Weihwasser weg!", hatte sie ätzend geurteilt.

Herr Casto, vermutlich sehr unwillig, aber vielleicht selbst von der Notwendigkeit dieser Entscheidung überzeugt, begann die Dokumente für die Scheidung vorzubereiten. Innerhalb weniger Wochen wurde er von seiner Frau geschieden, für die er, so scheint es, keinerlei negative Gefühle empfand. Gleichzeitig wurden ihm, auf mehr oder minder offizielle Weise, die Türen im Hause von Herberts Mutter weit geöffnet (Herbert war damals ein Kind von nicht einmal einem Jahr), ohne Begeisterung von Seiten des Familienoberhaupts, das niemals irgendein Gefühl der Sympathie für diese Art Hampelmann (so seine Meinung) geäußert hat, der seit einiger Zeit beharrlicher Begleiter seiner geschiedenen Tochter war. Andererseits betrachtete sich der Alte mittlerweile als Fremder im eigenen Haus; niemanden interessierte zu wissen, was er dachte und was er sagte. Seit er seine Arbeit im Rathaus verloren hatte, hatten die Frauen das Ruder in die Hand genommen, und waren entschlossen, es zu behalten, vor allem jetzt, da sie Rückenwind hatten.

Damit wäre erklärt, warum Erna, obwohl sie in keinem verwandtschaftlichen Verhältnis zu Herbert stand, von diesem als Schwester betrachtet wurde, wenn auch eine ziemlich weitschichtige. Sie lernten sich in der Tat erst einige Jahre nach Kriegsende kennen.

* * *

Questi fatti mi furono raccontati da Erna stessa, non molto tempo fa, ad Altea, dove risiede ormai da più di vent'anni. Qui vive in una casetta, un bungalow come se ne vedono tanti da queste parti, composto da una grande cucina-soggiorno più camera da letto, il tutto circondato da un minuscolo giardino con alberi di banane, palme e altre piante mediterranee.

Si tratta di una colonia inglese stabilitasi lì, credo, dagli anni Sessanta in poi: alcune migliaia di pensionati, dello stesso ceto sociale e provenienti forse dalla stessa regione, erano emigrati qui allora, inseguendo lo stesso sogno di libertà e sole, sempre sole, lontani dalle piogge e dalle nebbie d'Inghilterra.

Nessuno pare aver tenuto conto del fattore fondamentale su cui si basava la loro precedente esistenza, e cioè le speranze, le illusioni e anche le lotte quotidiane, che avevano però dato un senso, un motivo alla loro vita. Ora sembrano condannati a una continua vacanza, vuota e artificiale, senza un domani diverso dall'oggi: il passaggio dal limbo al paradiso non è sempre così ideale come ci si immagina.

Tante solitudini che non riescono a sommarsi in una comunità di interessi, chiusi come sono in un loro mondo passato, lontano da questa realtà. Un susseguirsi di giorni tenuti insieme dal ricordo, sempre più vago e sbiadito, di una quotidianità che sembra esser stata di un'altra persona, se si eccettuano le sporadiche visite estive dei figli, se ci sono, e degli eventuali nipoti. Visite di persone che non hanno più niente da dirsi, dato che manca quella consuetudine che prima li accomunava; figli diventati estranei, venuti per una breve vacanza, magari col sincero desiderio di rivedere i genitori, ma che finiscono col contare i giorni che mancano alla partenza.

All das wurde mir von Erna selbst vor nicht langer Zeit in Altea erzählt, wo sie nun seit mehr als zwanzig Jahren lebt. Hier wohnt sie in einem Häuschen, einem Bungalow, wie man sie hier in der Gegend häufig sieht, bestehend aus einer Wohnküche und einem Schlafzimmer, alles von einem winzigen Garten mit Orangen und Zitronenbäumen und anderen mediterranen Sträuchern umgeben.

Es handelt sich um eine Kolonie von Engländern, die sich dort, wie ich annehme, in den sechziger Jahren niedergelassen hatten; einige tausend Rentner mit dem selben sozialen Status, und vielleicht aus der selben Region stammend; sie waren hierhin gezogen, alle demselben Traum von Freizügigkeit und Sonne folgend, ständiger Sonnenschein, fern vom Regen und dem Nebel Englands.

Niemand schien sich der fundamentalen Faktoren bewusst zu sein, auf denen ihr früheres Leben gründete, die Hoffnungen, die Illusionen und auch die täglichen Kämpfe, die ihrem Leben doch einen Sinn, einen Beweggrund gegeben hatten. Nun scheinen sie zu einem ständigen Urlaub verurteilt zu sein, leer und künstlich, ohne ein Morgen, das sich vom Heute unterscheidet; der Übergang von der Vorhölle in das Paradies ist nicht immer so ideal, wie man ihn sich vorstellt.

Viele Einsamkeiten, die sich nicht zu einer Interessengemeinschaft zusammenzufinden vermochten, eingesperrt in eine verflossene Welt, fern von der jetzigen Gegenwart. Eine Aufeinanderfolge von Tagen, zusammengehalten von der immer unschärferen und verblassenden Erinnerung an einen Alltag, der der eines anderen Menschen gewesen zu sein scheint, wenn man von den sporadischen sommerlichen Besuchen der Kinder und der eventuellen Enkel, sofern es sie gibt, absieht. Besuche von Menschen, die sich nichts mehr zu sagen haben, da jene Vertraulichkeit fehlt, die sie früher verbunden hat; fremd gewordene Kinder, auf einen kurzen Urlaub vorbeigekommen, vielleicht mit dem aufrichtigen Wunsch die Eltern wiederzusehen, die aber

Una lunga attesa della morte sotto il sole cocente di Spagna, che non consola né concilia con la vita. Tanti album di fotografie scolorite, in bianco e nero, di vite trascorse altrove, insieme a gente in parte morta e in ogni caso non più presente: vite diventate fittizie come le occupazioni che si inventano giorno dopo giorno per ingannare il tempo dell'attesa.

Erna ha più di settant'anni, fuma una sigaretta dopo l'altra, perché, dice: „Tanto non ho più niente da perdere.", ed è minuta, come il padre, miopia compresa, solo che lei porta le lenti a contatto e quindi non si nota. Conserva tratti di una bellezza passata. È agile, pratica sport, si mantiene, nonostante l'età, svelta, vivace; parla uno strano tedesco infarcito di espressioni inglesi e modi dialettali della Stiria, e racconta, racconta senza quasi interrompersi, mandando fumo dal naso, dalla bocca e, verrebbe voglia di dire, dalle orecchie. In una parola, è avvolta da una nebbia di fumo. Ogni tanto tossisce, (una vera tosse da fumatore), la voce rauca, quasi mascolina mentre, fra una pausa e l'altra, aspira avidamente quella specie di narcotico, portandosi alla bocca un bocchino di osso, nel quale man mano infilza le sue sigarette con mano nervosa e impaziente. Le unghie delle dita si piegano come artigli spessi, gialli di nicotina.

«Il mio vizio. Ogni essere umano ha diritto ad almeno un vizio. Da giovane il mio vizio era il ballo, avrei rischiato anche la vita pur di andare a ballare. Il mio corpo smaniava se mi veniva proibito. Ora fumo. Non ballo più. Una donna, arrivata ad una certa età perde esteticamente, benché la lena non mi mancherebbe. Ma non è bello vedere una donna della

schließlich doch die Tage bis zur Abreise zählen.

Ein langes Warten auf den Tod unter der brütenden Sonne Spaniens, das sie weder tröstet, noch mit dem Leben versöhnt. Viele Fotoalben voller vergilbter Fotos, schwarzweiß, von einem anderswo gelebten Leben, mit teilweise verstorbenen und in jedem Fall nicht mehr anwesenden Menschen: künstlich gewordene Leben, wie die Beschäftigungen, die sie sich Tag für Tag ausdenken, um die Wartezeit zu verkürzen.

Erna ist über siebzig Jahre alt, raucht eine Zigarette nach der anderen, denn, so sagt sie „ich hab ja doch nichts mehr zu verlieren", sie ist schmächtig wie der Vater, kurzsichtig wie er, dessen Kurzsichtigkeit sie geerbt hat, nur dass sie Kontaktlinsen trägt, und man es deshalb nicht merkt. Sie hat sich die Merkmale einer vergangenen Schönheit bewahrt. Sie ist gewandt, treibt Sport, hält sich trotz des Alters fit, ist lebhaft; sie spricht ein mit englischen Ausdrücken und steirischen Redensarten durchsetztes Deutsch, und erzählt, erzählt beinahe ohne Unterbrechung, während sie den Rauch durch die Nase, durch den Mund, und, möchte man fast sagen, durch die Ohren bläst. Kurz gesagt, sie ist immer in einen Schleier aus Rauch gehüllt. Ab und zu hustet sie (ein richtiger Raucherhusten), die Stimme ist heiser, beinahe männlich, während sie zwischen der einen und der anderen Pause gierig dieses Betäubungsmittel inhaliert, indem sie die elfenbeinerne Zigarettenspitze zum Mund führt, in die sie mit nervöser und ungeduldiger Hand ihre Zigaretten steckt, eine um die andere. Die Fingernägel krümmen sich wie dicke Krallen, gelb vor Nikotin.

»Mein Laster. Jedes menschliche Wesen hat das Recht auf mindestens ein Laster. Als ich jung war, war das Tanzen mein Laster, ich hätte auch das Leben aufs Spiel gesetzt, nur um Tanzen zu gehen. Mein Körper geriet in Zuckungen, wenn man es mir verbot. Jetzt das Rauchen. Ich tanze nicht mehr. Eine Frau, in einem gewissen Alter angekommen, ver-

mia età sfrenarsi in un ballo sudamericano o in un Rock--and-roll.»

E subito, quasi senza riprendere fiato, ricorda come suo padre avesse cercato di rinchiuderla in casa per impedirle di andare in una balera e come lei, saltando dal balcone del primo piano, dopo aver annodato le lenzuola del letto per calarsi giù, col rischio di rompersi l'osso del collo, fosse scappata di nascosto. E ancora, come al suo ritorno, alle prime luci del giorno, lo stesso padre l'avesse aspettata seduto dietro la porta. E come, senza una parola, si fosse tolto la cintura dei pantaloni e l'avesse frustata, lì, sul posto.

Lei non si era sottratta. Neanche un grido, un lamento.

«Per non dargli la soddisfazione. Quando finì, perché stanco, (si era affaticato, quel porco!), gli sputai in faccia e andai a letto, senza una parola.»

Ma era già il '47.

Siamo seduti in un ristorante fuori Altea. È stato un incontro non del tutto casuale. Herbert, sapendo il mio interesse per quel particolare periodo della storia austriaca e più ancora per quel che seguì, aveva promesso già da tempo di farmi conoscere una sua parente, una che aveva tanto da raccontare in prima persona. Ora è qui, davanti a me, questa strana donnina dalla voce scura e dal carattere esuberante. Parla senza troppo curarsi di me, senza neanche degnarmi di uno sguardo. In realtà ho l'impressione che parli da sola, senza un interlocutore, come fanno spesso le persone anziane che vivono da sole. Non so cosa le abbia detto Herbert, ma deve sapere del mio interesse per lei, per la sua storia, per la storia austriaca.

liert an Ästhetik, auch wenn mir die Kraft nicht fehlen würde. Aber es ist nicht schön, eine Frau in meinem Alter zu sehen, wie sie sich in einem südamerikanischen Tanz oder einem Rock-and-Roll entfesselt.«

Und gleich, fast ohne Atem zu holen, erinnert sie sich, wie ihr Vater versucht hat, sie zu Hause einzusperren, um sie daran zu hindern, auf einen Ball zu gehen, und wie sie, nachdem sie die Bettlaken zusammengeknüpft hatte, vom Balkon im ersten Stock hinuntergeklettert ist, riskiert hat sich das Genick zu brechen, und wie sie sich dann still und leise fortgeschlichen hat. Und weiter, wie bei ihrer Rückkehr in der Morgendämmerung der Vater hinter der Tür sitzend auf sie gewartet hat. Und wie er, ohne ein Wort zu sagen, den Hosenriemen aus den Schlaufen gezogen und sie dort auf der Stelle durchgeprügelt hat.

Sie hat nicht versucht, sich zu wehren. Kein Schrei, kein Jammern.

»Um ihm nicht die Genugtuung zu geben. Als er aufhörte, weil er müde war (der Mistkerl hatte sich verausgabt!), spuckte ich ihm ins Gesicht und ging zu Bett, ohne ein Wort.«

Aber das war bereits 1947.

Wir sitzen in einem Restaurant außerhalb Alteas. Es ist kein wirklich zufälliges Treffen. Herbert wusste von meinem Interesse für jenen besonderen Abschnitt der österreichischen Geschichte, und mehr noch für das, was dann folgte, und hatte mir schon vor langem versprochen, mich einer seiner Verwandten vorzustellen, die einiges aus erster Hand zu erzählen habe. Jetzt ist sie hier vor mir, diese eigenartige kleine Frau mit der dunklen Stimme und der überschwänglichen Art. Sie redet, ohne sich viel um mich zu scheren, ohne mich auch nur eines Blickes zu würdigen. In Wirklichkeit habe ich den Eindruck, dass sie mit sich selbst redet, ohne Gesprächspartner, so wie es alte, alleinstehende Menschen häufig tun. Ich weiß nicht, was Herbert ihr erzählt hat

Ha ordinato del pesce alla griglia, ma spilucca qua e là; dice di non aver fame, poi di colpo, quasi si fosse accorta solo in quel momento di me, mi chiede il permesso di accendere un'ennesima sigaretta, benché non abbia fatto altro che fumare. Herbert è seduto con noi. Non parla: a lui piace ascoltare. Dice che le donne sanno raccontare, sono streghe benigne che con i loro racconti affascinano gli uomini. Come le sirene. Erna sorride.

«Che età hanno le sirene?» e giù una boccata di fumo. Herbert, come c'era da aspettarselo, risponde che le sirene non hanno età. Anche le donne belle non hanno età, aggiunge subito, galante.

«Hai imparato l'arte dell'incantatore da mio padre, insieme a tante altre cose di poco conto.» Arriva come una schioppettata.

Allora, lui racconta come la vide, la prima volta, appunto nel '47, quando il patrigno la portò nella loro casa di Liebenau: Erna, allora diciassettenne, era un fiore. Erna sorride compiaciuta, sa di essere stata bella.

«Ero il ritratto di mia madre. Ho qui la sua fotografia, puoi vederla, tu non l'hai mai conosciuta, mia madre.»

E si rivolge a Herbert, di colpo animata, un leggero colorito sul viso del resto pallido, nonostante il sole bruciante di quell'estate. Poco prima aveva accennato, di passaggio, che lei non andava mai sulla spiaggia. Quella vita di eterna vacanziera le dava un gran fastidio.

Ora comincia a trafficare impaziente, infilando le due mani nella borsa, rovistando in quella specie di sacca assai capiente, finché ne tira fuori il portafoglio. Trova subito la fotografia, piccola, da tessera, stropicciata, gli orli smangiati. Prima di passarla al fratello l'accarezza con un dito, legger-

doch muss sie von meinem Interesse für sie, ihre Geschichte, die Geschichte Österreichs wissen.

Sie hat Fisch vom Grill bestellt, aber sie zupft nur da und dort daran, sagt, dass sie keinen Hunger habe, und plötzlich, beinahe als habe sie mich erst in diesem Augenblick bemerkt, fragt sie um Erlaubnis, die x-te Zigarette anzünden zu dürfen, obwohl sie nichts anderes getan hat als zu rauchen. Herbert sitzt neben uns. Er spricht nicht; ihm gefällt es zuzuhören. Er sagt, dass die Frauen zu erzählen wüssten, sie seien gutartige, liebenswürdige Hexen, die mit ihren Erzählungen die Männer bezauberten. Wie die Sirenen. Erna lächelt.

»Welches Alter haben Sirenen?«, und wieder zieht sie kräftig an der Zigarette. Wie zu erwarten war, antwortet Herbert, dass Sirenen kein Alter hätten. Auch die schönen Frauen sind alterslos, fügt er galant hinzu.

»Du hast die Kunst des Verführens gemeinsam mit vielen anderen nebensächlichen Dingen von meinem Vater gelernt.« Der Satz kommt wie ein Büchsenknall.

Dann erzählt Herbert, wie er sie das erste Mal sah, 1947 eben, als der Stiefvater sie in ihr Haus nach Liebenau brachte: Erna, damals siebzehnjährig, war eine Rose. Erna lächelt geschmeichelt; sie weiß, dass sie schön gewesen ist.

»Ich war das Abbild meiner Mutter. Ich habe ihre Fotografie dabei, du kannst sie sehen; du hast sie nie kennen gelernt, meine Mutter.«

Und sie wendet sich Herbert zu, plötzlich munter, eine leichte Röte im sonst blassen Gesicht, trotz der brennenden Sonne dieses Sommers. Kurz vorher hatte sie ganz nebenbei angedeutet, dass sie nie an den Strand gehe. Dieses Leben als ewige Urlauberin sei ihr sehr zuwider.

Jetzt beginnt sie ungeduldig herumzuwirtschaften, steckt beide Hände in die Handtasche, kramt in diesem ziemlich geräumigen Art Sack herum, bis sie die Geldbörse herauszieht. Sofort findet sie die Fotografie, klein, ein Passbild, zerknittert, die Ränder abgestoßen. Bevor sie es dem Bruder

mente.

«Avrei dato la vita se soltanto avessi potuto ritrovare almeno le sue ossa.», dice quasi a se stessa. Herbert mi passa la foto. La fisso a lungo. Come dimenticare quel viso spento, gli occhi smarriti, la domanda, il perché chiuso in quelle labbra di forma squisita, mai pronunciato? In ogni caso, nonostante la tristezza che traspare dai suoi occhi, da ogni linea del viso, è possibile riconoscere in quel ritratto in bianco e nero una donna di grande bellezza. Erna deve sentire lo stupore, la commozione che mi serra la gola: in quel viso c'era un presentimento di morte.

«È la sua ultima fotografia, l'unica che mi è rimasta. Gli ultimi anni l'avevano molto cambiata, ma era sempre molto bella, la mia povera mamma. Era... era... bellissima.» E mi guarda intensamente, per la prima volta, quasi per convincermi di qualcosa della quale del resto sono già convinta.

Mi affretto a rassicurarla: «Si, era bellissima.»

Si calma

Herbert, che non ha notato niente di questa piccola scena, mentre riprende la fotografia dice che per lui fu come un'apparizione, o meglio come se fra le nuvole in cui da sempre sembrava essere avvolta la loro casa, fosse spuntato inaspettatamente un raggio di sole: il segno che la vita poteva essere altra, senza il grigiore, la disperata lotta per il pane, le patate, la legna da ardere, la farina, le uova, e i litigi quotidiani col patrigno, le accuse del tutto infondate, almeno secondo il ragazzino, verso la madre che non sapeva organizzare il ménage familiare, risparmiare e tutto il resto.

Erna era splendente, non trova altre parole, tutta luce e vita: una diva del cinema, e ancora meglio! Scarpe col tacco alto,

reicht, streichelt sie es leicht mit einem Finger.

»Ich hätte mein Leben gegeben, hätte ich zumindest ihre Knochen wiedergefunden«, sagt sie beinahe zu sich selbst. Herbert reicht mir das Foto. Ich schaue es lange an. Wie sollte man dieses erloschene Gesicht vergessen, den verlorenen Blick, die Frage, das in diesen wohlgeformten Lippen eingeschlossene, nie ausgesprochene 'Warum?'. Jedenfalls, trotz der Traurigkeit, die in ihren Augen, in jedem Gesichtszug sichtbar ist, kann man in diesem Schwarzweißbild eine Frau von großer Schönheit erkennen. Erna muss die Überraschung spüren, die Rührung, die mir den Hals zuschnürt: in diesem Gesicht war eine Todesahnung.

»Es ist ihre letzte Fotografie, die einzige, die mir geblieben ist. Die letzten Jahre hatten sie sehr verändert, aber sie war immer sehr schön, meine arme Mutter. Sie war ... sie war ... wunderschön«, und sie schaut mich intensiv an, zum ersten Mal, beinahe, um mich von etwas zu überzeugen, von dem ich übrigens schon überzeugt bin.

Ich beeile mich ihr zu versichern: »Ja wirklich, sie war wunderschön.«

Sie beruhigt sich.

Während Herbert, der von dieser kleinen Szene nichts bemerkt hat, die Fotografie wieder in die Hand nimmt, erzählt er, dass Erna für ihn wie eine Erscheinung gewesen war, oder besser, wie wenn zwischen den Wolken, in die ihr Haus immer eingehüllt zu sein schien, ein unerwarteter Sonnenstrahl eingedrungen wäre: das Zeichen, dass das Leben anders sein konnte, ohne Eintönigkeit, ohne den verzweifelten Kampf ums tägliche Brot, die Kartoffeln, das Brennholz, das Mehl, die Eier und ohne die ständigen Streitigkeiten mit dem Stiefvater. Die, wie der Bub meinte, völlig unbegründet an die Mutter gerichteten Anschuldigungen, dass sie das Familienleben nicht zu organisieren vermöge, nicht zu sparen wisse, und so weiter.

Erna war strahlend, er fand keine anderen Worte, nur Licht und Leben: eine Filmdiva, und noch schöner! Schuhe

calze leggerissime e trasparenti e un bel vestito colorato, di cui non ricorda più i colori.

Erna sorride e aggiunge: «Era bianco a fiori rossi!»

Senza contare che era truccata, aveva le labbra dipinte di rosso! Non aveva mai visto una donna truccata prima di allora e scarpe come quelle, e… e… un vestito così colorato.

Il dopoguerra era grigio e alle donne mancavano non solo i cosmetici, ma anche la voglia di usarli: era una depressione generale. Non solo avevano perduto la guerra e avevano i russi in casa, dovevano lottare contro la fame, la miseria, le umiliazioni continue, la mancanza di tutto e i traffici che dovevano fare per procurarsi di che vivere. Herbert stesso era stato spedito dalla Croce Rossa in Svizzera perché denutrito.

Erna aveva sorriso nel dargli la mano, lo aveva trattato subito come suo pari, benché fosse già grande, lei, una vera signorina e lui, solo nove anni. Un incontro, un ricordo che lo aveva accompagnato tutta la vita: la visione di un mondo positivo, in cui valeva la pena di vivere.

Erna, da parte sua racconta quell'incontro in modo diverso. Il padre era venuto a prenderla nel campo profughi inglese, a Klagenfurt, dove si era rifugiata insieme a una ragazza che aveva conosciuto per strada, anche lei in fuga davanti ai russi.

Si ferma, spegne la sigaretta e riprende la forchetta in mano. Infila un pezzettino di pesce sulla punta e dopo averlo osservato a lungo, quasi sorpresa di quello che ha pescato, se lo mette in bocca senza molta convinzione. Beve un sorso di birra commentando:

«Col pesce avrei dovuto ordinare del vino bianco: faccio tut-

mit hohen Absätzen, sehr dünne, durchsichtige Strümpfe und ein schönes buntes Kleid, an dessen Farben er sich nicht mehr erinnerte.

Erna lächelt und fügt hinzu: »Es war weiß mit roten Blumen!«

Abgesehen davon, dass sie geschminkt war, mit rot angemalten Lippen! Er hatte noch nie zuvor eine geschminkte Frau gesehen, und Schuhe wie diese, und ... und ... ein so buntes Kleid.

Die Nachkriegszeit war grau, und den Frauen fehlte nicht nur die Schminke, sondern auch die Lust sie zu verwenden; es herrschte eine allgemeine Depression. Sie hatten nicht nur den Krieg verloren und die Russen im Haus, sie mussten gegen den Hunger ankämpfen, das Elend, die ständigen Demütigungen, Mangel an allem, und erst die Winkelzüge, die sie machen mussten, um sich das Lebensnotwendigste zu verschaffen. Herbert selbst war, weil unterernährt, vom Roten Kreuz in die Schweiz geschickt worden.

Erna hatte damals gelächelt, als sie ihm die Hand gab, sie hatte ihn gleich als ihresgleichen behandelt, obwohl sie älter war als er, sie, ein richtiges Fräulein, und er erst neun Jahre alt. Eine Begegnung, eine Erinnerung, die ihn das ganze Leben begleiten sollte: die Vision einer positiven Welt, in der zu leben sich lohnte.

Erna erzählt jene Begegnung auf andere Weise. Der Vater war gekommen, sie im englischen Vertriebenenlager in Klagenfurt abzuholen, wohin sie mit einem Mädchen geflüchtet war, das sie auf der Straße kennen gelernt hatte, ebenfalls auf der Flucht vor den Russen.

Sie hält ein, löscht die Zigarette und nimmt die Gabel wieder in die Hand. Sie spießt eine Stückchen Fisch auf, und nachdem sie es lange betrachtet hat, beinahe überrascht, was sie da aufgepickt hat, steckt sie es ohne große Überzeugung in den Mund. Sie trinkt einen Schluck Bier und kommentiert:

»Zu Fisch hätte ich Weißwein bestellen sollen; ich mache

to alla rovescia. Chissà perché, mi aspettavo delle salsicce con i crauti... Avevo dimenticato... Dev'essere stata una reminiscenza di tempi passati. Tutta colpa tua.», aggiunge, guardando il fratello con un sorriso: pur non essendoci nessun legame di parentela, fra loro si sente una sorta di solidarietà, di profonda amicizia e fiducia che deve avere un'origine comune di sofferenza e di abbandono. Un rapporto nato in quei pochi mesi di permanenza in casa del nonno, a Liebenau: Herbert una o due volte era andato da lei, in Inghilterra, per qualche settimana. Molti anni dopo.

Senza riflettere prende il pacchetto delle sigarette per poi posarlo sul tavolo.

«Vidi un ragazzetto spaurito, magro, triste: nei suoi occhi c'era una richiesta che capii subito: „Non farmi del male, io sono un bravo bambino!" Ma era un'espressione costante, non aveva niente a che fare con me, era un continuo scusarsi di essere al mondo, di occupare un posticino, assai piccolo, a cui credeva di non avere diritto, benché vivesse nella casa di suo nonno, allora vecchissimo e smemorato. D'altra parte, in quella casa ormai comandava mio padre, e... col carattere che aveva non ci si poteva aspettare altro.» Inforca un altro minutissimo pezzetto di pesce e se lo mette in bocca. Posa decisa la forchetta sull'orlo del piatto e meccanicamente riaccende una sigaretta. È chiaro che il sapore del pesce contrasta troppo col passato nel quale è tutta proiettata.

«In quella casa si viveva peggio che nel campo profughi, dove facevo l'interprete. Sapevo l'inglese e con la mia esperienza di segretaria godetti subito di una posizione privilegiata. Potevo andare nei negozi riservati all'esercito e potevo comprare di tutto: avevo anche dei soldi, venivo regolar-

alles verkehrt. Wer weiß, warum ich mir Würste mit Kraut erwartete ... Ich hatte vergessen ... Es muss eine Erinnerung an vergangene Zeiten gewesen sein. Alles deine Schuld«, fügt sie hinzu, den Bruder mit einem Lächeln anblickend. Obwohl zwischen ihnen keine verwandtschaftliche Verbindung besteht, spürt man eine Art Solidarität zwischen ihnen, tiefe Freundschaft und Vertrauen, die in einem gemeinsamen Leid und in der Verlassenheit ihren Ursprung haben müssen. Eine Beziehung, die in den wenigen Monaten des gemeinsamen Aufenthalts im Haus des Großvaters in Liebenau entstanden war. Herbert war später ein oder zwei Mal zu ihr nach England gekommen, für einige Wochen. Viele Jahre später.

Ohne zu überlegen, nimmt sie die Zigarettenpackung, um sie wieder auf den Tisch zu legen.

»Ich sah einen erschrockenen, mageren, traurigen Jungen; in seinen Augen stand eine Bitte, die ich sofort verstand: „Tu mir nicht weh, ich bin ein braves Kind!" Aber das war sein üblicher Gesichtsausdruck, der nichts mit mir zu tun hatte; es war ein ständiges Sich-Entschuldigen auf der Welt zu sein, ein Plätzchen einzunehmen, ein sehr kleines, auf das er kein Recht zu haben glaubte, obwohl er im Hause seines damals schon uralten und vergesslichen Großvaters lebte. Andererseits kommandierte in diesem Haus mittlerweile mein Vater, und mit seinem Charakter, durfte man sich nichts anderes erwarten.« Sie spießt ein weiteres winziges Stückchen Fisch auf und steckt es in den Mund. Sie legt die Gabel entschlossen am Tellerrand ab und zündet sich mechanisch eine Zigarette an. Es ist klar, dass der Geschmack des Fisches zu sehr mit der Vergangenheit kontrastiert, in der sie völlig untergetaucht ist.

»In diesem Haus lebte man schlechter als im Flüchtlingslager, in dem ich Dolmetscherin war. Ich konnte Englisch und mit meiner Erfahrung als Sekretärin kam ich gleich in eine privilegierte Position. Ich konnte in die, dem Militär vorbehaltenen Geschäfte, gehen, und alles kaufen; ich hatte

mente pagata. Quando la mia compagna d'avventura ebbe la possibilità di tornare a Graz, dove aveva i genitori e altri parenti, (lei era ariana), pensai di approfittarne per far sapere a mio padre che ero ancora in vita. Devo ammettere che lo feci cercare soltanto perché avevo bisogno del suo consenso, essendo ancora minorenne. Volevo sposarmi, andar via dall'Austria, lasciare tutto dietro di me... Un momento. Mi accorgo di aver saltato qualche cosa. Bisogna che faccia un po' di ordine. Torno al giorno in cui vidi apparire mio padre al posto di controllo, dove ero stata chiamata d'urgenza. Non lo vedevo da non so più quanti anni. Tante cose erano accadute. La guerra era finita, e proprio allora cominciava il processo di rimozione di massa, dei 'Non sapevamo niente', della perdita collettiva della memoria, dell'ignoranza riguardo le persecuzioni a nostro danno, dei milioni di esistenze distrutte e... nessun rimorso, nessun mea culpa. Neanche da parte di lui, di mio padre.»

Si ferma, gli occhi persi in chissà quali visioni.

«Io e mia madre eravamo state trasferite di forza a Vienna, credo alla fine del '42.»

Tace, di nuovo assente, tirando nervosamente una boccata di fumo dietro l'altra.

«È strano come certi ricordi sbiadiscano col tempo: per esempio non ricordo come si è svolto il nostro trasporto a Vienna. Cerco, cerco, e non trovo niente. Ogni volta così. Deve essere stato così traumatico che la mia mente si rifiuta di metterlo a fuoco; una tecnica che oggi viene definita con una strana parola: 'rimozione'. È anche vero che in tutti questi anni non ho fatto altro che muovere pietre accatastandole sul mio passato; pietra su pietra, come credo facciano gli ebrei sulle loro tombe, ma non ne sono sicura: una pietra sull'altra, affinché i morti non abbiano la possibilità di

auch etwas Geld, ich wurde regelmäßig bezahlt. Als meine Abenteuergefährtin die Möglichkeit hatte nach Graz zurückzukehren, wo sie ihre Eltern und Verwandten hatte (sie war Arierin), überlegte ich mir die Gelegenheit zu nutzen, um meinen Vater wissen zu lassen, dass ich noch am Leben war. Ich muss zugeben, dass ich ihn nur suchen ließ, weil ich, da ich noch minderjährig war, seine Zustimmung brauchte. Ich wollte heiraten, aus Österreich fortziehen, alles hinter mir lassen ... Einen Moment. Ich bemerke, dass ich etwas übersprungen habe. Ich muss der Reihe nach erzählen. Ich kehre zu dem Tag zurück, an dem ich meinen Vater an dem Kontrollpunkt am Eingang auftauchen sah, wohin ich dringend gerufen worden war. Ich hatte ihn, ich weiß nicht mehr seit wie vielen Jahren nicht mehr gesehen. Viele Dinge waren geschehen. Der Krieg war vorbei, und gerade damals begann der Verdrängungsprozess der Masse, des 'wir wussten von nichts', der kollektive Gedächtnisverlust zu unseren Lasten, zu Lasten von Millionen zerstörter Existenzen und ... kein Gewissensbiss, kein Mea Culpa. Auch nicht von ihm, meinem Vater.«

Sie hält ein, den Blick, in wer weiß welchen Visionen verloren.

»Ich und meine Mutter waren Ende 1942, glaube ich, gewaltsam nach Wien gebracht worden.«

Sie schweigt, erneut abwesend, macht ganz nervös einen Zug nach dem anderen.

»Es ist eigenartig, wie gewisse Erinnerungen mit der Zeit verblassen; zum Beispiel erinnere ich mich nicht, wie unser Transport nach Wien verlaufen ist. Ich suche und suche, und finde nichts. Jedes Mal ist es so. Es muss derart traumatisch gewesen sein, dass mein Gedächtnis sich weigert, das zu reproduzieren; eine Technik, die heute mit einem eigenartigen Wort benannt wird: 'Verdrängung'. Es stimmt auch, dass ich in all diesen Jahren nichts anderes getan habe, als Steine zu bewegen, um sie auf meine Vergangenheit zu schichten; Stein auf Stein, wie, so glaube ich, es die Juden auf ihren Grä-

scappare, di chieder conto dei torti subiti, come i ricordi che tornano inopportuni, indesiderati, sfuggendo dalla tomba della memoria.

E niente fiori.»

Si perde di nuovo.

Poi sussulta senza una ragione visibile: «Sono persino riuscita a tornare a Graz. Dopo molti, molti anni. Ho avuto la forza di rivedere mio padre prima che morisse, credo nel Settanta: tua madre mi telefonò. Lui voleva vedermi. Presi l'aereo: che viaggio terribile! E anche a Vienna sono stata. Dieci anni fa.» Tace, ed è chiaramente sopraffatta.

«Avevamo una stanza in una casa insieme ad altre madri, raccolte da varie parti dell'Austria, tutte sposate con ariani e con figli, come si diceva allora, di sangue misto. E pensare che tutta l'Europa non è altro che un miscuglio di razze. Siamo tutti sangue misti. Ci voleva una mente perversa per inventarsi quella storia assurda della razza pura!

Mi viene in mente qualcosa che oggi nessuno più sembra ricordare, come tante altre cose messe da parte, sotterrate con molta cura, quasi non fossero mai esistite. E chi ne parla viene guardato con sospetto e anche con stizza: il solito scocciatore che non vuole smettere di rinvangare il passato. Ho sempre taciuto per questo, per non vedere quello sguardo subito freddo, infastidito, di chi non vuole sentire certe storie che conosce fin troppo bene ma che vuole ignorare... Oh, hanno imparato assai presto a mettere un muro, a negare la realtà. Mi sto perdendo. Volevo parlare d'altro.»

bern machen, aber ich bin mir nicht sicher: ein Stein auf dem anderen, damit die Toten keine Möglichkeit haben sich zu befreien, Rechenschaft über erlittenes Unrecht einzufordern, wie die Erinnerungen, die ungelegen zurückkehren, dem Grab der Erinnerung entweichend.

Und keine Blumen.«

Sie verliert sich erneut.

Dann zuckt sie ohne ersichtlichen Grund zusammen: »Es ist mir sogar gelungen, nach Graz zurückzukehren. Nach langen, langen Jahren. Ich habe die Kraft gefunden, meinen Vater wiederzusehen, bevor er starb, ich glaube in den siebziger Jahren: deine Mutter hat mich angerufen. Er wollte mich wiedersehen. Ich nahm das Flugzeug: was für ein schrecklicher Flug! Und auch in Wien bin ich gewesen. Vor zehn Jahren.« Sie schweigt und ist offensichtlich überwältigt.

»Wir hatten ein Zimmer in einem Haus gemeinsam mit anderen, in verschiedenen Gegenden Österreichs aufgelesenen Müttern, alle mit Ariern verheiratet und mit gemischtrassigen Kindern, wie man damals sagte. Dabei ist ganz Europa nichts anderes als ein Durcheinander von Rassen. Wir sind alle Mischlinge. Es brauchte ein perverses Gehirn, um diese absurde Geschichte von der reinen Rasse zu erfinden!

Es kommt mir etwas in den Sinn, an das sich heute niemand mehr zu erinnern scheint, wie viele andere Dinge, die zur Seite gelegt wurden, mit großer Sorgfalt vergraben, beinahe so, als hätten sie nie existiert. Und wer darüber spricht, wird verdächtigt und auch verärgert angesehen: die übliche Nervensäge, die nicht aufhören will in der Vergangenheit zu wühlen. Ich habe deshalb immer geschwiegen, um nicht diesen kalten, belästigten Blick derer sehen zu müssen, die gewisse Geschichten nicht hören wollen, die sie nur zu gut kennen, aber ignorieren möchten … Oh, die haben ziemlich schnell gelernt, eine Mauer aufzurichten, die Wirklichkeit zu verleugnen. Ich verzettle mich. Ich wollte über etwas anderes reden.«

Schiaccia l'ennesima cicca nel portacenere e si guarda intorno smarrita.

«Ah si, adesso ricordo. L'*Ahnenpass*. Io non ne ero in possesso, per mia disgrazia. Credo che oggi nessuno più sappia dell'esistenza di un documento simile. In quegli anni, tutte le buone famiglie austriache, e sicuramente anche quelle tedesche, ma allora gli austriaci si consideravano tedeschi a tutti gli effetti, anche se di seconda classe. Sto di nuovo divagando. Devo riprendere il filo.»

Sento il suo disagio: ancora adesso, dopo più di sessant'anni, non è facile per lei toccare certi temi. Basta un niente, e certe ferite apparentemente cicatrizzate riprendono a sanguinare.

«Dunque. Stavo parlando dell'*Ahnenpass*. Solo le famiglie di pura razza ariana potevano avere quel vergognoso documento. Lo tenevano accuratamente chiuso in un cassetto, a portata di mano. Un documento assai prezioso. In realtà aveva il potere di salvarti la vita! Se, metti caso, un vicino invidioso, o uno col quale avevi litigato, oppure, come nel mio caso, una parente, ti denunciava alla Gestapo, di solito anonimamente, 'accusandoti', detto fra virgolette, di avere un antenato di razza ebraica, a ogni ora del giorno e della notte potevi aspettarti la visita, se posso chiamarla così, della polizia. Chiunque poteva ricevere una visita di quel genere, chiunque, senza distinzione di ceto o di età: ti piombavano in casa, senza preavviso, e se non dimostravi, certificato alla mano, di essere di puro sangue ariano fino a non so più quale generazione, ti sbattevano in prigione, te e tutta la famiglia. Senza complimenti.

Chi crede, oggi, a queste storie?

A volte mi sembra di aver vissuto in un altro mondo. Un mondo da incubo, in una vita non mia.

Sie drückt die x-te Kippe im Aschenbecher aus und blickt sich verloren um.

»Ach ja, jetzt erinnere ich mich. Der Ahnenpass. Ich besaß keinen, zu meinem Unglück. Ich glaube, dass heute niemand mehr von der Existenz eines solchen Ausweises weiß. In jenen Jahren hatten alle braven österreichischen Familien einen, und sicher auch die deutschen, aber damals betrachteten sich die Österreicher als richtige Deutsche, wenn auch zweiter Klasse ... ich weiche erneut ab. Ich muss den Faden wieder finden.«

Ich spüre ihr Unbehagen. Heute noch, mehr als sechzig Jahre danach, ist es für sie nicht leicht, bestimmte Themen anzusprechen. Es genügt ein Nichts und gewisse, scheinbar vernarbte Wunden fangen wieder zu bluten an.

»Also, ich sprach über den Ahnenpass. Nur die reinrassigen arischen Familien durften dieses schändliche Dokument besitzen. Sie bewahrten es sorgfältig in einer Schublade verschlossen auf, immer zur Hand. Ein sehr wertvolles Dokument. Es hatte wirklich die Macht, dir das Leben zu retten! Nehmen wir an, ein neidischer Nachbar, oder jemand, mit dem du Streit hattest, oder, wie in meinem Fall, ein Verwandter hat dich bei der Gestapo angezeigt, für gewöhnlich anonym, dich, zwischen Anführungszeichen gesagt, 'beschuldigt', einen Ahnen jüdischer Rasse zu haben, musstest du Tag und Nacht mit dem Besuch der, wenn man sie so nennen will, Polizei rechnen. Jeder konnte einen Besuch dieser Art erhalten, jeder, ohne Ansehen des Standes oder des Alters: sie platzten ins Haus, ohne Ankündigung, und, wenn du nicht beweisen konntest, mit dem Ausweis in der Hand, dass du reinrassiger Arier bist, bis, ich weiß nicht mehr in die wievielte Generation zurück, warfen sie dich ins Gefängnis, dich und die ganze Familie. Ohne Umschweife.

Wer glaubt heute noch diese Geschichten?

Manchmal scheint mir, in einer anderen Welt gelebt zu haben. In einer Welt der Albträume, in einem Leben, das nicht meines war.

Tutti quegli anni non sono miei, io li rifiuto.»

Ormai è lontana, si vede dagli occhi, dalla linea della bocca tesa, dal naso improvvisamente affilato. La mano trema mentre accende l'ennesima sigaretta.

«Di giorno in giorno aspettavamo l'ultimo trasporto, quello definitivo: noi eravamo gli ultimi per via del mio sangue mezzo ariano! Nel frattempo, non sopportando l'attesa e tanto meno la passività, l'angoscia o quello che oggi si chiama depressione, mi diedi da fare per trovare un lavoro di segretaria. Mi vien da ridere se penso che a quindici anni cercavo lavoro come segretaria con buona conoscenza dell'inglese, il mio inglese scolastico. Non volevo credere che tutto sarebbe finito presto; mi rifiutavo di considerarmi alla mercé di quei quattro criminali, che poi non erano quattro. Non volevo accettarlo. Ancora adesso mi stupisce la mia energia, la mia voglia di vivere anche in quelle condizioni. Ma c'era mia madre, che io adoravo. E lei era angosciata per me. Per se stessa non avrebbe mai lottato, credo che non si sarebbe più alzata dal letto da quando mio padre... Ah, lui era un debole, glielo dissi in faccia, glielo gridai senza nessuna inibizione. Altri padri avevano protetto i loro figli, la moglie; avrebbe potuto nasconderci, come hanno fatto altri, trovare una soluzione. Figurarsi, dopo il divorzio incontrò mia madre per prendere non so più che decisioni. Si diedero appuntamento al cimitero, (un posto assai romantico, devo dire), e Gerhilde, quella maledetta strega, li vide: mi chiedo ancora quanto ci sia di vero in questa storia. Ad ogni modo lo denunciò! Denunciò il proprio fratello, ci si può credere? Per lo meno lui ci raccontò che la sorella sporse denuncia contro di lui, dato che era proibito ad un ariano incontrarsi con una ebrea, anche se questa era la madre dei suoi figli, o forse proprio per questo! Lui si scusava, adduceva la sua dipendenza dalla sorella per via del lavoro che svolgeva nell'impresa del cognato. E per colpa nostra, della nostra razza non ariana, non poteva prendere la tessera del partito, cosa

All jene Jahre sind nicht meine; ich weise sie von mir.«

Jetzt ist sie weit weg, man sieht es an den Augen, an der angespannten Linie des Mundes, an der plötzlich scharfen Nase. Die Hand zittert, als sie sich die nächste Zigarette anzündet.

»Tag für Tag warteten wir auf den letzten Transport, den endgültigen: wir waren die letzten, wegen meines halb arischen Blutes! In der Zwischenzeit, weil ich das Warten nicht ertrug, und genauso wenig die Passivität, die Angst, oder das, was man heute Depression nennt, sah ich mich nach einer Arbeit als Sekretärin um. Ich muss lachen, wenn ich daran denke, dass ich mit fünfzehn Jahren eine Arbeit als Sekretärin mit guten Englischkenntnissen, meinem Schulenglisch, suchte. Ich wollte nicht glauben, dass bald alles vorbei sein würde; ich weigerte mich zu erwägen, dass ich von der Willkür einer handvoll Krimineller – die aber mehr als eine Handvoll waren – abhängig sein sollte. Ich wollte es nicht akzeptieren. Heute noch erstaunt mich meine Energie, mein Lebenswille selbst unter jenen Umständen. Aber da war meine Mutter, die ich anbetete. Und sie war voller Angst meinetwegen. Für sich selbst hätte sie nie gekämpft, ich glaube, sie wäre nicht mehr aus dem Bett gestiegen, seit mein Vater ... Ach, er war ein Schwächling, ich sagte es ihm ins Gesicht, ich sagte es ihm ohne jede Zurückhaltung. Andere Väter hatten ihre Kinder, ihre Frau beschützt; er hätte uns verstecken können, wie es andere getan haben, eine Lösung finden. Stell dir vor, nach der Scheidung traf er sich mit meiner Mutter, um wer weiß welche Entscheidungen zu treffen. Sie vereinbarten, am Friedhof zusammenzukommen (ein sehr romantischer Ort, muss ich sagen), und Gerhilde, diese vermaledeite Hexe sah sie. Ich frage mich noch heute, was an dieser Geschichte wahr ist. Jedenfalls zeigte sie ihn an! Sie zeigte den eigenen Bruder an; kann man das glauben? Jedenfalls erzählte er uns, dass die Schwester Anzeige gegen ihn erstattet hatte, da es einem Arier verboten war, sich mit einer Jüdin zu treffen, auch wenn diese die Mutter seiner

che avrebbe fatto assai volentieri: gli avrebbe facilitato la vita. Anche questo ci rinfacciava! Un debole e un vigliacco, ecco cos'era!»

Si è scaldata. Una collera repressa sconvolge i lineamenti del viso. Per un momento emergono, scavati fra le tante rughe, gli anni di solitudine, di disperazione; non ha mai avuto un figlio da amare, una vera famiglia: i genitori della madre, gli zii, i cugini, tutti scomparsi in chissà quali campi di sterminio. Lei sempre sola, nonostante i due mariti, sola con i suoi ricordi. Schiaccia con rabbia la mezza sigaretta che sta fumando e ne accende subito un'altra. Passano dei lunghissimi minuti. Noi, come paralizzati, non osiamo fiatare. Infine si calma.

«Io per lei avrei... per vederla sorridere, anche solo un poco. La mia povera mamma. Aveva dimenticato già da tempo come si sorride. Per lei ero pronta a tutto: so che dopo non ho più amato nessuno così. Nessuno. Era un amore segnato da una disperazione, da un... dal dolore di non poter fare niente per lei, per salvarla, restituirle la speranza. Una vita senza speranza. Noi due sole e senza speranza, senza futuro. Questi sono stati gli anni trascorsi a Vienna.»

Tace, sempre più sconvolta. Infine riprende.

«Senza contare che non avevamo un soldo, e questo lo sapeva anche mio padre, tanto è vero che qualche volta venne fino a Vienna, credo due volte in tutto, rischiando la vita, così diceva, per portarci delle borse piene di roba da mangiare, farina, patate, cavoli e pochi soldi. Nonostante tutto il suo entusiasmo per la nuova grandezza a cui l'Austria credeva di partecipare, la guerra si faceva sentire con durezza an-

Kinder war, oder vielleicht gerade deshalb! Er entschuldigte sich, führte seine Abhängigkeit von der Schwester an, wegen der Anstellung im Betrieb des Schwagers. Und wegen uns, wegen unserer nicht arischen Rasse, konnte er nicht der Partei beitreten, was er sehr gerne getan hätte: es hätte ihm das Leben erleichtert. Auch das hielt er uns vor! Ein Schwächling, ein Feigling, das war er!«

Sie ereifert sich. Ein unterdrückter Zorn zerwühlt ihre Gesichtszüge. Für einen Augenblick treten die in ihre zahlreichen Falten eingegrabenen Jahre der Einsamkeit, der Verzweiflung zu Tage. Sie hat nie ein Kind zum Lieben gehabt, eine richtige Familie: die Eltern der Mutter, die Onkel und Tanten, die Kusinen, alle in wer weiß welchen Vernichtungslagern verschwunden. Sie immer allein, trotz der beiden Ehemänner, allein mit ihren Erinnerungen. Sie drückt zornig die halb gerauchte Zigarette aus, und zündet sofort eine andere an. Es vergehen lange Minuten. Wir, wie gelähmt, wagen es nicht uns zu rühren. Schließlich beruhigt sie sich.

»Ich hätte für sie ... um sie lächeln zu sehen, auch nur ein wenig. Meine arme Mutter. Sie hatte schon lange vergessen, wie man lächelt. Für sie war ich zu allem bereit: ich weiß, dass ich nachher niemanden mehr so geliebt habe. Niemanden. Es war eine von der Verzweiflung gezeichnete Liebe, von einem ... vom Schmerz, nichts für sie tun zu können, um sie zu retten, ihr die Hoffnung zurückzugeben. Ein Leben ohne Hoffnung. Wir beide alleine und ohne Hoffnung, ohne Zukunft. Das waren die in Wien verbrachten Jahre.«

Sie schweigt, immer aufgewühlter. Schließlich fährt sie fort.

»Ohne zu bedenken, dass wir keinen Pfennig besaßen, und das wusste auch mein Vater, denn manchmal kam er bis nach Wien, zwei Mal insgesamt, glaube ich, sein Leben aufs Spiel setzend, so sagte er, um uns Taschen voller Sachen zum Essen zu bringen, Mehl, Erdäpfel, Rüben und ein wenig Geld. Trotz seiner Begeisterung für die neue Größe, an der Österreich teilzuhaben glaubte, ließ der Krieg auch ihn sei-

che per lui, e ora aveva una seconda famiglia: si era sposato ed era nata una bambina, oltre al figliastro, che per lui era solo un peso, un di più indesiderato. Scusami, Herbert, ma credo che tu lo abbia sempre saputo. E te lo ha fatto sentire, ne sono certa, col carattere che aveva. Trovai un lavoro abbastanza presto, anche per via della lingua inglese. L'inglese è stato il mio destino.»

Nessuno di noi due osa muoversi. Abbiamo messo la forchetta sul piatto e aspettiamo. Che fine ha fatto sua madre? Ma Erna tace, di nuovo persa. Noi non sappiamo se continuare a mangiare o lasciar stare, sentendoci vagamente colpevoli.

«Vedo che avete smesso di mangiare. Anch'io non ho fame. Tanto vale togliere le tende.»

Erna sembra emergere da un altro mondo. La sua voce acquista un tono normale, quasi leggero. Intanto che Herbert paga il conto, mi prende sottobraccio e ci avviamo verso la macchina: vuol farci vedere la sua casetta. Lì, dice, ha alcuni album di fotografie. Dopo alcuni giri ci ritroviamo nel bel mezzo di quella colonia inglese che avevamo già intravisto al momento in cui eravamo andati a prenderla.

La cucina-soggiorno-ingresso ha due grandi divani rosa, carichi di cuscini variamente colorati. Giornali, roba di vario genere sul tavolo, per terra, sui divani. Si ha un senso di disordine, di sciatteria. Qui, dice, ha vissuto insieme al secondo marito, morto qualche anno prima. Era stato lui a volere quella casa, a volersi trasferire dall'Inghilterra nel Sud della Spagna.

Cerca di sgombrare uno dei divani; sposta giornali, libri e non so che carte per subito riprenderli, la testa altrove; resta un momento in mezzo alla stanza con le braccia cariche di roba, indecisa: chiaramente non sa che farsene. Infine appoggia tutto sul tavolo della cucina e ci invita a sederci. Ma

ne Härte spüren, jetzt, wo er eine zweite Familie hatte: Er hatte geheiratet und es war eine Tochter zur Welt gekommen, abgesehen vom Stiefsohn, der für ihn nur eine Last war, ein unerwünschtes Mehr. Verzeih mir Herbert, aber ich glaube, dass du es immer gewusst hast. Und er hat es dich spüren lassen, da bin ich mir sicher, bei dem Charakter, den er hatte. Ich fand ziemlich bald Arbeit, auch wegen der englischen Sprache. Englisch war mein Schicksal.«

Keiner von uns beiden wagt es sich zu rühren. Wir haben die Gabel auf den Teller gelegt und warten. Was ist mit ihrer Mutter geschehen? Aber Erna schweigt, erneut abwesend. Wir wissen nicht, ob wir weiter essen oder es bleiben lassen sollen, und fühlen uns irgendwie schuldig.

»Ich sehe, dass ihr zu essen aufgehört habt. Auch ich habe keinen Hunger. Also können wir unsere Zelte hier abbrechen.«

Erna scheint aus einer anderen Welt aufzutauchen. Ihre Stimme erlangt wieder einen normalen, beinahe leichten Tonfall. Während Herbert die Rechnung begleicht, hakt sie sich bei mir ein, und wir machen uns zum Auto auf: sie will uns ihr Zuhause zeigen. Dort, sagt sie, hat sie einige Fotoalben. Nach einigem Herumkurven befinden wir uns mitten in dieser englischen Siedlung, die wir bereits gesehen haben, als wir sie abholten.

In der Wohnküche stehen zwei große rosa Sofas voller bunter Kissen. Zeitschriften, Dinge verschiedenster Art auf dem Tisch, auf dem Boden, auf den Sofas. Man hat den Eindruck von Unordnung, Schlamperei. Hier, sagt sie, hat sie mit ihrem zweiten, vor einigen Jahren verstorbenen Mann gelebt. Er war es gewesen, der dieses Haus gewollt hatte, und von England nach Südspanien ziehen wollte.

Sie versucht eines der Sofas freizuräumen; räumt Zeitschriften, Bücher und wer weiß welche Papiere weg, um sie gleich wieder in die Hand zu nehmen, die Gedanken anderswo; sie bleibt einen Augenblick unentschlossen mit den Armen voller Zeug mitten im Raum stehen; offensichtlich weiß

continua a mettere ordine, cioè a spostare pile di giornali da un angolo all'altro della stanza, sempre più angosciata. Herbert, infine, la prega di lasciar stare e di sedersi con noi.

«James, come tutti gli inglesi, non ha avuto altro desiderio: il Sud, il sole. Per me non è mai stato importante, il sole. Così, appena in pensione, vendette la casetta che avevamo a Luton, mobili compresi, e senza neanche riflettere un momento ci trasferimmo qui. Una pazzia. Vivemmo due mesi in albergo finché trovò questa casa. Io sono sempre andata dove voleva lui e ho fatto più o meno quello che voleva lui. Per me andava bene tutto e poi era un uomo buono, fatto a modo suo.»

Quel James era, neanche a dirlo, un private detective, sempre con la pipa in bocca e la bottiglia di Whisky nel cassetto della scrivania, secondo la buona tradizione inglese. Beveva molto e volentieri, ma Erna, per via della sua regola, secondo la quale ogni essere umano ha diritto ad almeno un vizio, tollerava e accettava: a ognuno il suo. Lei fumava e inoltre si permetteva un secondo vizio: il gioco. Ma non lo considerava un vizio, dato che quello inglese è un popolo di scommettitori.

Il primo marito, invece, non aveva neanche un vizio: lo conobbe su una strada che da Vienna portava a Klagenfurt, nel '45, durante i due mesi di vagabondaggio in fuga dai russi.

«Coi russi non si scherzava, lo sapevano tutti, soprattutto noi ragazze. Ma neanche le vecchie erano al sicuro. Ne ho sentite tante di storie. Violenza sulle donne, sempre sulle donne. Gli uomini venivano uccisi sul posto, mentre a noi era riservato un trattamento speciale. A mia madre non hanno potuto far niente, i russi, è la mia unica consolazione.»

sie nicht, was sie damit machen soll. Schließlich legt sie alles auf dem Küchentisch ab und lädt uns ein, uns zu setzen. Aber sie fährt fort aufzuräumen, das heißt Zeitschriftenstapel von einer Ecke in die andere zu schieben, immer unruhiger. Herbert bittet sie schließlich, es bleiben zu lassen und sich zu uns zu setzen.

»James hatte wie alle Engländer keinen anderen Wunsch als den Süden, die Sonne. Für mich ist das nie wichtig gewesen: die Sonne. Deshalb hat er, sobald er in Rente war, das Haus verkauft, das wir in Luton besaßen, Möbel inbegriffen, und ohne einen Augenblick nachzudenken, zogen wir hierher. Eine Verrücktheit. Wir lebten zwei Monate im Hotel, bis wir dieses Haus fanden. Ich bin immer dorthin gegangen, wohin er wollte, und habe mehr oder weniger das gemacht, was er wollte. Mir war alles recht, und außerdem war er ein guter Mensch, auf seine Art.«

Dieser James war, kaum zu glauben, Privatdetektiv, immer mit der Pfeife im Mund und, nach guter alter englischer Tradition, mit einer Flasche Whisky in der Schreibtischschublade. Er trank viel und gerne, aber Erna tolerierte und akzeptierte es wegen einer ihrer Regeln, wonach jedem menschlichen Wesen mindestens ein Laster zustand: jedem das seine. Sie rauchte, und außerdem genehmigte sie sich ein weiteres Laster: das Spiel. Aber sie betrachtete es nicht als Laster, da die Engländer alle der Wettleidenschaft verfallen sind.

Der erste Ehemann hingegen hatte kein einziges Laster; sie lernte ihn 1945, während der zwei Monate ihres Vagabundierens auf der Flucht vor den Russen, auf einer Straße kennen, die von Wien nach Klagenfurt führt.

»Mit den Russen war nicht zu scherzen, das wussten alle, vor allem wir Mädchen. Aber nicht einmal die Alten waren vor ihnen sicher. Ich habe darüber viele Geschichten gehört. Gewalt an Frauen, immer an den Frauen. Die Männer wurden auf der Stelle erschossen, während uns eine Sonderbehandlung vorbehalten war. Meiner Mutter konnten sie

Fra una sigaretta e l'altra, infilata con rabbia repressa nel bocchino di osso, che dopo due o tre tirate profonde spiaccica con impazienza nel portacenere già colmo di cicche, comincia un racconto confuso che chiaramente la mette ancora in agitazione.

All'inizio di aprile i russi erano già alle porte di Vienna. I bombardamenti si susseguivano quasi senza interruzione; alcuni disperati cercavano ancora di opporre resistenza all'avanzata dell'Armata Rossa. Gli ultimi resti della Wehrmacht, ragazzi e veterani, si asserragliavano lungo il *Donaukanal* ed era proprio lì che abitava lei, insieme alla madre. Di ritorno dal lavoro, una ragazza incontrata per strada, la stessa con la quale poi intraprese la grande fuga, l'avvertì che venivano saccheggiati dei magazzini di stoffa, e la spronò ad andare con lei ad arraffare qualcosa. In quel momento una forte esplosione fece saltare un ponte sul canale. Dall'altra parte era chiaramente visibile la casa dove abitavano le madri con i figli di sangue misto. Ebbe giusto il tempo di girarsi per vedere una grande esplosione: proprio quel palazzo. Centrato in pieno. Fiamme, fumo e niente altro. La ragazza la tirò via mentre lei gridava, fuori di sé. Voleva correre a vedere, cercare fra le macerie la madre, il corpo della madre. Ma la ragazza, più ragionevole, la costrinse ad andare con lei, a nascondersi, prima che arrivassero i soldati. E poi mancava il ponte.

Correvano di notte, e di giorno dormivano in buchi, in fogne, in case mezzo distrutte dalla guerra. Lungo la strada, dopo un mese o due di vagabondaggio, una jeep le raggiunse e le bloccò. Erano inglesi e l'ufficiale, così racconta lei, si innamorò subito di quella ragazzina lacera e disperata. Lei aveva quindici anni ed era stanca e affamata. Lui vicino ai quaran-

nichts antun, die Russen, das ist mein einziger Trost.«

Zwischen der einen und der anderen Zigarette, die sie voller Zorn in ihre beinerne Zigarettenspitze steckt, und die sie nach zwei oder drei tiefen Zügen im Aschenbecher, bereits voller Kippen, ausdrückt, beginnt sie mit einer konfusen Erzählung, die sie ganz offensichtlich immer noch aufregt.

Anfang April standen die Russen schon vor den Toren Wiens. Die Bombardierungen erfolgten beinahe ununterbrochen; einige Verzweifelte versuchten immer noch dem Vormarsch der Roten Armee Widerstand entgegenzusetzen. Die letzten Reste der Wehrmacht, Buben und Alte, verschanzten sich längs des Donaukanals, und gerade dort wohnte sie mit ihrer Mutter. Von der Arbeit zurück, machte sie ein Mädchen, das sie auf der Straße getroffen hatte, dasselbe, mit dem sie dann die große Flucht unternahm, darauf aufmerksam, dass die Stofflager geplündert würden, und überredete sie dazu, mit ihr zu kommen, um auch etwas zusammenzuraffen. In diesem Augenblick sprengte eine starke Explosion eine Brücke des Donaukanals in die Luft. Auf der anderen Seite konnte man ganz deutlich das Haus sehen, in dem die Mütter mit den Kindern aus Mischehen wohnten. Sie hatte gerade noch Zeit sich umzudrehen, um eine große Explosion zu sehen: genau dieses Gebäude. Volltreffer. Flammen und Rauch und nichts weiter. Das Mädchen zog sie weg, während sie, außer sich, schrie. Sie wollte laufen und nachsehen, die Mutter in den Trümmern suchen, den Körper der Mutter. Aber das Mädchen, viel vernünftiger, zwang sie mit ihm zu gehen, sich zu verstecken, bevor die Soldaten kamen. Außerdem war die Brücke nicht mehr vorhanden.

Sie liefen nachts und schliefen tagsüber in Löchern, in Abwasserkanälen, in vom Krieg halb zerstörten Häusern. Unterwegs, nach einem oder zwei Monaten des Vagabundierens, wurden sie von einem Jeep eingeholt und angehalten. Es waren Engländer, und der Offizier, so erzählt sie, verliebte sich sofort in dieses zerrissene und verzweifelte Mäd-

ta.

Fu il suo primo marito, un matrimonio di breve durata, per lei importante perché le permetteva di lasciare Graz e tutto quanto aveva a che fare con la sua vita passata. Sperava di andare subito in Inghilterra.

Ho il cattivo gusto di chiederle se si fosse innamorata anche lei dell'ufficiale inglese.

Erna mi guarda un momento e io avrei voluto inghiottire la mia stupida domanda, così inopportuna, fuori posto.

«L'amore in tempo di guerra non ha niente a che fare con l'amore che conoscete voi: io, rifiutata da mio padre, dai miei nonni paterni, dalla società a cui credevo di appartenere, venivo accettata da un ufficiale inglese che voleva anche sposarmi! Puoi capire questo? Dopo le mille umiliazioni subite, le offese, le privazioni di ogni genere e la perdita dell'unica persona al mondo?... Io ero grata. Quell'uomo mi restituiva la speranza, la fiducia in me, il rispetto di me: non so se puoi capire tutto questo. Io ero pronta a tutto pur di non scontentarlo, e devo ammetterlo, pur di lasciare al più presto quel luogo, quella gente, mio padre.»

Le nozze furono celebrate molto alla svelta, giusto il tempo per preparare i documenti, anche perché il padre era felice di liberarsi di quel nuovo peso, di quella continua accusa.

Ma il marito fu trasferito in Germania, non si faceva problemi sul luogo, lui, e inoltre aveva dei doveri verso il suo esercito. Erna vide crollare la speranza di iniziare una nuova vita, lontana da quella gente, dagli occhi di quella gente, gli stessi di prima, che aveva temuto, che ancora evitava di incontrare per non essere scoperta, denunciata. La guerra era finita, non l'antisemitismo. Ancora c'era chi dava la colpa di

chen. Sie war fünfzehn und müde und hungrig. Er nahe an die vierzig.

Er war ihr erster Mann, eine Ehe von kurzer Dauer, wichtig für sie, weil sie ihr ermöglichte Graz zu verlassen und all das, was mit ihrem vergangenen Leben zu tun hatte. Sie hoffte sofort nach England gehen zu können.

Ich habe die unpassende Idee, sie zu fragen, ob auch sie sich in den englischen Offizier verliebt hatte.

Erna sah mich einen Augenblick an, und ich hätte meine dumme, dermaßen unangebrachte Frage am liebsten verschluckt.

»Die Liebe in Kriegszeiten hat nichts mit der Liebe zu tun, die ihr kennt; ich, zurückgewiesen von meinem Vater, von meinen Großeltern väterlicherseits, von der Gesellschaft, der ich anzugehören glaubte, wurde von einem englischen Offizier akzeptiert, der mich auch noch heiraten wollte! Kannst du das verstehen? Nach den tausend erlittenen Kränkungen, jeder Art von Entbehrungen, und dem Verlust des einzigen Menschen auf der Welt ... Ich war dankbar. Dieser Mann gab mir die Hoffnung wieder, das Vertrauen in mich, den Respekt vor mir; ich weiß nicht, ob du das alles verstehen kannst. Ich war zu allem bereit, nur um ihn nicht zu enttäuschen, und, ich muss es zugeben, um jenen Ort so schnell wie möglich zu verlassen, jene Leute, meinen Vater.«

Die Hochzeit wurde in aller Eile gefeiert, gerade Zeit genug, um die Dokumente vorzubereiten, auch weil der Vater froh war, diese neue Last, diese fortwährende Anklage loszuwerden.

Aber ihr Mann wurde nach Deutschland versetzt, ihm machte das nichts aus, ihm nicht, schließlich hatte er Verpflichtungen seiner Armee gegenüber. Erna sah ihre Hoffnung, ein neues Leben beginnen zu können zusammenbrechen, weit weg von jenen Leuten, von den Blicken jener Leute, dieselben wie früher, dieselben, die sie gefürchtet hatte, die zu treffen sie immer noch vermied, um nicht entdeckt,

tutta quella tragedia agli ebrei, e lei lo aveva sentito con le sue orecchie, una volta, mentre aspettava alla fermata del tram insieme a un gruppo di donne. Era scappata via, un nodo alla gola e una grandissima voglia di gridare. Il marito, a cui aveva raccontato l'accaduto, non aveva reagito, forse non valutando la portata di quella frase.

Decisa a non restare in Germania, col consenso del marito andò a Londra e cercò un lavoro: appena ventenne, con una buona conoscenza dell'inglese, bella, traboccante di voglia di vivere, non le fu difficile trovare un impiego.

Non molto tempo dopo conobbe quello che poi sarebbe diventato il suo secondo marito.

Le chiedo, questa volta sperando di non fare una nuova gaffe, se si considera ebrea o cristiana, dato che fu battezzata alla nascita e i due genitori erano anche loro cristiani.

Un ultimo sguardo sorpreso: lei non si è mai considerata ebrea o cristiana, ha negato la necessità di appartenere a una religione.

«Per credere in Dio non è necessario un intermediario. In tutti questi anni non è passato giorno senza che non mi sia chiesta il senso di tutte queste credenze, usanze, riti. Per me Dio è ovunque, in noi e fuori di noi. Non ho bisogno di un prete né di un rabbino e tanto meno di una chiesa per mettermi in comunicazione con Lui. Non è stato facile mantenere la Fede, soprattutto in quegli anni, ma mia madre me l'ha bene inculcata nel cuore; dico cuore, perché nel cervello è difficile avere fede in chi in realtà ti lascia sola. Sola. Spesso neanche con te stessa. Dio non mi ha mai aiutato, non ha mai aiutato nessuno. Forse non può farlo. Non rientra nei

angezeigt zu werden. Der Krieg war vorbei, nicht aber der Antisemitismus. Es gab noch solche, die den Juden die Schuld an dieser Tragödie gaben, sie hatte es mit ihren eigenen Ohren gehört, einmal, während sie an der Straßenbahnhaltestelle mit einer Gruppe von Frauen wartete. Sie war fortgelaufen, mit einem Knoten im Hals und einem großen Verlangen zu schreien. Der Ehemann, dem sie das Vorgefallene erzählte, reagierte nicht, vielleicht die Tragweite dieses Vorfalls nicht erkennend.

Entschlossen, nicht in Deutschland zu bleiben, ging sie mit Erlaubnis ihres Mannes nach London und suchte Arbeit. Gerade einmal zwanzigjährig, mit guten Englischkenntnissen, schön, vor Lebenslust überschäumend, war es nicht schwer für sie, eine Anstellung zu finden.

Nicht viel später lernte sie den kennen, der ihr zweiter Mann werden sollte.

Ich frage sie, und hoffe dieses Mal in kein Fettnäpfchen zu treten, ob sie sich als Jüdin oder Christin fühlt, da sie bei ihrer Geburt getauft worden war, und eigentlich auch beide Eltern Christen gewesen waren.

Ein letzter überraschter Blick; sie habe sich nie als Christin oder Jüdin betrachtet, habe die Notwendigkeit einer Religion anzugehören immer verneint.

»Um an Gott zu glauben, braucht es keinen Vermittler. In all diesen Jahren ist kein Tag vergangen, an dem ich mich nicht nach dem Sinn dieser Bräuche, Riten und dem Glauben, gefragt habe. Für mich ist Gott überall, in uns und um uns. Ich brauche keinen Priester, keinen Rabbi und noch weniger eine Kirche, um mich mit ihm in Verbindung zu setzen. Es war nicht leicht, den Glauben zu bewahren, vor allem in jenen Jahren, aber meine Mutter hat ihn mir gut ins Herz eingepflanzt; ich sage ins Herz, weil man im Kopf schwer an jemanden glauben kann, der einen im Stich lässt. Allein. Manchmal nicht einmal mit mir selbst. Gott hat mir nie geholfen, er hat nie jemandem geholfen. Vielleicht kann er es

Suoi compiti. Solo gli uomini possono aiutare gli altri uomini e Lui non è un uomo. È al di fuori di tutto, al disopra di noi. Immortale, non conosce la morte, la sofferenza dei mortali. Con tutto ciò resta per me l'unico legame, l'unico filo di congiunzione con mia madre. La fede in Dio è l'unica eredità, la sola cosa che mi ha lasciato.»

nicht. Vielleicht gehört es nicht zu seinen Aufgaben. Nur Menschen können anderen Menschen helfen, und er ist kein Mensch. Er ist jenseits von allem, über uns. Unsterblich, kennt den Tod nicht, die Leiden der Sterblichen. Bei alledem bleibt er die einzige Verbindung, die einzige Verbindungsschnur zu meiner Mutter. Der Glaube in Gott ist das einzige Erbe, das Einzige, das sie mir hinterlassen hat.«

Erna im Alter von 17 Jahren
Erna a 17 anni

Sulle tracce di una generazione perduta

Frammenti di una biografia

Da qualche tempo sento di essere in debito verso una persona: Hans Albala. Le notizie, assai poche, ricevute da H.Z. suo amico e collaboratore non sono sufficienti per farne un ritratto completo, per delinearne la personalità, le vicende della sua vita, assai complesse e tipiche del suo tempo. Penso sia necessario almeno rivisitare i luoghi in cui visse, e decido di andare a Vienna per fare una ricerca il più possibile capillare, non prevedendo le difficoltà cui sarei andata incontro.

Per prima cosa ho dato uno sguardo in internet e con mia grandissima sorpresa scopro il suo nome nella lista degli occupanti un campo di lavoro austriaco. Non sapevo della sua appartenenza alla comunità ebraica. Credo nessuno, con qualche eccezione, sapesse niente del suo passato: la parola ebreo nella casa della Jacquingasse, dove l'ho anche conosciuto negli anni '60, non venne mai pronunciata.

Si trattava di una lista di ebrei per la maggior parte spediti subito dopo in vari campi di sterminio, mentre di lui restava solo il nome, senza la data di morte, come per quasi tutti gli altri prigionieri. Già aver letto il suo nome in mezzo a tanti altri, tutti sconosciuti, tutti morti di morte violenta, è stato sconvolgente. Mai lo avrei immaginato in tale contesto.

Auf den Spuren einer verlorenen Generation

Fragmente einer Biografie

Seit einiger Zeit fühle ich, einer Person etwas schuldig geblieben zu sein: Hans Albala. Die sehr spärlichen Angaben, die ich von H.Z. seinem Freund und Mitarbeiter, erhalten habe, reichen nicht aus, um ein komplettes Bild seines Lebens zu zeichnen, um die Persönlichkeit und die ziemlich verworrenen, für seine Zeit typischen Ereignisse zu umreißen. Ich finde, dass zumindest die Rückkehr an jene Orte notwendig ist, an denen er gelebt hat, und beschließe nach Wien zu fahren, um mich auf eine, so weit möglich, kapillare Suche zu machen, ohne zu ahnen, welchen Schwierigkeiten ich begegnen würde.

Fürs Erste habe ich einen Blick ins Internet geworfen und, zu meiner riesengroßen Überraschung, finde ich seinen Namen auf der Liste der Insassen eines österreichischen Arbeitslagers. Ich wusste nichts von seiner Zugehörigkeit zur jüdischen Gemeinde. Niemand, von wenigen Ausnahmen abgesehen, glaube ich, wusste etwas von seiner Vergangenheit: das Wort Jude wurde im Haus in der Jacquingasse, wo ich ihn in den sechziger Jahren kennengelernt habe, nie ausgesprochen.

Es handelt sich um eine Liste von Juden, zum Großteil kurz darauf in die verschiedenen Vernichtungslager verschickt, von ihm nur sein Name, ohne Sterbedatum, wie sonst bei fast allen anderen Gefangenen. Schon allein seinen Namen zwischen all den anderen, mir unbekannten gelesen zu haben, alle eines gewaltsamen Todes gestorben, war erschütternd. Nie hätte ich erwartet ihn in einem solchen Zusammenhang zu finden.

Arrivata a Vienna, penso che il primo e migliore indirizzo sia il Museo ebraico della Dorotheergasse.

Il portiere mi blocca subito con molta durezza: ho un appuntamento con qualcuno... il nome della persona... e di che cosa voglio parlare? A lui non è permesso fare nomi. Mi da solo un numero di telefono. Una voce femminile, piuttosto scostante, dopo aver chiesto cosa voglio, mi passa a una persona che secondo lei potrebbe aiutarmi. Questa, dopo qualche breve informazione su di me e il motivo della mia visita, mi chiede da dove sto telefonando. Sono ancora all'ingresso del Museo e con estrema gentilezza mi invita a salire da lei, dato che il suo ufficio si trova nello stesso stabile, solo qualche piano di sopra. Il portiere viene avvertito di lasciarmi passare.

Devo aggiungere che ogni volta che ho chiesto di parlare con qualcuno della comunità ebraica e in qualsiasi istituzione, la reazione è stata sempre uguale: prima una particolare atmosfera di allarme e subito dopo, chiarite le cose, un'accoglienza cordiale, direi quasi amichevole.

Ma il primo impatto è stato sempre problematico.

La signora che mi riceve, alta, ben costruita, assai disponibile, mi trattiene quasi un'ora. Mai ho incontrato un essere come lei, latte e miele, così bionda da farmi sospettare lo sia anche di dentro... una strana idea, anche perché non so se sia possibile essere biondi anche nell'anima, ma questa donna è indubbiamente il primo esempio di un essere biondo, sia esternamente che internamente. E della bionda ha la morbidezza, la delicatezza e una grandissima cortesia; forse per la prima volta mi pongo la domanda del perché gli angeli vengano spesso dipinti biondi: si tratta di una purezza che nel colore bruno è difficile riconoscere? Tutte deduzioni pri-

In Wien angekommen, denke ich mir, dass die erste und beste Adresse das jüdische Museum in der Dorotheergasse sein dürfte.

Der Portier blockt mich sofort ab, sehr bestimmt: ob ich eine Verabredung mit jemandem hätte ... den Namen der Person ... und, worüber ich reden wolle? Ihm sei es nicht gestattet Namen zu nennen. Er gibt mir nur eine Telefonnummer. Eine Frauenstimme, ziemlich abweisend, verweist mich, nachdem sie mich gefragt hat, was ich wolle, an eine Dame, die mir, ihrer Meinung nach, weiterhelfen könne. Diese fragt mich, nach einigen Kurzinformationen über mich, nach dem Grund meines Besuchs, und von wo aus ich anriefe. Ich bin noch am Eingang des Museums und mit größter Höflichkeit lädt sie mich ein, zu ihr hochzukommen, da sich ihr Büro im selben Gebäude, einige Stockwerke höher befindet. Der Hauswart wird angewiesen mich passieren zu lassen.

Ich muss hinzufügen, dass, immer wenn ich gebeten habe, mit jemanden von der jüdischen Gemeinde zu sprechen, die erste Reaktion immer dieselbe war: zuerst ein Alarmzustand, und gleich darauf, nach Klärung der Umstände, ein freundlicher Empfang, ich würde sagen beinahe freundschaftlich.

Der erste Kontakt aber war immer problematisch.

Die Frau, die mich empfängt, groß, gut gebaut, ziemlich entgegenkommend, widmet mir fast eine Stunde. Noch nie bin ich einem Wesen wie ihr begegnet, Milch und Honig, so blond, dass mir der Verdacht kommt, sie könnte es auch innen sein ... eine komische Vorstellung, auch weil ich nicht weiß, ob es möglich ist, auch eine blonde Seele zu haben, aber diese Frau ist zweifellos das erste Beispiel eines äußerlich wie innerlich blonden Wesens. Und von der Blondheit hat sie das Weiche, das Feine und eine sehr große Höflichkeit; ich stelle mir vielleicht zum ersten Mal die Frage, warum Engel häufig blond abgebildet werden: handelt es sich um eine Reinheit, die mit dunkler Haarfarbe schwer zu ver-

ve di fondamento, lo so.
Non può darmi alcuna informazione ma diversi consigli, a prima vista assai preziosi. Purtroppo la maggior parte si rivelano sbagliati, non certo per cattiva volontà, ma per disinformazione.

Il primo passo da fare, in ogni caso, è l'Archivio della Resistenza austriaca (*Dokumentation und Archiv des Österreichischen Widerstands*) situato nel palazzo del Vecchio Municipio.

Vienna credo oggi sia una delle città più calde d'Europa. Ma non soltanto il caldo è opprimente. L'umidità deve aver raggiunto valori altissimi, infatti sembra di trovarsi in una sauna: i muri dei palazzi trasudano calore; i palazzi della Vienna imperiale, in buonissima parte restaurati, nella luce di quell'agosto di fuoco splendono di una bellezza mai sospettata prima. Non dimentico gli anni, assai lunghi, in cui la città era coperta da uno spesso strato di polvere, di smog, e dal sudiciume di un secolo che di sudiciume ne ha prodotto tanto. Vienna, una città che esplode in una nuova gioia di vivere, di quella vita della fine del XIX secolo, ancora un mito nella memoria, soprattutto letteraria, e ora riscoperta in tutta la sua magnificenza. Una città stupenda, la più bella, la più luminosa e in questi giorni di certo la più calda; così diversa da quella degli anni Sessanta, depressa, provinciale, ancora tanto vicina al primo e secondo dopoguerra, quando nel resto dell'Europa la tragedia nazista sembrava un brutto ricordo relegato ormai soltanto nei libri di storia.

Nel vecchio Municipio trovo l'ufficio giusto. Anche qui impossibile entrare: bisogna mostrare il passaporto, depositare la borsa in un armadietto, specificare il motivo della visita, firmare una dichiarazione, ecc. Finalmente posso andare

einbaren ist? Alles Folgerungen ohne Grundlage, ich weiß.

Sie kann mir keinerlei Informationen, dafür aber verschiedene, auf den ersten Blick ziemlich wertvolle Ratschläge geben. Leider wird sich der Großteil davon als falsch herausstellen, sicher nicht in böser Absicht, sondern aus Unkenntnis.

Mein erster Schritt führt mich ins Dokumentationszentrum des österreichischen Widerstands, das sich im Gebäude des alten Rathauses befindet.

Wien scheint heute eine der heißesten Städte Europas zu sein. Nicht nur die Hitze ist erdrückend, die Luftfeuchtigkeit muss Höchstwerte erreicht haben, und man glaubt sich in einer Sauna zu befinden: die Mauern der Gebäude schwitzen Wärme aus; die Paläste des kaiserlichen Wien, zum größten Teil restauriert, leuchten im Licht dieses feurigen August in nie zuvor vermuteter Schönheit. Ich vergesse die ziemlich langen Jahre nicht, während derer die Stadt von einer dicken Schicht Staub, Smog und Schmutz eines Jahrhunderts bedeckt war, das eine Menge Dreck produziert hat. Wien, eine Stadt, die in neuer Lebensfreude explodierte, der des ausgehenden neunzehnten Jahrhunderts, immer noch ein Mythos in den vor allem literarischen Erinnerungen, und jetzt in seiner ganzen Großartigkeit wiederentdeckt. Eine wunderbare Stadt, die schönste, die hellste und in diesen Tagen sicher die heißeste; so anders als jene der sechziger Jahre, bedrückend, provinziell, der ersten wie der zweiten Nachkriegszeit noch so nahe, als im Rest Europas die Tragödie des Nationalsozialismus bereits eine schlimme Erinnerung zu sein schien, die mittlerweile nur mehr in den Geschichtsbüchern Platz findet.

Im alten Rathaus finde ich das richtige Büro. Auch hier Eintritt unmöglich: man muss den Pass vorweisen, die Handtasche in einen Schrank legen, den Grund des Besuches angeben, eine Erklärung unterschreiben und so weiter. Endlich

alla ricerca della segreteria. Un giovanotto, molto gentile mi dice che l'incartamento che riguarda Hans Albala non può darlo perché segreto! Devo tornare di mattina, quando c'è la direttrice. Solo lei può decidere se farmi vedere i documenti oppure no. Uscendo la portinaia mi chiede se ho avuto successo e poi, ammiccando, aggiunge di avere un'informazione assai calda (la sua frase fu: *ein heisser Tipp*) e cioè di rivolgermi alla comunità ebraica (*Israelitische Kultusgemeinde*), da un certo Dr. Eckstein, l'unico a sapere veramente tutto.

Vado in giro per Vienna e cerco la Jacquingasse, l'ultimo indirizzo conosciuto di Hans Albala, di fronte al Giardino Botanico. Rivedo il balcone, il portoncino d'ingresso. È qui che l'ho incontrato per la prima volta, nel lontano 1965.

Il mattino dopo, di buon'ora mi ritrovo davanti al vecchio Municipio; ormai conosco la strada, so dove andare e la portinaia, non più la stessa del giorno precedente, ma evidentemente avvertita, mi lascia passare, non prima però di avermi fatto firmare la solita dichiarazione, pregandomi inoltre di spegnere il cellulare e di chiudere la mia borsa nel solito armadietto.

Qui trovo la Dr. K. subito pronta a darmi tutte le informazioni possibili. Anche qui, pur se in forma diversa (e la signora è una bruna) ritrovo la cortesia che ho incontrato al Museo, una grande serietà ma soprattutto l'interesse per la persona di Hans Albala e forse per chiunque altro abbia subito le persecuzioni naziste. Non sa trattenersi dall'aggiungere che quelli del Museo ebraico non hanno nessuna idea di niente, di non dar seguito alle loro indicazioni... non senza una punta di ironia.

Dopo qualche minuto ho in mano l'incartamento nr. 7505. Ho il permesso di aprirlo e leggere: vedo subito la

darf ich mich auf die Suche nach dem Sekretariat machen. Ein junger Mann, sehr freundlich, sagt mir, dass er mir das Hans Albala betreffende Aktenbündel nicht aushändigen darf, weil unter Verschluss! Ich solle am Vormittag wiederkommen, wenn die Direktorin da ist. Nur sie kann entscheiden, ob ich die Dokumente sehen darf oder nicht. Beim Hinausgehen fragt mich die Pförtnerin, ob ich Erfolg gehabt hätte, und augenzwinkernd fügt sie hinzu, dass sie einen ziemlich heißen Tipp für mich habe, und zwar, solle ich mich bei der israelitischen Kultusgemeinde an einen gewissen Dr. Eckstein wenden, dem einzigen, der wirklich alles wisse.

Ich schlendere durch Wien und suche die Jacquingasse, die letzte mir bekannte Anschrift Hans Albalas, gegenüber dem botanischen Garten. Ich erkenne den Balkon wieder und die kleine Eingangspforte. Es war hier, wo ich ihm im fernen Jahr 1965 zum ersten Mal begegnet bin.

Am Morgen darauf, zu früher Stunde, stehe ich vor dem alten Rathaus, mittlerweile kenne ich den Weg, weiß wohin und die Pförtnerin, nicht mehr die vom Vortag, aber offensichtlich von meinem Kommen benachrichtigt, lässt mich ein, nicht ohne mich vorher die übliche Erklärung unterschreiben zu lassen und mich außerdem aufzufordern, das Handy auszuschalten und die Handtasche wie üblich in dem kleinen Schrank einzuschließen.

Hier treffe ich Frau Doktor K., sofort bereit mir alle verfügbaren Informationen zu geben. Auch hier treffe ich, wenn auch in anderer Form (die Frau ist brünett), auf die Höflichkeit, der ich bereits im Museum begegnet bin, eine große Ernsthaftigkeit, vor allem aber das Interesse für die Person Hans Albala, und vielleicht jeden anderen, der die nationalsozialistische Verfolgung erleiden musste. Sie konnte es sich nicht verkneifen, mit einer Spur Ironie hinzuzufügen, dass die vom jüdischen Museum von nichts eine Ahnung hätten, dass ich nicht ihren Hinweisen nachgehen solle ...

Einige Minuten danach halte ich das Aktenbündel Nr. 7505 in den Händen. Ich habe die Erlaubnis es zu öffnen

fotografia di Hans Albala da giovane e sento un tuffo al cuore, la sua calligrafia, la dichiarazione di essere stato internato a motivo della sua appartenenza alla comunità ebraica nei campi di Eisenerz, Traunkirchen e Mitterweißenbach. Di averne ricevuto danni alla spina dorsale con gravi conseguenze per la sua salute. Nessun accenno ai danni morali. Per motivi razziali, inoltre non gli era stato permesso dare l'esame di maturità. La data è del 31 marzo 1947.
Seguono altre indicazioni forse di secondaria importanza.

Mi sembra di gettare uno sguardo indiscreto nella vita privata di un giovane, allora ventottenne, in tutta la miseria e vulnerabilità di chi, sbandato dopo la guerra, cerca aiuto e forse riabilitazione da quello stesso Stato che ha permesso una tale vergogna.

Adesso penso soltanto di proseguire le ricerche seguendo il consiglio di andare nel centro della comunità ebraica: lì devono avere tutte le informazioni che cerco.

Costruita nel 1826 in stile neoclassico, si trova, come tutte le Sinagoghe, all'interno di un palazzo: le case di culto non cristiane non potevano avere l'ingresso direttamente dalla strada. Non lo sapevo. Ne sono indignata. Questa particolarità e anche l'essere inserita in un contesto di palazzi tutti troppo vicini, la risparmiò dalla furia delle fiamme che nella *Kristallnacht*, nel novembre del 1938 distrusse ben 24 Sinagoghe. Il palazzo, allora abitato da privati, ora è stato adibito a centro culturale della comunità israelita di Vienna.

All'ingresso mi aspetta una specie di visitazione quasi corporale come si usa da qualche anno in tutti gli aeroporti internazionali; tre giovanottoni, chiaramente provenienti da

und darin zu stöbern: ich sehe sofort eine Fotografie Hans Albalas als jungen Mann, und spüre mein Herz schneller schlagen; seine Handschrift, die Erklärung wegen seiner Zugehörigkeit zur jüdischen Gemeinde in den Lagern Eisenerz, Traunkirchen und Mitterweißenbach interniert gewesen zu sein, und Schaden an der Wirbelsäule genommen zu haben, mit schweren gesundheitlichen Folgen. Kein Hinweis auf psychische Schäden. Aus Rassegründen wurde ihm zudem die Ablegung der Matura untersagt. Das angegebene Datum: 31. März 1947. Es folgen weitere, vielleicht zweitrangige Hinweise.

Ich habe das Gefühl, einen indiskreten Blick in das Privatleben eines jungen, damals achtundzwanzigjährigen Mannes zu werfen, auf das ganze Elend und die Verwundbarkeit dessen, der nach dem Krieg entwurzelt Hilfe sucht, vielleicht Rehabilitierung vom selben Staat erwartet, der eine derartige Schande zugelassen hat.

Nun drängt es mich nur noch mehr, meine Nachforschungen voranzutreiben, indem ich dem Rat, mich an die jüdische Gemeinde zu wenden, folge: dort müssen sie alle Informationen haben, die ich suche.

1826 im neoklassischen Stil erbaut, befand sie sich wie alle Synagogen im Inneren eines Gebäudes; die nichtchristlichen Kultstätten durften keinen Zugang direkt von der Straße haben. Ich wusste es nicht. Ich bin empört. Diese Besonderheit aber und auch die Tatsache, dass sie in einen Kontext von Gebäuden eingefügt ist, die alle aneinander gebaut sind, hat sie vor den Flammen bewahrt, die in der Kristallnacht im November 1938, in Wien 24 Synagogen vernichtet haben. Das Gebäude, damals ein Wohnhaus, wird jetzt als Kulturzentrum der israelitischen Kultusgemeinde Wien genutzt.

Am Eingang erwartet mich eine Art Leibesvisitation, wie sie seit einigen Jahren an allen internationalen Flughäfen üblich ist; drei kräftige, schwarz gekleidete junge Burschen,

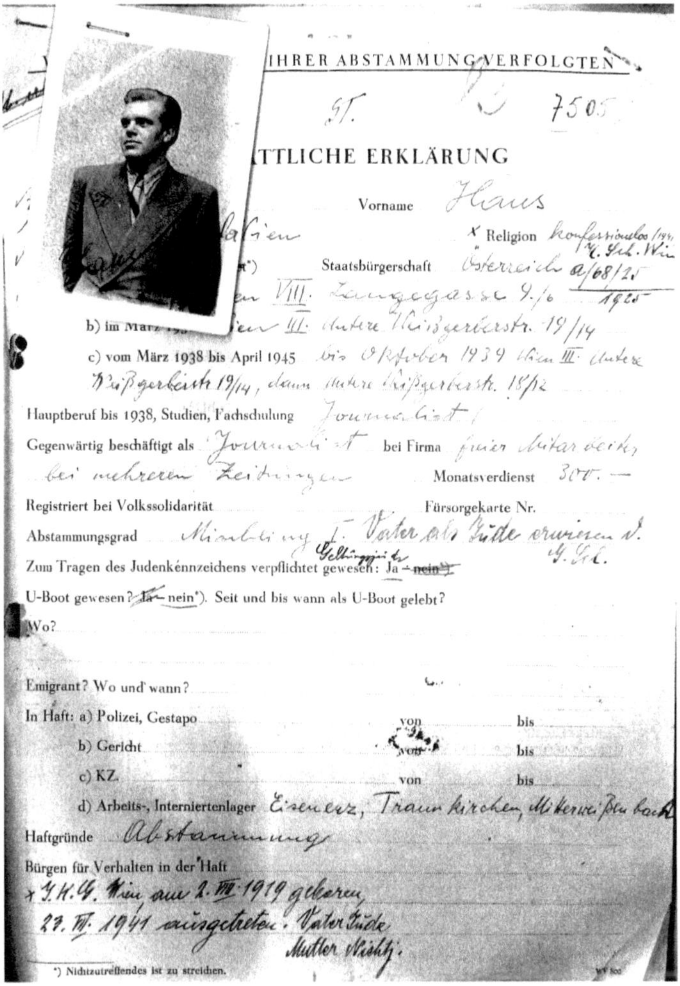

IHRER ABSTAMMUNG VERFOLGTEN

ST. 7505

…TTLICHE ERKLÄRUNG

Vorname Hans

…Wien … Religion konfessionslos …

…*) Staatsbürgerschaft Österreich …

…Wien VIII. Langegasse 9/6 … 1925

b) im März … Wien III. Untere Weißgerberstr. 19/14

c) vom März 1938 bis April 1945 bis Oktober 1939 Wien III. Untere Weißgerberstr. 19/14, dann untere Weißgerberstr. 18/12

Hauptberuf bis 1938, Studien, Fachschulung Journalist

Gegenwärtig beschäftigt als Journalist bei Firma freier Mitarbeiter bei mehreren Zeitungen Monatsverdienst 300.—

Registriert bei Volkssolidarität Fürsorgekarte Nr.

Abstammungsgrad Mischling I. Vater als Jude erwiesen …

Zum Tragen des Judenkennzeichens verpflichtet gewesen: Ja – nein*)

U-Boot gewesen? Ja – nein*). Seit und bis wann als U-Boot gelebt?

Wo?

Emigrant? Wo und wann?

In Haft: a) Polizei, Gestapo von bis

b) Gericht von bis

c) KZ von bis

d) Arbeits-, Interniertenlager Eisenerz, Traunkirchen, Mitterweißenbach

Haftgründe Abstammung

Bürgen für Verhalten in der Haft

*) Nichtzutreffendes ist zu streichen.

Erklärung Hans Albalas um als rassisch Verfolgter anerkannt zu werden

Dichiarazione di Hans Albala per accertare la sua posizione di perseguitato razziale

Dokumentationszentrum des österreichischen Widerstands.

Israele (parlano ebraico e inglese), vestiti di nero, mi chiedono con molta durezza cosa cerco. Uno di loro, forse il solo, parla tedesco, con un fortissimo accento viennese.

«Was wollen Sie?» (cosa vuole?).

Io cerco di spiegare, un poco intimidita dal tono, dall'atteggiamento chiaramente ostile: non so degli attentati che sono stati fatti proprio qui, nel 1979, senza vittime e nel 1981 in cui due palestinesi entrarono nel Tempio durante la cerimonia del Sabbat buttando bombe a mano e sparando sulla folla. Ci furono due morti e 21 feriti in parte molto gravi. Tutte notizie che ho ricavato tempo dopo e che spiegano le precauzioni ancora necessarie.

Devo consegnare la mia borsa che viene sistematicamente svuotata, passare attraverso una porta blindata dove penso possono vedere se ho addosso qualcosa di pericoloso, credo qualcosa come i Raggi X, finché mi lasciano passare. Altre porte si aprono e si chiudono alle mie spalle, solo a un segnale proveniente dalla portineria. Infine sono dentro, cerco e trovo la persona addetta all'archivio. Il Magister Eckstein, uomo indaffaratissimo, cortese, pronto ad aiutarmi, con in testa date di nascite, morti, matrimoni e nomi, nomi, nomi di migliaia di persone scomparse, deve avere una cinquantina di anni. Ha il classico viso del viennese smaliziato, che ha visto tanto nel corso della sua vita. Sembra essere al di sopra di tutte le miserie che è costretto a seguire giorno per giorno sui documenti che gli passano per le mani, senza mai perdere un particolare senso dell'umorismo che lo rende del tutto accattivante. Mi piace subito anche per il suo modo di trattarmi, quasi mi conoscesse da tempo; anzi sembra che quel giorno non abbia fatto altro che aspettare di vedermi per darmi tutte le informazioni possibili su Hans Albala e famiglia! Mi porta vecchi registri scritti a mano, pesanti, difficili da sollevare, le pagine mezzo consumate dall'uso. Io li

eindeutig Israelis (sie sprechen hebräisch und englisch), fragen mich sehr schroff, was ich hier suche. Einer von ihnen, vielleicht nur dieser eine, spricht deutsch mit sehr starkem Wiener Akzent.

»Was wollen Sie?«

Etwas eingeschüchtert vom Ton, von der eindeutig feindseligen Haltung, versuche ich es ihnen zu erklären; ich weiß nichts von den Anschlägen, die gerade hier stattgefunden haben, 1979 ohne Opfer, und 1981, als zwei Palästinenser während der Zeremonie des Sabbat in den Tempel eindrangen, Handgranaten warfen und in die Menge schossen; es gab zwei Tote und einundzwanzig teilweise sehr schwer Verletzte. Alles Informationen, die ich erst später erhielt, und die die immer noch notwendigen Schutzmaßnahmen erklären.

Ich muss meine Handtasche, die systematisch geleert wird, abgeben und muss durch eine gepanzerte Tür, wo sie, denke ich mir, sehen können, ob ich etwas Gefährliches bei mir habe, wahrscheinlich so etwas wie Röntgenstrahlen, dann lassen sie mich durch. Andere Türen öffnen und schließen sich hinter meinem Rücken, auf ein Signal hin, das von der Pförtnerloge kommt. Endlich bin ich drinnen, suche und finde die für das Archiv zuständige Person. Magister Eckstein, ein sehr beschäftigter Mann, höflich, hilfsbereit, Geburts- und Todesdaten, Hochzeitstage, Namen über Namen tausender Verstorbener im Gedächtnis; er dürfte an die fünfzig sein. Er hat das klassische gewitzte Wiener Gesicht derer, die im Laufe ihres Lebens so einiges gesehen haben. Er scheint über all dem Elend zu stehen, dessen Spuren er Tag für Tag in all den Dokumenten zu verfolgen gezwungen ist, die durch seine Hände gehen, ohne dass er dabei seinen Sinn für Humor verliert, der ihn noch liebenswürdiger macht. Er gefällt mir sofort, auch wegen der Art, wie er mich behandelt, beinahe so, als kenne er mich schon lange; mehr noch, es scheint, als habe er an diesem Tag nichts anderes getan, als auf mich zu warten, um mir alle verfügbaren In-

sfoglio con estrema cautela. E intanto corre al suo computer, il telefono squilla e lui è pronto a dare informazioni a me e ad altre persone che lo aspettano in un'altra stanza. Sono costretta a pensare 'Figaro qua, Figaro là', lo ammetto, un pensiero fuori posto e poco rispettoso, mentre indaffarato, continua a passare dal suo ufficio e all'ingresso, dove siedo a un tavolo che pur non essendo molto grande, occupa quasi tutta la piccola stanza. In pochissimo tempo è coperto da grossi libri, registri, carte e altro.

Lui sa tutto: il nome Albala è chiaramente di origine spagnola, mi dice, si tratta del gruppo di sefarditi emigrato dalla Spagna (la parola sefardita indica infatti la Spagna che gli ebrei chiamavano appunto Sefarad) in seguito alle persecuzione di Isabella di Castiglia che costrinse gli ebrei o a farsi battezzare (i cosiddetti '*marranes*' cioè maiali) o ad allontanarsi dal territorio dei loro padri: vi risiedevano infatti già dal VII secolo insieme ai musulmani, con i quali vivevano in pieno accordo. Al contrario di oggi. Gli antenati di Hans Albala si stabilirono nell'allora Impero Ottomano, per cui il padre di Hans, appunto un sefardita della comunità turca, è nato a Temesvar, ora Romania, il 15.6.1877. Il nome è chiaramente spagnolo: Mauricio Diego Albala, di professione giornalista, ma a volte anche commerciante. Più tardi scoprirò che a Vienna nello stesso periodo c'erano altri due Moritz Albala, uno macellaio e l'altro tagliatore di lime – Feilenhauer – e forse viene scambiato per uno dei due. Sposò una prima volta una certa Lucia Löwy dalla quale ebbe due figli, José (1904) e Renée (1905) e una seconda volta Risa o Theresia Filip, non ebrea, nata a Vienna l'1.10.1882, dalla quale ebbe un figlio, Edmund (9.11.1908 morto nel 1914) e il nostro Hans, nato a Vienna il 2 febbraio 1919, circonciso non

formationen über Hans Albala und seine Familie übergeben zu können. Er bringt mir alle handgeschriebenen Register, schwer, mit halb vergilbten Seiten. Ich blättere sie mit äußerster Vorsicht durch. Inzwischen rennt er zu seinem Computer, das Telefon läutet und er ist immer bereit mir und anderen Menschen Auskunft zu geben, die in einem anderen Raum auf ihn warten. Ich denke gezwungenermaßen an 'Figaro hier, Figaro da', ich gebe es zu, ein nicht angebrachter und wenig respektvoller Gedanke, während er geschäftig von seinem Büro in den Vorraum rennt, wo ich an einem Tisch sitze, der, obwohl nicht groß, doch beinahe den ganzen Raum ausfüllt. In kürzester Zeit ist er mit großen Büchern, Registern und Dokumenten übersät.

Magister Eckstein weiß alles: der Name Albala ist klarerweise spanischen Ursprungs, sagt er mir, es handelt sich um die Gruppe der in Folge der Judenverfolgung unter Isabella von Kastilien ausgewanderten Sephardim (der Begriff Sephard weist in der Tat auf Spanien hin, das von den Juden eben Sefarad genannt wurde), als die Juden gezwungen wurden, sich entweder taufen zu lassen (die sogenannten '*Marranes*', das heißt Schweine) oder das Land der Väter zu verlassen: sie waren tatsächlich seit dem siebten Jahrhundert gemeinsam mit den Mohammedanern dort ansässig, mit denen sie in völliger Eintracht lebten. Im Gegensatz zu heute. Die Ahnen Hans Albalas ließen sich im damaligen ottomanischen Reich nieder, weswegen Hans' Vater, ein Sephardim der türkischen Gemeinschaft, in Temesvar, heute Rumänien, am 15. Juni 1877 geboren wurde. Der Name ist eindeutig spanisch: Mauricio Diego Albala, von Beruf Journalist, manchmal aber auch Geschäftsmann. Später werde ich entdecken, dass es in Wien im selben Zeitraum zwei weitere Moritz Albala gab, einen Metzger und einen Feilenhauer, und vielleicht wird er mit einem der beiden verwechselt. Er heiratete ein erstes Mal eine gewisse Lucija Löwy, die ihm zwei Kinder gebar, José (1904) und Renée (1905), und ein weiteres Mal Risa, oder Theresia Filip, eine Nichtjüdin,

come d'abitudine otto giorni dopo, ma sei mesi dopo e cioè il 10 agosto 1919.

Che ne è stato della prima moglie e dei due figli? Non credo sia necessario fare altre ricerche, a me interessa solo la vita di Hans Albala. Ora so di aver sbagliato e mi pento di non aver fatto subito altre ricerche. Più tardi vengo a sapere attraverso i documenti trovati nel *Wiener Stadt- und Landesarchiv*, che Lucija Löwy, evidentemente divorziata, si era trasferita a Belgrado, città dove era anche nata il 15.7.1882, forse con i due bambini, ma non ho nessuna documentazione ufficiale, e riesco a ricostruire anche i suoi viaggi a Vienna nel 1922, 1923, 1928, 1930, 1932, 1938, 1939, finché si perdono definitivamente le sue tracce. E l'ultima data è abbastanza significativa.

Uscendo dall'Ufficio del Dr. Eckstein lo prego di permettermi di dare un'occhiata alla Sinagoga, la più antica rimasta a Vienna. Mi conduce davanti a una porta e mi invita ad entrare. Lui resta fuori in attesa. Mi accorgo di trovarmi nel settore riservato alle donne, una galleria al di sopra della cosiddetta platea; c'è un gruppo di visitatori e una guida alza la testa, mi vede e interrompendo il discorso mi invita a partecipare... in ebraico, ma capisco lo stesso. Io mi scuso, imbarazzata, getto uno sguardo intorno e mi ritiro. Mi resta l'impressione di un cielo azzurro, colonne intorno alla sala, non così grande come forse mi sarei aspettata, e un'atmosfera di raccoglimento, di estrema austerità.

in Wien am 1. Oktober 1882 geboren, die ihm zwei Kinder schenkte, Edmund (9. November 1908, gestorben 1914), und unseren Hans, geboren in Wien am 2. Februar 1919, nicht schon acht Tage darauf beschnitten, wie es Brauch war, sondern sechs Monate später, das heißt am 10. August 1919.

Was ist aus der ersten Frau und den beiden Söhnen geworden? Ich glaube nicht, dass es notwendig ist in der Richtung weiter zu forschen, mich interessiert nur die Lebensgeschichte Hans Albalas. Jetzt weiß ich, dass das falsch war und bereue, dass ich nicht gleich weitere Nachforschungen angestellt habe. Später erfahre ich aus den Unterlagen, die ich im Wiener Stadt- und Landesarchiv gefunden habe, dass Lucija Löwy, offensichtlich geschieden, nach Belgrad übersiedelt ist, vielleicht mit den beiden Kindern, in die Stadt, in der sie am 15. Juli 1882 geboren wurde, doch habe ich keinerlei offizielle Unterlagen, kann aber auch ihre Reisen nach Wien in den Jahren 1922, 1923, 1928, 1930, 1932, 1938 und 1939 rekonstruieren, bis sich ihre Spuren endgültig verlieren. Die letzte Reise 1939 – ein ziemlich bedeutsames Datum.

Während ich das Büro Magister Ecksteins verlasse, bitte ich darum, einen Blick in die Synagoge werfen zu dürfen, die älteste in Wien erhalten gebliebene. Er führt mich zu einer Tür und bittet mich einzutreten. Er bleibt draußen und wartet. Ich bemerke, dass ich mich in dem, den Frauen vorbehaltenen Bereich befinde, eine Galerie über dem sogenannten Parterre; eine Gruppe von Besuchern ist da und ein Führer richtet den Blick nach oben, sieht mich, und die Ausführungen unterbrechend, lädt er mich ein, mich der Gruppe anzuschließen ... auf Hebräisch, aber ich verstehe trotzdem. Ich entschuldige mich, verlegen, sehe mich ein wenig um und ziehe mich zurück. Mir bleibt der Eindruck eines blauen Himmels, Säulen säumen den Saal, nicht so groß wie ich erwartet hätte, und eine Atmosphäre der Andacht und größter

Hans Albala nacque dunque in uno dei più tragici momenti della storia austriaca, quando cioè l'Impero Austro-Ungarico sostituito da un governo repubblicano socialista, in seguito al trattato di Saint-Germain en Laye, viene smembrato di tutti gli Stati satelliti, riducendosi alla sola piccola Austria, in una crisi economica che non conosceva l'eguale. Le dimostrazioni di disoccupati, di comunisti, di tutto il popolo di Vienna, vengono caricate dalla polizia che spara sulla folla con molti morti e feriti, mentre la fame della popolazione costringe le potenze nemiche a intervenire con aiuti di generi alimentari.

Il padre, giornalista, assisteva di persona a tutti questi avvenimenti per farne un resoconto al giornale per il quale lavorava.

Anche gli anni seguenti non furono affatto tranquilli con un sempre crescente antisemitismo, che a Vienna aveva tradizioni assai antiche.

Vorrei immaginare l'infanzia e l'adolescenza di Hans Albala, figlio unico, come l'infanzia di ogni altro bambino. Ma sono costretta a fare qualche riflessione, soprattutto sull'ambiente famigliare nel quale è cresciuto. Dai dati ricavati dai documenti di archivio la madre, sposata a ventiquattro anni ebbe, nel 1908 un figlio, Edmund, morto a sei anni. Dopo di che pare non abbia avuto altri figli, per lo meno non è documentato da nessuna parte. Poi, ben undici anni dopo, e cioè nel 1919, quando sicuramente aveva perso ogni speranza di una nuova gravidanza, all'età di trentasette anni, arriva Hans. È facile immaginare la gioia e l'amore col quale circondò questo bambino, le cure non solo sue ma anche del padre, allora quarantaduenne: Hans Albala, seguendo la teoria di Bettelheim[14], deve avere avuto un'infanzia protetta, in

[14]Bruno Bettelheim, *Erziehung zum Überleben*, 1982

Feierlichkeit.

Hans Albala wurde also in einem der tragischsten Momente der österreichischen Geschichte geboren, als das österreichisch-ungarische Kaiserreich, abgelöst von einer sozialistisch-republikanischen Regierung, nach dem Abkommen von Saint Germain all seiner Kronländer entledigt, zum kleinen Österreich gemacht wird, inmitten einer Wirtschaftskrise, die ihresgleichen nicht kannte. Die Kundgebungen der Arbeitslosen, der Kommunisten, der gesamten Bevölkerung Wiens, werden von der Polizei angegriffen, die in die Menge schießt und viele Tote und Verwundete verursacht, während der Hunger die feindlichen Mächte zwingt, mit Lebensmittellieferungen zu intervenieren.

Der Vater, Journalist, war persönlich bei all diesen Ereignissen dabei, um für die Zeitung, für die er arbeitete, Bericht zu erstatten.

Auch die folgenden Jahre waren wegen des zunehmenden Antisemitismus, der in Wien sehr tiefe Wurzeln hatte, ganz und gar nicht ruhig.

Ich möchte mir die Kindheit und die Jugend Hans Albalas, dem Einzelkind, vorstellen wie die Kindheit eines jeden anderen Kindes. Aber ich bin gezwungen einige Überlegungen anzustellen, vor allem über den Familienkreis, in dem er aufgewachsen ist. Aus den den Archivunterlagen der Mutter entnommenen Daten, ergibt sich, dass sie mit vierundzwanzig heiratete, 1908 einen Sohn, Edmund, gebar, der mit sechs Jahren starb. Danach schien sie keine weiteren Kinder gehabt zu haben, zumindest sind nirgendwo welche dokumentiert. Dann, elf Jahre später, das heißt 1919, als sie bestimmt jede Hoffnung auf eine neuerliche Schwangerschaft aufgegeben hatte, brachte sie im Alter von siebenunddreißig Jahren Hans zur Welt. Man kann sich die Freude und die Zuneigung gut vorstellen, mit der sie dieses Kind umgab, nicht nur ihre Fürsorge, sondern auch die des Vaters, damals

un ambiente assolutamente positivo. Soltanto così un bambino acquista quel senso di sicurezza, di valore della propria vita, ma anche di rispetto, di dignità di se stesso, che gli consentirà in seguito di sopravvivere in situazioni estreme. Solo in questo caso un essere umano ha la forza necessaria per combattere contro quello che Freud chiama 'istinto di morte' (*Todestrieb*) insito in ognuno di noi.

A sedici anni rimase orfano di padre e già da due anni Hitler era al potere, in Germania. I nazionalsocialisti di Vienna alzavano la testa, con manifestazioni, atti di terrorismo, culminati poi con l'assassinio del Cancelliere Dollfuß. L'apoteosi finale fu l'ingresso trionfale di Hitler, il 14 marzo del 1938 e il suo discorso alla Heldenplatz davanti a centinaia di migliaia di viennesi entusiasti. Già una settimana dopo Göring dichiarò che nel giro di quattro anni Vienna sarebbe stata 'judenrein' e due settimane dopo, il 1° di aprile, inizia il primo trasporto di politici, dissidenti e commercianti ebrei verso Dachau. Anche il nome di Austria sparisce dalla carta geografica, sostituita da Hitler in Ostmark. Nell'agosto dello stesso 1938 viene costruito il Lager di Mauthausen, in Oberösterreich, e il 90% dei negozi di proprietà ebraica viene arianizzata, cioè espropriata: non posso dimenticare una fotografia ormai famosa, in cui si vedono ebrei in ginocchio per terra mentre con le mani o uno spazzolino da denti puliscono il marciapiede di una strada viennese, circondati da un gruppo di persone e di poliziotti che ridono di loro.

Hans Albala allora diciannovenne, per legge viene espulso dalla scuola: come già ho visto dai documenti di archivio, non può conseguire la maturità per motivi razziali. Che accadde dopo? Lavorava? Ma allora per un ebreo era assai difficile se non impossibile trovare lavoro e lui forse seguendo

zweiundvierzigjährig. Hans Albala, der Theorie Bettelheims zufolge[15], musste eine beschützte Kindheit in einem völlig positiven Umfeld erlebt haben: nur so konnte ein Kind dieses Gefühl der Sicherheit für den Wert des eigenen Lebens gewinnen, aber auch des Respekts, der Würde, die ihm in der Folge das Überleben in extremen Situationen ermöglichen sollte. Nur dann hat ein menschliches Wesen die nötige Kraft, um gegen das anzukämpfen, was Freud den 'Todestrieb' nennt, der in jedem von uns wohnt.

Mit sechzehn verliert er seinen Vater, und in Deutschland ist Hitler bereits seit zwei Jahren an der Macht. Die Nationalsozialisten Wiens werden immer forscher, organisieren Aufmärsche, verüben Anschläge, die dann im Mord an Kanzler Dollfuß gipfeln. Die Apotheose erfolgte dann am 14. März 1938 mit Hitlers triumphalem Einzug und seiner Ansprache vor hunderttausenden begeisterten Wienern auf dem Heldenplatz. Nur eine Woche später erklärte Göring, dass Wien im Laufe von vier Jahren 'judenrein' sein werde, und zwei Wochen darauf, am 1. April, erfolgte der erste Abtransport von Politikern, Dissidenten und jüdischen Kaufleuten nach Dachau. Auch der Name Österreich verschwindet von der Landkarte und wird von Hitler in Ostmark umgeändert. Im August desselben Jahres, 1938, wird das Lager Mauthausen in Oberösterreich errichtet, und neunzig Prozent der in jüdischem Besitz befindlichen Geschäfte werden arisiert, das heißt enteignet; ich kann die inzwischen berühmte Fotografie nicht vergessen, auf der man auf dem Boden kniende Juden sieht, wie sie mit den Händen und einer Zahnbürste den Gehsteig einer Wiener Straße reinigen, umgeben von einer Menschenmenge und Polizisten, die sie auslachen.

Hans Albala, damals neunzehn Jahre alt, wird von Gesetzes wegen aus der Schule ausgeschlossen und wie ich den Archivunterlagen entnehmen konnte, durfte er aus Gründen

[15] Bruno Bettelheim, *Erziehung zum Überleben*, DVA, Stuttgart 1980.

l'esempio del padre si diede da fare presso qualche giornale. Dichiarò infatti di essere giornalista. Ma per quale giornale? Le case editrici e tutti i giornali di proprietà ebraica erano stati subito espropriati o per usare un verbo tipico di quel tempo, arianizzati.

Un altro indirizzo datomi dalla signora P. dello *Jüdisches Museum* è un dipartimento del Comune dove avrei potuto trovare qualche informazione sulla vita della moglie e della madre di Hans Albala di fronte alla Franz-Josef Bahnhof. Non conosce il numero preciso ma non posso sbagliare, mi assicura. Il giorno seguente esco prima delle nove del mattino per evitare il gran caldo che non accenna a diminuire. Passo in rassegna tutti i palazzi di fronte alla stazione: niente. Decido di chiedere a due donne che chiacchierano davanti a un portone appena accostato, le sporte della spesa in mano, quindi del luogo. Due viennesi forse autentiche, – ma a Vienna ci si chiede quale viennese sia autentico – che forse abitano lì da chissà quanti anni, e me lo confermano subito, ma non sanno niente di un simile ufficio. Mi consigliano di informarmi dalla Polizia. In stazione c'è un posto di guardia. Mentre attraverso la strada un uomo mi ferma subito per chiedermi se ho bisogno di aiuto. Deve aver osservato la scena con le due donne. Spiego cosa cerco anche se dubito ormai di qualsiasi informazione. Lui subito ne approfitta per raccontarmi, con mille particolari, di abitare lì da una quarantina d'anni e di non aver mai visto un qualsiasi dipartimento del Comune su quella piazza, cosa che ormai avevo capito fin dal primo momento… ma la cosa lo interessa, mi assicura, e decide di accompagnarmi alla stazione. Io desidero solo liberarmi di lui. È chiara la sua curiosità, oltre all'opportunità di trascorrere la mattinata in modo diverso

der Rassenzugehörigkeit auch die Matura nicht mehr ablegen. Was geschah danach? Arbeitete er? Aber damals war es für einen Juden sehr schwer, wenn nicht unmöglich, Arbeit zu finden, und er, vielleicht dem Beispiel des Vaters folgend, fing bei einigen Zeitungen an. In der Tat erklärte er Journalist zu sein. Aber bei welcher Zeitung? Alle Verlage und Zeitungen in jüdischem Besitz sind sofort enteignet worden, oder um einen für die damalige Zeit gängigen Begriff zu verwenden, sie wurden arisiert.

Eine weitere Adresse, die mir Frau P. vom Jüdischen Museum gegeben hat, ist die eines Gemeindeamtes gegenüber dem Franz-Josefs-Bahnhof, wo ich einige Informationen zum Leben der Frau und der Mutter Hans Albalas finden könne. Sie kenne zwar die genaue Hausnummer nicht, doch könne ich es nicht verfehlen, hatte sie mir versichert. Am nächsten Morgen verlasse ich vor neun Uhr das Hotel, um der großen Hitze zu entgehen, die anscheinend nicht abklingen will. Ich gehe alle Gebäude dem Bahnhof gegenüber ab: nichts. Ich entschließe mich, zwei vor einem angelehnten Haustor plaudernde Frauen mit Einkaufstaschen in den Händen, also Einheimische, zu befragen. Zwei vielleicht authentische Wienerinnen – doch in Wien fragt man sich, welcher Wiener schon authentisch ist –, die vielleicht seit, wer weiß wann, hier wohnen, und sie bestätigen das sofort, doch wissen sie nichts von einem derartigen Büro. Sie raten mir, mich bei der Polizei zu informieren. Im Bahnhof gäbe es eine Dienststelle. Als ich die Straße überqueren will, hält mich ein Mann an, der mich fragt, ob ich Hilfe benötige. Er muss wohl die Szene mit den beiden Frauen beobachtet haben. Ich erkläre ihm, was ich suche, auch, wenn ich mittlerweile jeden Hinweis anzweifle. Er nutzt sofort die Gelegenheit, mir mit tausenderlei Einzelheiten zu erklären, dass er seit ungefähr vierzig Jahren hier wohne, nie aber irgendein Departement der Stadtverwaltung an diesem Platz gesehen habe, was ich selbst vom ersten Moment an begriffen

dal solito. Lo vedo infatti aspettare dietro la porta a vetri della Polizia per un certo tempo, ma per fortuna, dato che le cose si mettono per le lunghe, ad un certo punto sparisce. Ne sono sollevata.

Arrivata a questo punto, devo dire che con la polizia austriaca ho sempre fatto esperienze molto positive, mi hanno aiutato nelle più disparate situazioni (portato valigie pesanti, cercato un albergo di notte e vari episodi che non credo sia qui il luogo di annoverare) e anche in questa occasione trovo un giovane poliziotto assai disponibile, pronto a partecipare alle mie ricerche, anzi direi entusiasta di aiutarmi visto che si tratta di cose letterarie. Si mette subito al telefono. In dialetto viennese spiega ai vari colleghi che contatta uno dopo l'altro, di aver davanti a sé un '*Partei*' (un modo assai curioso di definire un qualsiasi richiedente in un qualsiasi ufficio statale, usato solo in Austria) che per motivi letterari, e la cosa lo diverte visibilmente, ha bisogno di certe informazioni, ecc. ecc.

Viene fuori che quel dipartimento nr. 61 del Comune non esiste già da moltissimi anni, perché fuso con un altro. Aggiunge che non è mai stato in quel *Bezirk*, secondo le sue ricerche, ma che potrei trovare qualche informazione solo alla centrale: mi da l'indirizzo e sorride soddisfatto ai miei calorosi ringraziamenti.

hatte ... aber die Angelegenheit interessiere ihn, versichert er, und beschließt mich in den Bahnhof zu begleiten. Ich aber möchte ihm nur entkommen. Seine Neugier ist offensichtlich, von der Gelegenheit einmal abgesehen, einen etwas anders als wie gewöhnlich verlaufenden Vormittag zu verbringen. Ich sehe ihn eine Zeit lang vor der Glastür des Polizeipostens warten, aber da sich die Dinge in die Länge ziehen, verschwindet er irgendwann. Ich bin erleichtert.

An diesem Punkt muss ich sagen, dass ich mit der österreichischen Polizei immer sehr gute Erfahrungen gemacht habe; sie waren mir in den unterschiedlichsten Situationen behilflich (haben schwere Koffer geschleppt, mir mitten in der Nacht ein Hotelzimmer besorgt, Episoden, die hier weiter auszuführen nicht der richtige Ort ist), und auch bei dieser Gelegenheit stoße ich auf einen jungen, sehr entgegenkommenden Polizisten, bereit meine Suche zu unterstützen, ja, ich würde sogar behaupten, mir mit Begeisterung zu helfen, da es sich um literarische Angelegenheiten handelt. Er beginnt sofort zu telefonieren. Im Wiener Dialekt erklärt er den verschiedenen Kollegen, die er einen nach dem anderen kontaktiert, dass er es da mit einer 'Partei' zu tun habe (eine äußerst seltsame, nur in Österreich gebräuchliche Art, jedweden Antragsteller in irgend einem staatlichen Büro zu bezeichnen), die aus literarischen Gründen, und die Sache erheitert ihn augenscheinlich, gewisse Informationen benötige und so weiter.

Dabei stellt sich heraus, dass diese Abteilung, die Nummer 61, der Stadt Wien bereits seit vielen Jahren nicht mehr existiert, weil sie mit einer anderen zusammengelegt wurde. Er fügt noch hinzu, dass es laut seinen Recherchen in diesem Bezirk nie eine solche Abteilung gegeben habe, doch könne ich in der Zentrale die eine oder andere Information erhalten; er gibt mir die Adresse, und als ich mich herzlich bedanke, lächelt er zufrieden.

Qui, allo *Standesamt*, dove di solito si va per sposarsi civilmente, – c'è infatti una sala già pronta per il prossimo matrimonio – le cose si prospettano con qualche difficoltà. L'impiegata comunale infatti mi dice subito che a motivo della legge sulla privacy non è autorizzata a dare nessuna informazione; io però non sono affatto disposta a cedere e lei lo capisce abbastanza presto, perché mi dice di aspettare. Sparisce dietro una porta e io temo già di non rivederla più. Invece torna con un foglietto di carta dove, in via del tutto eccezionale, ha scritto la data di morte della madre di Hans Albala, 27.7.1974. Ma a me non basta: io più che la madre cerco la ex moglie che, nata l'8.6.1939 potrebbe essere ancora in vita. Scrivo su un pezzetto di carta la data del matrimonio, 5.8.1957 e del dipartimento, Währing, e perfino il numero dell'incartamento (609/ 57). Vedo che è alquanto impressionata dalle mie informazioni perché si rimette al telefono, questa volta dietro lo sportello e, benché parli a bassa voce, capisco che in realtà sanno alcune cose che però non possono comunicarmi. La donna vive, pare non si sia risposata, ma non si conosce il suo indirizzo in Austria, per cui è assai probabile che viva all'estero: se fosse morta ne avrebbero avuto notizia. Non sono affatto convinta di questa informazione, anche per l'espressione alquanto imbarazzata dell'impiegata.

È tutto. Mi congeda decisa, anche se deplora l'impossibilità di non potermi venire incontro. Chiedo infatti se ci sono altri parenti della ex moglie, ma ora il rifiuto è quanto mai categorico. Evidentemente si tratta di persone che vivono ancora a Vienna. Si scusa di non potermi aiutare appunto per via della legge eccetera.

Se ne è andata una mattinata e i risultati sono piuttosto ma-

Später auf dem Standesamt, wo man normalerweise eben standesamtlich heiratet – da gibt es in der Tat einen Saal, der schon für die nächste Hochzeit hergerichtet ist –, erweisen sich die Dinge etwas schwierig. Die Beamtin erklärt mir auch gleich, dass sie aufgrund des Persönlichkeitsschutzes keinerlei Information herausgeben dürfe. Ich aber bin überhaupt nicht bereit locker zu lassen, und sie begreift das ziemlich schnell, deshalb weist sie mich an zu warten. Sie verschwindet hinter einer Tür, und ich befürchte schon, sie nicht wiederzusehen. Doch sie kommt mit einem Zettel zurück, auf dem sie, ausnahmsweise, den Todestag der Mutter Hans Albalas aufgeschrieben hat: 27.7.1974. Doch mir genügt das nicht: dringender noch als die Mutter, suche ich die ehemalige Ehefrau, die, am 8.6.1939 geboren, noch am Leben sein könnte. Ich schreibe das Hochzeitsdatum, 5.8.1957, und den Bezirk, Währing, und sogar die Aktennummer (609/57) auf einen Zettel. Ich sehe, dass sie meine Informationen einigermaßen beeindrucken, weil sie sich ans Telefon hängt, diesmal hinter der Trennscheibe, doch obwohl sie leise spricht, verstehe ich, dass sie einige Dinge wissen, die sie mir aber nicht mitteilen dürfen. Die Frau lebt; es scheint, dass sie nicht wieder geheiratet hat, doch kennt man ihren Wohnsitz in Österreich nicht, weshalb es sehr wahrscheinlich ist, dass sie im Ausland lebt: wäre sie gestorben, so hätte man davon erfahren. Diese Nachricht überzeugt mich überhaupt nicht, auch wegen des ziemlich verlegenen Gesichtsausdrucks der Beamtin.

Das war's. Sie verabschiedet mich kurz entschlossen, auch wenn sie es bedauert, mir nicht entgegenkommen zu können. Ich frage sie noch, ob es weitere Verwandte der Exfrau gäbe, doch jetzt ist die abschlägige Haltung kategorischer denn je. Offensichtlich handelt es sich um noch in Wien wohnhafte Personen. Sie entschuldigt sich, mir nur wegen des Gesetzes und so weiter nicht helfen zu können.

So ist der Vormittag um, und die Resultate sind ziemlich

gri: la data di morte della madre posso ricavarla presso altri uffici, per esempio dall'elenco del cimitero di Simmering, dove la sua urna è sotterrata nella stessa tomba accanto al figlio, mentre sarebbe stato più importante avere qualche informazione sulla ex moglie, per sapere che ne è stato di lui dopo il 1967, l'anno in cui sembra essere sparito dai registri del Comune, non soltanto di Vienna ma, mi sembra di capire, di tutta l'Austria.

Ora mi restano altre tappe per completare le ricerche, primo fra tutti il cosiddetto Gasometer, dove è stato trasferito il *Wiener Stadt- und Landesarchiv*, e poi l'Archivio dell'Università di arti figurative, Oskar Kokoschka Platz, per sapere in quali anni accademici intraprese lo studio della grafica, per il quale in realtà è conosciuto.

Il Gasometer a Simmering, raggiungibile con la metropolitana, è un complesso di fabbricati a forma di cono, risalenti all'inizio del secolo scorso, un enorme deposito di gas che veniva erogato in tutta la città. Alla fine degli anni Novanta i quattro nuclei furono ristrutturati come centro di abitazioni, negozi, lavoro e in uno di essi vi fu trasferito appunto l'Archivio. Una specie di labirinto assolutamente surreale, con ponti di vetro che uniscono gli edifici, negozi, ristoranti e non so che altro. Una città a sé stante – viene infatti chiamata Gasometer City – con una sua vita propria. Non senza difficoltà riesco a trovare l'ufficio che cerco e un'impiegata, stupita dalle mie domande, chiama, dopo lunga riflessione, un collega più anziano per chiedergli consiglio.

Dopo un tempo indeterminato – qui tutto si svolge a ritmo rallentato, come del resto in tutta la città, cosa che attribuisco all'influsso slavo che in qualche modo si fa sentire soprattutto nei viennesi – arriva un uomo di una cinquantina di anni, alto, assai corpulento, piuttosto annoiato. In un pri-

dürftig; den Todestag der Mutter kann ich auch auf anderen Ämtern erfahren, ihn zum Beispiel dem Verzeichnis des Friedhofs Simmering entnehmen, wo ihre Urne im Grab ihres Sohnes beigesetzt ist, während es wichtiger gewesen wäre, einige Informationen über die Exfrau zu erhalten, um zu erfahren, was nach 1967 mit ihm geschah, dem Jahr, in dem er aus den Registern nicht nur der Stadt Wien, sondern ganz Österreichs verschwunden zu sein scheint.

Jetzt habe ich weitere Etappen zu bewältigen, um die Nachforschungen zu vervollständigen, als erste den sogenannten Gasometer, wohin das Wiener Stadt- und Landesarchiv verlegt worden ist, und dann das Archiv der Universität für darstellende Kunst am Oskar-Kokoschka-Platz, um zu erfahren, in welchen Jahren er das Grafikstudium absolvierte, wodurch er letztlich bekannt wurde.

Der Gasometer in Simmering, der mit der U-Bahn zu erreichen ist, ist ein Komplex von zylindrischen Industriegebäuden aus dem letzten Jahrhundert, ein riesiges Gasdepot, das die ganze Stadt versorgte. Gegen Ende der neunziger Jahre wurden die vier Gebäude zu Wohneinheiten, Geschäften und Werkstätten umgebaut, und in eines davon wurde eben das Archiv verlegt. Eine Art absolut surreales Labyrinth mit gläsernen Brücken, die die Gebäude verbinden: Geschäfte, Restaurants und ich weiß nicht was sonst noch. Eine Stadt für sich – sie wird in der Tat Gasometer City genannt –, mit einem regen Eigenleben. Nicht ohne Schwierigkeiten kann ich das Büro finden, wende mich an eine Beamtin, die über mein Anliegen verwundert scheint, nach langem Nachdenken eine ältere Kollegin holt, und sie um Rat ersucht.

Nach einiger Zeit – hier läuft alles in einem verzögerten Rhythmus ab, wie im Rest der Stadt, eine Eigentümlichkeit, die ich dem slawischen Einfluss zuschreibe, der sich irgendwie in allen Wienern zeigt – erscheint ein Mann um die fünfzig, groß, sehr beleibt, ziemlich gelangweilt. In einem ersten

mo momento sembra non capire nessuna delle mie domande. Si scherma subito dietro la legge della privacy, ma io spiego che cerco notizie di una persona morta già da più di trentacinque anni, mostro i documenti che ho già raccolto in vari uffici, dico che ne ho bisogno per motivi letterari. La parola letteratura è forse l'unico punto che lo convince, infatti mi dice di aspettare e sparisce dietro una porta.

Io non so cosa pensare, ma sono decisa ad aspettare anche qualche ora, se necessario, e credo che sia lui che la sua collaboratrice abbiano capito le mie intenzioni. Arriva infine con una serie di fotocopie: ha trovato tutte le Meldezettel (modulo di denuncia) dal 1947 all'ultimo, 1967! Lo ringrazio tanto più caldamente di quanto lui si aspettasse. So di avergli fatto torto, almeno nella mia testa. Deve essere un suo modo personale di reagire alle richieste del pubblico, e cioè prima lo scoraggia e se quello insiste lo premia. (Nel frattempo so che non ha fatto nessuna eccezione: solo i tempi erano alquanto accelerati. Infatti bisogna fare domanda e aspettare fino a due settimane prima di avere i documenti richiesti).

Esco da quel labirinto quando il sole è al suo zenit. L'asfalto sembra bruciare e sciogliersi sotto i miei passi, l'aria irrespirabile con un tasso di umidità che deve superare il 90%, la strada deserta. Cerco il segno della metropolitana, angosciata non certo per la prima volta da quando ho iniziato queste ricerche, ora forse di più per via del caldo, per l'atmosfera desolata di questo luogo. Mi sembra di volere a tutti i costi ricostruire una vita perduta nella polvere degli archivi di una grande città che non si è curata di salvaguardare l'esistenza reale di alcune centinaia di migliaia di esseri umani,

Moment scheint er keine meiner Fragen zu verstehen. Er verschanzt sich sofort hinter dem Gesetz zum Schutz der persönlichen Daten, ich aber erkläre ihm, dass ich nach Informationen über eine seit mehr als fünfunddreißig Jahren tote Person suche, lege die Unterlagen vor, die ich auf verschiedenen Ämtern zusammengetragen habe, und sage, dass ich sie für literarische Zwecke brauche. Das Wort Literatur ist vielleicht das einzige Argument, das ihn überzeugt; in der Tat bedeutet er mir zu warten und verschwindet hinter einer Tür.

Ich weiß nicht, was ich denken soll, aber ich bin fest entschlossen, wenn nötig noch einige Stunden zu warten und glaube, dass, sei es er, sei es seine Mitarbeiterin, meine Absicht verstanden haben. Er taucht endlich mit einer Reihe von Fotokopien auf: er hat alle Meldezettel, vom ersten aus dem Jahr 1947 bis zum letzten des Jahres 1967 gefunden! Ich bedanke mich weit herzlicher, als er es erwartete. Ich weiß, dass ich ihm Unrecht getan habe, zumindest in meinen Gedanken. Das muss wohl seine persönliche Art sein, auf Anfragen der Menschen zu reagieren, das heißt, erst entmutigt er sie, und wenn sie insistieren, belohnt er sie. (Mittlerweile weiß ich, dass er keine Ausnahme gemacht, sondern nur die Zeit verkürzt hat. In der Tat müsste man erst einen Antrag stellen und bis zu zwei Wochen auf die beantragten Unterlagen warten.)

Ich verlasse dieses Labyrinth, als die Sonne im Zenit steht. Der Asphalt scheint zu kochen und unter meinen Schritten zu schmelzen, die Luft ist unerträglich heiß, mit einem Feuchtigkeitsgrad, der über 90 % liegen muss, die Straße ist menschenleer. Ich suche nach dem Hinweisschild der U-Bahn, nicht zum ersten Mal, seit ich diese Nachforschungen begonnen habe, etwas verängstigt, doch wegen der Hitze und der Trostlosigkeit dieses Ortes jetzt vielleicht doch etwas besorgter. Ich habe den Eindruck, als versuchte ich unter allen Umständen ein im Staub der Archive einer großen

che non ha mosso un dito per evitare di commettere gli stessi errori commessi altrove, che anzi ha collaborato attivamente, mandando i suoi cittadini, donne, bambini, giovani e vecchi che avevano il solo torto di appartenere a una razza diversa, a morire in campi costruiti da loro, per loro.

Mi si può chiedere cosa c'entro io con questa storia, non sono nata qui, non ho avuto nessun parente perseguitato, e considerando la razza, appartengo a quella privilegiata, fino a un certo punto, con discendenza addirittura greco-normanna, non pura, come quella ariana, ma neanche disprezzabile. Cosa voglio? Da sempre, da quando vidi per la prima volta a Roma una mostra sulle persecuzioni naziste; fotografie di montagne di corpi, esseri umani che di umano non avevano altro che la capacità di stare ancora in piedi; scheletri coperti da un umiliante pigiama a righe, le teste rasate, i visi incavati, occhi smarriti, folli, che non ho mai dimenticato; mi sono chiesta mille volte, nel corso di tutti questi anni, il perché, come possano accadere certe cose. Senza mai trovare una risposta. Ho messo insieme una mezza biblioteca sul tema della persecuzione degli ebrei. Neanche questo mi ha dato una risposta. Ora sono decisa a ricostruire i movimenti di una di quelle persone dimenticate, farle uscire dagli archivi e restituirle, almeno sulla carta, quella vita che nella realtà le fu negata: un dignitoso funerale cui ogni essere umano, per una legge atavica, ha diritto. Forse anche perché è l'unico sopravvissuto che ho conosciuto personalmente.

Dopo quelle prime ricerche trascorre un anno. Decido di

Stadt verlorenes Leben zu rekonstruieren, einer Stadt, die sich nicht bemüht hat, die reale Existenz einiger hunderttausend menschlicher Wesen zu beschützen. Einer Stadt, die keinen Finger gerührt hat, um dieselben anderswo begangenen Fehler zu vermeiden, die, ganz im Gegenteil, aktiv daran beteiligt war, ihre Mitbürger, Frauen, Kinder, Jugendlichen und Alten dem Tod in den Lagern auszuliefern, nur weil sie einer anderen Rasse angehörten, die Lager, die sie selbst, für sich selbst errichtet hatten.

Man kann mir die Frage stellen, was ich mit dieser Geschichte zu schaffen habe; ich bin nicht hier geboren, habe keinen verfolgten Verwandten, und was die Rasse betrifft, gehöre ich bis zu einem gewissen Punkt der privilegierten an, zwar mit griechisch-normannischen Wurzeln, nicht so rein, wie angeblich die arische, aber auch nicht verachtenswert. Was will ich? Seit jeher, seit ich das erste Mal in Rom eine Ausstellung über die nationalsozialistische Verfolgung sah, Fotografien von Bergen von Körpern, menschliche Wesen, die außer der Fähigkeit, sich noch aufrecht zu halten, nichts Menschliches mehr an sich hatten, Skelette bekleidet mit einem beschämendem Streifenpyjama, die Schädel kahl rasiert, die Gesichter eingefallen, verlorene Blicke, irr, die ich nie vergessen konnte, habe ich mich in all den Jahren tausend Mal gefragt, warum und wieso bestimmte Dinge geschehen können. Ohne je eine Antwort zu finden. Jetzt bin ich fest entschlossen, die Lebensetappen eines dieser vergessenen Menschen zu rekonstruieren, sie aus den Archiven hervorzuholen und ihm zumindest auf dem Papier jenes Leben zurückzugeben, das ihm in der Wirklichkeit versagt wurde: ein würdevolles Begräbnis, auf das aufgrund eines atavistischen Gesetzes jedes menschliche Wesen Anrecht hat. Vielleicht aber auch, weil er der einzige Überlebende ist, den ich persönlich kennengelernt habe.

Ein Jahr vergeht nach diesen ersten Nachforschungen. Ich

tornare a Vienna perché nel frattempo ho scoperto altre novità.

Ma prima ancora faccio un salto nella cittadina di Ebensee, e chiedo un appuntamento al direttore del Museo di Storia contemporanea (*Zeitgeschichte Museum Ebensee*), dottor W. Quatember; già prima, via email, ero entrata in contatto con lui e anche se da lontano, si era reso molto utile. Incontro un giovane assai gentile, di grandissima disponibilità, pronto a darmi tutte le informazioni possibili. Mi mette in mano grossi registri in cui è raccolta una documentazione, credo completa, del periodo fra il 1940 e il 1942. Qui venivano spediti i cosiddetti *Arbeitsunwillige*, così venivano definiti i disoccupati, per la maggior parte ebrei, in tutto 174, che in ogni caso non avrebbero trovato lavoro per motivi razziali, impegnati a costruire la strada Präbichl. Si trattava di un campo con baracche per alcune centinaia di uomini, a Traunkirchen, a due passi dal bellissimo lago Ebensee. Come per miracolo, in quella montagna di documenti, trovo la cartella in cui è segnato il nome di Hans Albala e la data in cui entra nel Lager, 9 dicembre 1940. Qui rimase fino al maggio 1942, quando insieme agli ultimi rimasti – gli altri erano finiti in vari campi di sterminio – fu trasferito in quello di Mitterweißenbach, a pochi chilometri di distanza, poco prima di Bad Ischl. Dall'11 maggio fino a metà settembre restò in quel campo.

Poi si perdono le sue tracce: è possibile che sia tornato a Vienna, presso la madre o altrove, benché lui stesso abbia dichiarato, in un documento ufficiale, nel 1947, di non essere stato un cosiddetto U-Boot, cioè nascosto in qualche sotterraneo.

Ma da altre fonti sono venuta a sapere che per i figli di matrimoni misti c'era un trattamento speciale, cioè si aspettava

beschließe nach Wien zurückzukehren, weil ich inzwischen andere Neuigkeiten erfahren habe.

Zuvor mache ich aber noch einen Abstecher in das Städtchen Ebensee und ersuche um ein Treffen mit dem Direktor des Museums für Zeitgeschichte in Ebensee, Doktor W. Quatember; ich hatte bereits vorher per Email Kontakt zu ihm aufgenommen, und wenn auch nur aus der Entfernung, so war er mir doch sehr behilflich. Ich treffe einen jungen, sehr freundlichen, äußerst entgegenkommenden Herrn, bereit mir alle verfügbaren Informationen zu geben. Er drückt mir sehr dicke Ordner in die Hände, die eine, so glaube ich, komplette Dokumentation der Zeit zwischen 1940 und 1942 enthalten. Hierher wurden die sogenannten Arbeitsunwilligen geschickt, so wurden die größtenteils jüdischen Arbeitslosen bezeichnet, insgesamt 174, die in jedem Fall aus Rassegründen keine Arbeit gefunden hätten, und die im Straßenbau am Präbichl eingesetzt wurden. Es handelte sich um ein Barackenlager für einige hundert Männer in Traunkirchen, einen Katzensprung vom wunderschönen Ebensee entfernt. Wie durch ein Wunder finde ich in diesem Berg von Dokumenten einen Ordner, in dem auch der Name Hans Albala aufgeführt ist und das Datum, an dem er ins Lager kommt, am 9. Dezember 1940. Hier bleibt er bis zum Mai 1942, als er mit den letzten hier Verbliebenen – die anderen waren in verschiedenen Vernichtungslagern gelandet – ins Lager von Mitterweißenbach, wenige Kilometer entfernt, kurz vor Bad Ischl, verlegt wird. Vom 11. Mai bis Mitte September bleibt er in diesem Lager.

Danach verlieren sich seine Spuren; es ist möglich, dass er nach Wien zu seiner Mutter zurückgekehrt ist oder anderswohin, auch wenn er 1947 selbst in einem offiziellen Dokument erklärt hat, dass er kein sogenanntes U-Boot gewesen war, das heißt, sich nicht in irgendeinem Keller versteckt hatte.

Aber aus anderen Quellen habe ich erfahren, dass für die Kinder aus Mischehen eine Sonderbehandlung vorgesehen

di eliminare prima gli ebrei autentici, cioè figli di ambedue i genitori di religione ebraica, per poi passare ai cosiddetti sangue misto, anche perché la metà di quel sangue, lo volessero o no, era ariano!

Io desidero vedere il luogo dove circa settant'anni fa Hans Albala trascorse un anno e dieci mesi della sua giovane vita. Si tratta di un campo di mais, vicino alle rotaie di una stazioncina, dove niente ricorda le sofferenze, la disperazione di tanti uomini: un luogo idilliaco di grande bellezza naturale, il lago, le montagne intorno, le casette pittoresche. Il Dr. Quatember mi ha mostrato alcune fotografie di contadini che davanti al filo spinato raccoglievano le messi, indisturbati dalla presenza di quegli uomini, dalle loro baracche, dalla disperazione che certamente traspariva dai loro volti: per legge era proibito anche solo parlare o avvicinarsi a quelli che venivano considerati reietti della società. Nello stesso campo erano internati anche prigionieri russi e la preoccupazione dei capi era che i due gruppi di prigionieri potessero sfiorarsi, toccarsi, fare amicizia, per evitare una possibile contaminazione di razze, nonostante il loro profondo disprezzo per i russi.

Voglio vedere anche il luogo in cui sorgeva il *Lager di Mitterweißenbach*: da una parte il fiume Traun, dall'altra le montagne. La strada che fa una curva è stata costruita, asfaltata da loro, dai deportati.

Il Dr. Quatember tempo fa è riuscito a far mettere a Traunkirchen un piccolo segno, una specie di monumento, una serie di cubi di cemento con lastre sovrapposte, in cui sono incisi i nomi di tutti coloro che sono passati da questo Lager, 476, per poi venir deportati e uccisi in altri campi di sterminio, con qualche eccezione: ho visto anche il nome di Hans Albala, uno dei pochi sopravvissuti. Anche questa volta sono stata sopraffatta da una forte emozione, un lutto per

war, das heißt, man tötete zuerst die authentischen Juden, also die Kinder deren beide Eltern Juden waren, um dann zu den sogenannten Mischlingen überzugehen, auch weil die Hälfte jenes Blutes, ob sie wollten oder nicht, arisch war!

Ich möchte die Stelle sehen, an der Hans Albala vor ungefähr siebzig Jahren ein Jahr und zehn Monate seines jungen Lebens verbrachte. Es handelt sich um ein Maisfeld neben den Geleisen eines kleinen Bahnhofs, wo nichts an die Leiden, die Verzweiflung so vieler Menschen erinnert; ein idyllischer Ort von großer natürlicher Schönheit, mit dem See, den Bergen rings herum, den malerischen Häusern. Doktor Quatember hat mir einige Fotografien von Bauern gezeigt, die diesseits des Stacheldrahtzauns ihr Korn ernteten, unberührt von der Anwesenheit jener Männer und ihrer Baracken, von der Verzweiflung, die sich in diesen Gesichtern widerspiegelte; von Gesetz wegen war es verboten, sich denen, die als Auswurf der Gesellschaft angesehen wurden auch nur zu nähern oder mit ihnen zu sprechen. Im selben Lager waren auch russische Gefangene interniert, und die Lagerleitung trug Sorge, dass sich die beiden Gruppen von Internierten nicht einander nähern, sich nicht berühren, oder anfreunden konnten, um eine mögliche Kontaminierung der Russen zu vermeiden, trotz ihrer Verachtung für die Slawen.

Ich will auch den Ort sehen, an dem das Lager Mitterweißenbach stand: auf der einen Seite die Traun, auf der anderen die Berge. Die Straße, die dort einen Bogen macht, ist von ihnen, den Deportierten, gebaut und asphaltiert worden.

Vor einiger Zeit ist es Doktor Quatember gelungen, in Traunkirchen ein kleines Erinnerungszeichen, eine Art Mahnmal, errichten zu lassen: eine Reihe von Zementquadern, mit übereinander liegenden Platten, in welchen die Namen all jener eingraviert sind, die durch dieses Lager gingen, 476 an der Zahl, um dann, mit wenigen Ausnahmen, in andere Vernichtungslager deportiert und ermordet zu werden. Ich habe dort auch den Namen Hans Albala gesehen, ei-

lui e per tutti gli altri condannati ingiustamente.
Del suo soggiorno a Eisenerz purtroppo non ho nessuna documentazione: nel '45 furono bruciati tutti i documenti dalle SS, ma so che quel Campo era famoso per la durezza del trattamento verso i detenuti.

Adesso mi resta l'ultima tappa.

Vienna in autunno, sotto una pioggerellina sottile e insistente, è grigia. Tre giorni di grigio in grigio.

La prima visita è all'*Israelitische Kultusgemeinde*, per incontrarmi di nuovo col Dr. Eckstein al quale avevo annunciato la mia venuta. Mi riconosce subito, benché sia passato più di un anno. Sempre in grandissima attività, cortese, estremamente interessato, pronto a rispondere a ogni domanda. Nella piccolissima stanza, forse due metri per due, nella quale è impossibile muoversi, anche perché come la prima volta, un tavolo e quattro sedie occupano tutto lo spazio, siede un giovane, intento a sfogliare grossi registri. Mi guarda assai scettico e dopo qualche minuto non può più trattenersi dal dirmi che tutte le mie fatiche sono inutili. Io reagisco dichiarando di essere una terribile dilettante e che forse per questo sono ingenua ma ottimista: riuscirò a mettere insieme questa biografia, che lo voglia o no. Lui mi guarda e sorride con una certa ironia. Mi sembra di leggere i suoi pensieri... ma non voglio trascriverli. Ad ogni modo, riprende il suo lavoro; dopo un po', anche se controvoglia, si interrompe. Sottovoce, benché oltre a me e lui non ci sia nessuno nella stanza, mi consiglia di cercare negli atti ereditari, all'archivio. Posso avere informazioni importanti. Lo ringrazio perché trovo sia un ottimo suggerimento.

ner der wenigen Überlebenden. Auch dieses Mal bin ich von einem Gefühl der Trauer übermannt worden, für ihn und all die anderen zu Unrecht Verurteilten.

Zu seinem Aufenthalt in Eisenerz habe ich leider keine Unterlagen: 1945 wurden alle Dokumente von der SS verbrannt, aber ich weiß, dass dieses Lager berüchtigt war für die Härte, mit der die Gefangenen behandelt wurden.

Jetzt bleibt mir die letzte Etappe.

Unter einem leichten und anhaltenden Nieselregen ist Wien im Herbst grau. Drei Tage grau in grau.

Mein erster Besuch gilt der Israelitischen Kultusgemeinde, um mich abermals mit Magister Eckstein zu treffen, dem ich mein Kommen angekündigt habe. Er erkennt mich sofort wieder, obwohl mehr als ein Jahr vergangen ist. Immer noch sehr beschäftigt, höflich, äußerst interessiert, bereit jede Frage zu beantworten. In dem sehr kleinen Vorraum, vielleicht zwei mal zwei Meter, in dem es unmöglich ist sich zu bewegen, auch weil, wie beim ersten Mal, ein Tisch und vier Stühle den ganzen Raum ausfüllen, sitzt ein junger Mann, der in großen Ordnern blättert. Er sieht mich sehr skeptisch an und nach einigen Minuten schafft er es nicht mehr, sich zurückzuhalten und sagt mir, dass meine Bemühungen unnütz seien. Ich reagiere, indem ich erkläre, dass ich eine furchtbare Dilettantin bin und dass ich vielleicht deshalb einfältig aber optimistisch sei: ich würde es schaffen, diese Biografie zu rekonstruieren, ob es ihm passe oder nicht. Er sieht mich an und lächelt mit einer gewissen Ironie. Mir scheint, als könne ich seine Gedanken lesen ... will sie aber nicht niederschreiben. Jedenfalls nimmt er seine Arbeit wieder auf; nach einer Weile unterbricht er sie wieder, wenn auch widerwillig. Obwohl außer mir und ihm niemand im Raum ist, rät er mir im Flüsterton, ich solle im Archiv in den Erbschaftsurkunden suchen. Da könne ich wichtige Hinweise finden. Ich bedanke mich bei ihm, weil ich finde, dass das ein guter Tipp ist.

Qui non riesco a trovare niente di nuovo; posso solo appurare che le informazioni del Dr. Quatember, su una certa Philippina Albala uccisa a Minsk nel 1941, non sono esatte. Non si tratta di una sorella di Hans, ma di una lontana parente, sposata a un Daniel Albala. Il che è molto per me. Mi ha evitato di commettere un grave errore.

Subito mi precipito al solito Gasometer, sede dell'Archivio centrale e faccio richiesta degli atti di morte di Hans e di sua madre. In tre giorni rifaccio la stessa strada tre volte, sempre in quell'ambiente allucinante da film di fantascienza. Il terzo giorno qualcuno mi bussa alla spalla: il mio conoscente assai scettico di qualche giorno fa alla Kultusgemeinde. So anche il suo nome, Georg Gaugusch[16]. Mi sorride soddisfatto e mi chiede se ho scoperto qualcosa di nuovo. Anche lui è un appassionato di archivi, in continua ricerca di persone perdute, travolte dalla Storia. Sembra sia il compito della sua vita. Ecco qualcosa che mi piace e mi riempie di entusiasmo. Lo ringrazio caldamente e lui continua a sorridere, contento e senza la minima ironia. Di colpo lo sento amico, in ogni caso un mio consimile. Un bellissimo incontro che non dimenticherò.

Adesso ho anche diversi indirizzi: dove abitava il padre al momento del suo secondo matrimonio, Hetzgasse 40, III *Bezirk*, e la madre, Theresia Filip, Paulusgasse 6, anche nel III *Bezirk*.

Decido di vedere le case.

Una casa sa raccontare tante cose, lo so per esperienza. Vi si può leggere tanto sulle persone che vi abitano, sulla

[16]Nel frattempo ho saputo che ha scritto un libro monumentale, biografie di ebrei viennesi scomparsi, stampato nel 2011. Il titolo *Wer einmal war* spiega tutto.

Hier kann ich nichts Neues finden; ich kann nur feststellen, dass der Verweis Doktor Quatembers auf eine gewisse Philippina Albala, 1941 in Minsk ermordet, nicht richtig ist. Es handelt sich nicht um eine Schwester Hans Albalas, sondern um eine entfernte Verwandte, mit einem Daniel Albala verheiratet. Das aber ist wichtig für mich, weil es mich davor bewahrt hat, einen schweren Fehler zu begehen.

Ich eile sofort wieder zum Gasometer, Sitz des Zentralarchivs und ersuche um Einsichtnahme in die Todesurkunden von Hans und seiner Mutter. Innerhalb dreier Tage mache ich denselben Weg drei mal, immer in diese Umgebung aus einem Science-Fiction Film zurückkehrend. Am dritten Tag tippt mir jemand auf die Schulter: mein ziemlich skeptischer Bekannter von der Kultusgemeinde von vor einigen Tagen. Jetzt kenne ich auch seinen Namen: Georg Gaugusch[17]. Er lächelt mich zufrieden an, und fragt mich, ob ich etwas Neues gefunden hätte. Auch er ist ein begeisterter Archivbesucher, dauernd auf der Suche nach verlorenen, von der Geschichte überrollten Menschen. Es scheint, als sei das seine Lebensaufgabe. Das ist etwas, was mir gefällt und mich mit Enthusiasmus erfüllt. Ich bedanke mich herzlich und er lächelt immer noch, zufrieden und ohne eine Spur Ironie. Auf einmal empfinde ich ihn als Freund, in jedem Fall als Gleichgesinnten. Eine wunderbare Begegnung, die ich nicht vergessen werde.

Ich habe jetzt auch einige Adressen: jene, wo Albalas Vater zum Zeitpunkt seiner zweiten Hochzeit wohnte, Hetzgasse 40 im III. Bezirk, und die der Mutter, Theresia Filip, Paulusgasse 6, ebenfalls im III. Bezirk.

Ich beschließe mir die Häuser anzusehen.

Ein Haus kann viele Dinge erzählen, ich weiß das aus Erfahrung. An ihm kann man viel von den Menschen ablesen,

---

[17]Inzwischen habe ich erfahren, dass er ein monumentales Werk mit Biografien von verschwundenen Wiener Juden verfasst hat, das 2011 erschienen ist. Der Titel, *Wer einmal war*, sagt alles.

vita, il ceto sociale, la cultura, cosa che non riescono a fare documenti, atti, o altre testimonianze cartacee.

Noto subito che le due strade sono assai vicine e gli stabili, costruiti alla fine dell'Ottocento, dimostrano di appartenere alla classe della media borghesia. A Vienna è abbastanza facile distinguere, dalla costruzione dei palazzi, a quale ceto appartenessero i loro abitanti. Un palazzo abitato da operai, da chi cioè lavora con le mani, era di solito un casermone costruito per la maggior parte dallo Stato, con un solo cesso sul pianerottolo e una cosiddetta '*Bassena*', unica fonte di acqua per tutto il piano. La maggior parte di questi casermoni risalgono al primo periodo dello sviluppo industriale, quando la fortissima emigrazione dai paesi limitrofi, tutti facenti parte dell'Impero Austro-Ungarico, aveva messo la città in grande difficoltà: la gente pernottava perfino sotto i ponti del Danubio e le stanze private venivano affittate con turni di ore per dormire. Ma questa è un'altra storia.

Le due case della Hetzgasse e dalla Paulusgasse non rientrano in questa categoria. Un dato importante per stabilire a quale ceto sociale appartenessero i genitori di Hans.

Ma la madre, Theresia, risulta essere stata battezzata nella parrocchia della Erdbergstraße, nel II Bezirk. Vado a vedere i suo atto di nascita e di battesimo e vengo a sapere che il padre Franz Filip, magnano ma soltanto garzone cioè fabbro di chiavi, (in tedesco Schlossergehilfe) e la madre Anna Mates, emigrati dalla Boemia, abitavano nella Schlachthausgasse 14. Anche questa una casa di un certo livello, ma sembra essere stata ricostruita alla fine del XIX secolo. In precedenza le case in quel Bezirk erano piccole, misere, abitate da operai.

Mi chiedo come sia accaduto che dalla Schlachthausgasse

die darin wohnen, vom Leben, dem sozialen Status, der Kultur, das was Dokumente, Akten und andere papierene Zeugen nicht sagen können.

Ich bemerke, dass die beiden Straßen ziemlich nahe beieinander liegen und die Häuser, die Ende des neunzehnten Jahrhunderts erbaut wurden, bestätigen, dass sie zur Mittelschicht gehörten. In Wien ist es, ausgehend von den Gebäuden, ziemlich einfach darauf zu schließen, welcher Gesellschaftsschicht ihre Bewohner angehören. Ein Haus, das von Arbeitern bewohnt war, von Menschen, die mit ihren Händen arbeiten, war normalerweise ein Block, der in den meisten Fällen vom Staat errichtet wurde, mit einem Abort pro Etage und einer sogenannten 'Bassena', der einzigen Wasserstelle im Stockwerk. Die meisten dieser Mietshäuser gehen auf die Zeit der ersten Industrialisierung zurück, als die starke Abwanderung aus den angrenzenden Ländern, alle Teil des österreichisch-ungarischen Kaiserreichs, die Stadt in große Schwierigkeiten stürzte: die Menschen schliefen gar unter den Donaubrücken, und die Privatzimmer wurden stundenweise zum Schlafen vermietet. Doch das ist eine andere Geschichte.

Die beiden Häuser in der Hetz- und in der Paulusgasse fallen nicht in diese Kategorie. Ein wichtiger Hinweis, um festzustellen, welcher sozialen Schicht die Eltern von Hans angehörten.

Doch die Mutter, Theresia, ist in der Pfarre in der Erdbergstraße im III. Bezirk getauft worden. Ich sehe mir die Geburts- und die Taufurkunde an, und erfahre, dass der Vater, Franz Filip, Schlossergehilfe, und die Mutter, Anna Mates, aus Böhmen zugewandert, in der Schlachthausgasse 14 wohnten. Auch dieses ein Wohnhaus mit einem gewissen Niveau, doch scheint es Ende des neunzehnten Jahrhunderts renoviert worden zu sein. Vorher waren die Häuser in jenem Bezirk klein, armselig, von Arbeitern bewohnt.

Ich frage mich, wie es kam, dass sie von der Schlachthaus-

(via del Macello) sia andata ad abitare in un Bezirk più elegante, il III, e in una strada con carattere spiccatamente signorile. Non risulta da nessun documento che vi abitasse insieme ai genitori. Forse era andata a servizio presso una famiglia, forse era bambinaia o governante. Non ho altra spiegazione.

Tutte supposizioni, lo ammetto, ma la circostanza che Mauricio Diego, ventinovenne, forse già divorziato, abitasse all'angolo della strada mi dà molto da pensare. Theresia all'età di 24 anni, cattolica romana, esce dalla sua religione, il 10 novembre 1906, per sposare un mese dopo, il 15 dicembre 1906, l'ebreo Mauricio Diego Albala, giornalista, di condizioni superiori alle sue. In una Vienna quanto mai antisemita, un passo assai coraggioso, discriminante, tanto è vero che l'11 ottobre 1935, subito dopo la morte del marito, avvenuta il 2 giugno 1935 per difetto alle valvole cardiache, rientrò in seno alla Chiesa cattolica.

Mi piace pensare che si sia trattato di un matrimonio d'amore. Theresia, Risa o Resa, era possibilmente una bella donna e Mauricio Diego Albala con ogni probabilità si innamorò della sua bella vicina, provocando il divorzio dalla prima moglie. Dagli atti risulta che il matrimonio fu celebrato in forma di '*Notzivilehe*' cioè solo civilmente e lui vi compare come scapolo! La mia tesi è che il primo matrimonio con Lucija Löwy, ebrea, era stato celebrato solo in forma religiosa, quindi non riconosciuto civilmente, per cui nonostante la moglie e i due figli, secondo la legge austriaca era ancora scapolo. Inoltre ancora secondo la legge austriaca, una coppia di religione diversa non poteva essere congiunta legalmente e in nessuna forma, se una delle parti non rinunciava alla propria fede, in questo caso Theresia, come risulta appunto dai documenti. L'atto di abiura avvenne un mese prima della celebrazione del matrimonio solo civile, secondo

gasse in einen viel eleganteren Bezirk, den III. und in eine augenscheinlich vornehmere Straße übersiedelt ist. Aus keinem Dokument geht hervor, dass sie bei ihren Eltern wohnte. Vielleicht war sie bei einer Familie im Dienst, vielleicht war sie Kindermädchen oder Gouvernante. Ich habe keine andere Erklärung.

Alles Mutmaßungen, ich gebe es zu, aber der Umstand, dass der neunundzwanzigjährige Mauricio Diego, vielleicht bereits geschieden, in der Straße um die Ecke gewohnt hat, gibt mir sehr zu denken. Mit vierundzwanzig Jahren tritt Theresia, römisch katholisch, am 10. November 1906 aus der Kirche aus, um einen Monat später, am 15. Dezember 1906, den sozial besser gestellten Journalisten, den Juden Mauricio Diego Albala zu heiraten. In einem mehr denn je antisemitischen Wien ein sehr mutiger, diskriminierender Schritt, nicht umsonst tritt sie am 11. Oktober 1935, gleich nach dem Tod ihres Mannes, der am 2. Juni 1935 wegen eines Herzklappenfehlers gestorben war, wieder in die katholische Kirche ein.

Es gefällt mir anzunehmen, dass es sich um eine Liebesheirat gehandelt hat. Theresia, Risa oder Resa war möglicherweise eine schöne Frau und Mauricio Diego Albala verliebte sich sehr wahrscheinlich in seine schöne Nachbarin und provozierte so die Scheidung von seiner Frau. Aus den Akten geht hervor, dass die Hochzeit in Form einer 'Notzivilehe' geschlossen wurde, das heißt, bloß standesamtlich, und dass er als Junggeselle aufscheint! Meine These ist, dass die erste Ehe mit Lucija Löwy, Jüdin, nur kirchlich geschlossen worden ist, folglich zivilrechtlich nicht anerkannt wurde, weshalb er trotz Frau und zwei Kindern, laut österreichischem Gesetz noch ledig war. Außerdem konnte ein Paar unterschiedlicher Konfession, immer nach österreichischem Gesetz, rechtlich in keinerlei Form verbunden werden, wenn nicht einer der beiden auf seinen Glauben verzichtete, in diesem Fall Theresia, wie eben aus den Akten hervorgeht. Der Akt des Kirchenaustritts fand, laut den Informationen,

l'informazione avuta dal Magister Eckstein *dell'Israelitische Kultusgemeiende* di Vienna.

Con lui visse circa 29 anni e alla sua morte ebbe diritto a una buona pensione, data la posizione del marito, giornalista, capo redattore presso la *Wiener allgemeine Zeitung* e della *Wiener Mittags-Zeitung*[18] pensione che alla sua morte, avvenuta alla bella età di novantadue anni, il 27.7.1974 per polmonite, ammontava a 4.690 scellini al mese, una somma rispettabile per quei tempi.

Questo dunque il contesto familiare di Hans Albala.

Da una biografia apparsa di recente[19] si afferma che Hans Albala nel 1936, per qualche semestre, frequentò l'Università di Vienna, facoltà di medicina, un fatto assai improbabile data la giovane età di Hans che per sua propria affermazione non era in possesso della Maturità. Con tutto ciò ho fatto una ricerca presso l'Archivio dell'Università. Mi è stato comunicato che il nome Albala non appare in nessun documento. Inoltre, sempre dallo stesso autore, viene affermato che Hans Albala frequentò la *Kunstschule*, a Linz. Anche presso l'Accademia d'arte di questa città ho fatto ricerche senza alcun risultato. Senza tener conto che dai documenti ricavati presso l'Archivio di Vienna risulta residente a Vienna, prima nella casa della madre, Untere Weissgerbergasse 19 (la stessa dove risiedeva il padre fino alla sua morte), poi dal 1947 in diversi indirizzi, sempre a Vienna e dal 1962 fino al 1967 nella Jacquingasse insieme alla giovane moglie.

---

[18]Notizie ricavate dalla *Bibliographie der österreichischen Zeitungen 1621-1945*, Band 4. KG Saur München 2003.

[19]*Die Kunst des Einzelbilds. Animation in Österreich – 1832 bis heute*, di diversi autori. Verlag Filmarchiv Austria 2010, pag. 109 e seg.

die ich von Magister Eckstein von der Israelitischen Kultusgemeinde Wien erhalten habe, einen Monat vor der standesamtlich geschlossenen Heirat statt.

Mit ihm lebte sie neunundzwanzig Jahre zusammen und nach seinem Tod hatte sie angesichts der guten Stellung ihres Mannes, Journalist und Chefredakteur bei der Wiener Allgemeinen Zeitung und der Wiener Mittags-Zeitung[20] Anrecht auf eine gute Pension, die sich bei ihrem am 27. Juli 1974 im hohen Alter von zweiundneunzig Jahren eingetretenen Tod, auf 4.690 Schillinge im Monat belief, eine für die damalige Zeit ansehnliche Summe.

Das also war der familiäre Kontext Hans Albalas.

In einer kürzlich erschienenen Biografie[21] wird behauptet, dass Hans Albala 1936 für einige Semester die medizinische Fakultät der Universität Wien besucht habe, eine ziemlich unwahrscheinliche Geschichte angesichts des jugendlichen Alters Hans Albalas, der zudem laut eigenen Angaben nicht im Besitz des Abiturs war. Daraufhin habe ich Nachforschungen im Archiv der Universität angestellt. Man hat mir mitgeteilt, dass der Name Hans Albala in keinem Dokument auftaucht. Derselbe Autor behauptet außerdem, dass Hans Albala die Kunstschule in Linz besucht habe. Auch an der Kunstakademie dieser Stadt habe ich Nachforschungen angestellt, ebenfalls erfolglos. Ohne zu berücksichtigen, dass er laut den im Wiener Archiv ausfindig gemachten Unterlagen erst im Haus seiner Mutter in der Unteren Weissgerbergasse 19 in Wien gewohnt hat (wo auch der Vater bis zu seinem Tod wohnhaft war), und ab 1947 verschiedene Anschriften gehabt hat, immer in Wien, bis er von 1962 bis 1967 gemeinsam mit seiner jungen Frau in der Jacquingasse

---

[20]Informationen, die ich aus der *Bibliografie der österreichischen Zeitungen 1621-1945*, Band 4, KG Saur, München 2003, entnommen habe.

[21]*Die Kunst des Einzelbilds. Animation in Österreich – 1832 bis heute*, von verschiedenen Autoren, Verlag Filmarchiv Austria 2010, S. 109 ff.

È possibile che abbia studiato presso una scuola privata, ma non sono riuscita a trovare nessun documento. Più facile una formazione di tipo autodidattico, che può risalire già agli anni scolastici, quando si divertiva a disegnare caricature e figurine comiche come fanno spesso i ragazzini che si annoiano, in possesso di un certo talento per le arti figurative. Anche questa, solo una supposizione. Inoltre da una sua dichiarazione ufficiale risulta aver esercitato la professione di giornalista free lance con uno stipendio mensile di 300 scellini, almeno fino al 1959. A partire da questa data nei moduli in cui doveva denunciare la propria residenza, alla voce professione dichiara per la prima volta: '*Filmgraphiker*'.

Di lui si conoscono pochi film pubblicitari, sei o sette in tutto, che a detta di testimonianze orali, gli procurarono dei riconoscimenti dello Stato Austriaco; purtroppo non sono riuscita ad appurarne la veridicità, dato che l'ufficio addetto non possiede un Archivio. Dal succitato libro Hans Albala viene considerato un '*Aussenseiter*' (parola piuttosto difficile da tradurre, che definisce quel tipo d'uomo che si isola, che vive una sua vita a parte). In ogni caso un avanguardista, un originale.

Il suo primo film conosciuto, del 1958, è una piccola pubblicità tutta giocata sulle sette lettere che formano il nome del cognac *Bouchet*. In questo primo esempio si nota già quello che sarà in seguito il suo stile particolare e cioè l'uso della musica, e ancor più del ritmo che scandisce il susseguirsi delle figure.

Il secondo, anche del 1958, una pubblicità per il rasoio Remington 'Roll-A-Matik', in cui si serve del nuovo concetto per combinare figure reali con cartoni animati, sempre con una partecipazione musicale di primaria importanza.

wohnte.

Es kann sein, dass er an irgendeiner Privatschule studiert hat, doch konnte ich keine diesbezüglichen Unterlagen finden. Wahrscheinlicher ist eine Ausbildung autodidaktischer Art, die auf seine Schulzeit zurückführen könnte, als er Spaß daran hatte, Karikaturen und lustige Figuren zu zeichnen, wie es Kinder, die mit einem gewissen künstlerischen Talent ausgestattet sind, häufig tun, wenn sie sich langweilen. Aber auch dies ist nur eine Mutmaßung. Außerdem geht aus einer seiner amtlichen Erklärungen hervor, dass er zumindest bis 1959 den Beruf eines freien Journalisten ausübte, bei einem monatlichen Einkommen von 300 Schillingen. Ab diesem Zeitpunkt gibt er in den Vordrucken, in denen er seinen Wohnsitz eintragen musste, zum ersten Mal 'Filmgraphiker' als Beruf an.

Man kennt nur wenige Werbefilme von ihm, sechs oder sieben insgesamt, die ihm laut mündlichen Bezeugungen einige Staatspreise einbrachten; leider gelang es mir nicht, die Wahrhaftigkeit dieser Aussagen zu überprüfen, da das zuständige Büro kein Archiv besitzt. Von den Autoren des oben zitierten Buches, wird Hans Albala als 'Außenseiter' bezeichnet. Jedenfalls ein Avantgardist, ein Original.

Seine erste bekannte Arbeit aus dem Jahr 1958, ist ein kleiner Werbefilm, der mit den sieben Buchstaben spielt, die den Namen des Cognacs *Bouchet* bilden. In diesem ersten Beispiel, sticht bereits das ins Auge, was in der Folge seinen persönlichen Stil ausmachen wird, das heißt den Einsatz der Musik, mehr noch des Rhythmus', der die Aufeinanderfolge der Figuren skandiert.

Der zweite, ebenfalls aus dem Jahr 1958, ist eine Werbung für den Elektrorasierer 'Roll-A-Matik' der Firma Remington, in der er sich eines neuen Konzeptes bedient, das reale Personen mit Zeichentrickfiguren kombiniert, auch hier mit einer musikalischen Begleitung herausragender Bedeutung.

Segue nel 1959 un film considerato il suo capolavoro, per una catena di negozi di scarpe, 'Humanic', presente in tutte le città austriache, in cui i due elementi, il reale, con la figura di una giovane donna, e il fantastico si confondono in un susseguirsi di ritmi e colori di grande effetto visivo oltre che acustico.

Nello stesso anno crea anche il 'Capriccio Italien', con una frequenza di immagini tipicamente turistiche italiane in cui manifesta più alte aspirazioni artistiche: soprattutto la scelta dei brani musicali denota una notevole sensibilità e conoscenza del repertorio musicale italiano; secondo me il suo lavoro più riuscito.

Nel 1962 lavora per la Philips con due film, '*Produkte*' e '*Lichtspiele*' che non sono riuscita a documentare.

Nel 1964 avviene un cambiamento radicale nella sua attività, dovuta forse all'incontro con un personaggio che negli anni seguenti doveva avere un ruolo di non poca importanza nella sua vita: il dottor Franz D., un cinquantenne, medico specialista per malattie polmonari, che durante la guerra e più ancora nell'immediato dopo guerra aveva esercitato con molto profitto la borsa nera.

Insieme a lui, il 24 novembre 1964 (*Handelsregister nr. 9064*) fondò una società 'Albala & Co' cambiata due anni dopo, il 27 maggio 1966, in 'Batavia Film', per produrre corti, cartoni animati e film pubblicitari, con un capitale di 100.000 scellini. (Questa Società a Responsabilità Limitata fu sciolta il 22 ottobre 1975)

Per quanto è stato possibile appurare, il primo film, con attori, comparse e riprese esterne assai dispendiose, fu realizzato in seguito a una committenza del Ministero dell'Interno, per lo *Zivilschutz* (sicurezza civile), che doveva informare la gente sul modo di comportarsi in caso di una guerra atomica, di un incendio e altri disastri di ordine pub-

1959 folgt ein Film, der als sein Meisterwerk angesehen wird, eine Werbung für eine Kette von Schuhgeschäften, 'Humanic', mit Läden in allen Städten Österreichs, in der die beiden Elemente, das Wirkliche – die Figur einer Frau, und das Fantastische – eine Aufeinanderfolge von Rhythmen und Farben mit großer audiovisueller Wirkung ineinander übergehen.

Im selben Jahr schafft er den 'Capriccio Italien', mit einer Abfolge von typisch touristischen Italienbildern, in denen er hohe künstlerische Ansprüche zum Ausdruck bringt; vor allem die Wahl der Musikstücke zeugt von einem bemerkenswerten Feingefühl und großer Kenntnis des italienischen Musikrepertoires; meiner Meinung nach seine am besten gelungene Arbeit.

1962 arbeitet er für Philipps mit zwei Filmen: 'Produkte' und 'Lichtspiele', die ich nicht aufzufinden vermochte.

1964 erfolgt ein radikaler Wandel in seiner Tätigkeit, vielleicht abhängig von der Begegnung mit einem Menschen, der in den darauffolgenden Jahren eine besondere Bedeutung in seinem Leben haben sollte: Doktor Franz D., ein Fünfzigjähriger, auf Lungenkrankheiten spezialisierter Arzt, der während des Krieges und mehr noch unmittelbar nach dem Krieg mit gutem Gewinn auf dem Schwarzmarkt spekuliert hatte.

Mit ihm gründete er am 24. November 1964 (Handelsregister Nr. 9064) die GmbH 'Albala & Co', die zwei Jahre darauf, am 27. Mai 1966, in 'Batavia Film' umbenannt wurde, um Kurzfilme, Zeichentrickfilme und Werbefilme herzustellen, mit einem Gesellschaftskapital von 100.000 Schillingen. (Die Firma wurde am 22. Oktober 1975 aufgelöst.)

Soweit mir zu ermitteln möglich war, wurde der erste Spielfilm mit Darstellern, Komparsen und ziemlich kostspieligen Außenaufnahmen in Folge eines Auftrags des Innenministeriums für den Zivilschutz realisiert, der die Menschen darüber aufklären sollte, wie sie sich im Falle eines Atomkrieges, eines Brandes und anderer Katastrophen zu verhal-

blico. Il personaggio principale, uno studente, doveva andare di notte da un locale all'altro per vendere l'edizione della sera di un giornale e discutere con gente di vario tipo sui problemi della sicurezza pubblica. Per volere di un politico, il giovane che vendeva il giornale doveva portare una sopravveste col nome del giornale, '*Express*', chiaramente di sinistra; terminato il film, sorsero problemi col Ministero che non voleva vedere il nome di quel giornale in ogni scena del film; fu data la colpa ad Albala mentre il politico che aveva ordinato il film con la chiara intenzione di pubblicizzare quel giornale si tirò indietro declinando ogni responsabilità. La conclusione fu che il film non venne accettato, con grave danno materiale di Albala e del suo produttore, nel senso che non venne corrisposto il compenso pattuito. Nessuno sa che fine abbia fatto quel film.

Nel frattempo arrivavano da tutte le parti persone che chiedevano denaro per questo e per quello, e anche l'ufficiale giudiziario apparì, mandato dalla padrona di casa, un'attrice cinematografica che abitava a Monaco, per pignorare i mobili della casa di sua proprietà, dato che da mesi non era stato pagato l'affitto.

Altra denuncia arrivò, questa volta da parte della ex moglie di Ernst Welisch, il soggettista, che aveva dato la sua Skoda in prestito alla casa di produzione cinematografica, necessaria per riprendere gli esterni del film. H.Z. addetto anche alla guida di quella vecchia macchina, testimoniò in tribunale, raccontando come in realtà erano andate le cose e il povero Albala o chi per lui fu condannato a pagare una somma a quanto pare precedentemente pattuita, ma di cui nessuno si ricordava.

Nella disperazione del momento sia Albala che il soggettista avevano dimenticato di aver preso un impegno per un film pubblicitario con una fabbrica di detersivi, che voleva lanciare un nuovo prodotto, una polvere per lavare. La loro

ten hätten. Die Hauptfigur, ein Student, sollte nachts von einem Lokal ins andere ziehen, um die Abendausgabe einer Zeitung zu verkaufen und mit Menschen unterschiedlichster Art über Probleme der öffentlichen Sicherheit zu diskutieren. Auf Anordnung eines Politikers musste der junge Mann, der die Zeitungen verkaufte, einen Überwurf mit dem Namen der eindeutig linken Zeitung 'Express' tragen. Als der Film fertig gestellt war, entstanden Probleme mit dem Ministerium, das den Namen dieser Zeitung nicht in jeder Szene sehen wollte; die Schuld wurde Albala zugeschoben, während der Politiker, der den Film in der eindeutigen Absicht in Auftrag gegeben hatte, eben diese Zeitung zu bewerben, sich zurückzog und jede Verantwortung ablehnte. Am Ende wurde der Film abgelehnt, mit großem materiellen Schaden für Albala und seinen Produzenten, weil die vereinbarte Vergütung nicht ausbezahlt wurde. Niemand weiß, was aus diesem Film geworden ist.

Inzwischen tauchten von überall her Leute auf, die für dies und das Geld wollten, und auch die Hausherrin, eine Filmschauspielerin aus München, schickte den Gerichtsvollzieher, der Albalas Möbel in ihrem Haus pfändete, da seit Monaten die Miete nicht mehr bezahlt worden war.

Es folgte eine weitere Anzeige, dieses Mal von Seiten der ehemaligen Frau des Drehbuchautors Ernst Welisch, die der Produktionsfirma ihren Skoda geliehen hatte, der für die Außenaufnahmen gebraucht worden war. H.Z., der diesen alten Wagen chauffierte, sagte vor Gericht aus und erzählte, wie die Dinge in Wirklichkeit gelaufen waren, und der arme Albala oder wer auch immer an seiner statt, wurde zur Bezahlung einer, wie es scheint, im Voraus vereinbarten Summe, verurteilt, an die sich aber niemand mehr erinnerte.

In der Verzweiflung des Augenblicks hatte sowohl Albala als auch der Drehbuchautor vergessen, dass sie eine Verpflichtung für einen Werbefilm mit einer Waschmittelfabrik eingegangen waren, die ein neues Waschmittel auf den Markt

proposta era stata accettata con entusiasmo. Si trattava di una camicia appesa a un filo per asciugare, che ad un certo punto doveva muoversi e parlare, lodando il prodotto che l'aveva lavata. Nel caos che regnava in quella casa non fu facile trovare il contratto e si può considerare un vero colpo di fortuna se a un certo punto saltò fuori quella carta importante, in cui fra le altre cose era anche definita la penale, piuttosto alta, in caso di inadempienza. Subito, dato che i termini erano assai vicini, si misero a lavoro.

Si trattava di una serie di fotogrammi di una camicia, più di duecento fotografie numerate, che poi Hans, Ernstl e H.Z. impiegato come rumorista dalla casa di produzione per il film sullo Zivilschutz, con grande pazienza ritagliarono, per poi farne il film. Nel ritagliare quelle fotografie si persero buona parte dei numeri, restava però la progressione giusta. A un certo punto Albala spostò il mucchio e inavvedutamente rovesciò tutto per terra. Ci fu un momento di panico: il pavimento era coperto da fotografie che riproducevano sempre la stessa camicia in posizioni diverse. Una situazione disperata. Si sedettero intorno al tavolo e cominciarono a ordinare le figure. Il film non venne accettato perché le sequenze non erano nell'ordine giusto e i movimenti delle camicie troppo angolosi.

Intanto Hans Albala aveva preso parte a un concorso indetto dalla Società Elettrica Austriaca (*Verbundgesellschaft o Österreichische Elektrizitätwirtschaft-AG*) per celebrare il ventennio della propria fondazione. Il progetto, abbastanza nuovo e originale, si basava su una sequenza di immagini

bringen wollte. Ihr Vorschlag war begeistert angenommen worden. Es handelte sich um ein zum Trocknen auf einer Wäscheleine hängendes Hemd, das sich an einer gewissen Stelle bewegen und sprechen, und das Produkt, mit dem es gewaschen worden war, loben sollte. In dem Chaos, das in jenem Haus herrschte, war es nicht einfach den Vertrag zu finden, und es konnte als wahrer Glücksfall bezeichnet werden, als an einem gewissen Punkt das Papier auftauchte, in dem unter anderem auch die ziemlich hohe Vertragsstrafe festgesetzt war, die bei Vertragsbruch fällig war. Da der Abgabetermin sehr nahe war, machten sie sich sofort an die Arbeit.

Es handelte sich um eine Serie von Einzelbildern eines Hemds, mehr als zweihundert durchnummerierte Fotografien, die dann von Hans, Ernstl und H.Z., von der Produktionsfirma als Tontechniker für den Film über den Zivilschutz eingesetzt, mit sehr viel Geduld ausgeschnitten wurden, um dann eine Trick-Sequenz daraus zu machen. Beim Ausschneiden der Fotogramme, ging die Nummerierung verloren, doch blieben sie in der richtigen Reihenfolge. Irgendwann rückte Albala den Stapel beiseite und der Stapel fiel dabei unglücklicherweise auf den Boden. Es gab einen Augenblick der Panik: der Boden war übersät mit Fotos, die alle dasselbe Hemd in unterschiedlichen Positionen darstellten. Eine Situation zum Verzweifeln. Sie setzten sich an den Tisch und versuchten die Fotogramme wieder zu ordnen. Aber das gelang nicht und der Film wurde nicht angenommen, weil die Einzelbilder nicht in der richtigen Reihenfolge angeordnet waren, und die Bewegungen folglich ruckartig ausfielen.

Mittlerweile hatte Hans Albala an einem von der Verbundgesellschaft (Österreichische Elektrizitätswirtschaft-AG) ausgeschriebenen Wettbewerb teilgenommen, um das zwanzigjährige Jubiläum der Gründung zu feiern. Das Projekt, einigermaßen neu und originell, fußte auf einer Se-

con musica, senza testo. Il film aveva un titolo assai confacente alla Società, e cioè 'Sinfonia in E' in cui veniva usata la Sinfonia in mi (E in lingua tedesca) 'Dal nuovo mondo' di A. Dvořák, giocando sul significato della vocale 'E' per indicare Elettricità ma anche il titolo della sinfonia. Il progetto piacque e ne venne un film di grande originalità e bellezza, in cui risalta soprattutto il senso ritmico delle immagini perfettamente sincronizzate con il sistema tecnico necessario per produrre elettricità: un affascinante connubio fra musica e tecnica, fra paesaggi austriaci, cascate d'acqua montana e improvvisi contatti elettrici sottolineati e, si potrebbe pensare, voluti dalla musica di Dvořák. Un suggestivo incontro fra tecnica e poesia, tecnica e musica, tecnica e fantasia: in esso emerge l'estro, il senso artistico di Hans Albala come non aveva potuto dimostrare fino a quel momento con i piccoli film pubblicitari.

Più o meno finite le ricerche nei vari archivi, uffici, istituzioni della città di Vienna, mi appresto al non facile compito di stendere una specie di biografia di quest'uomo che, devo ammettere, ho conosciuto personalmente, anche se in modo assai superficiale.

Sono combattuta dal riserbo che mi consiglia il rispetto, la discrezione soprattutto riguardo alcuni aspetti della vita di una persona assai provata dalla Storia del XX secolo.

Il suo passato, infatti, lo seguiva e viveva con lui, benché non parlasse mai delle proprie origini, degli anni precedenti la guerra e tanto meno della guerra stessa e del dopoguerra: ma il peso delle esperienze vissute non gli lasciavano spazio per condurre una vita normale. Beveva molto per superare terribili attacchi di angoscia, per dormire, per dimenticare.

quenz von mit Musik unterlegten Bildern ohne Text. Der Film hatte einen ziemlich gut zur Gesellschaft passenden Titel: 'Symphonie in E', in dem eine Symphonie in e 'Aus der neuen Welt' von Antonín Dvořák eingesetzt wurde, dabei mit der Bedeutung des Vokals 'E' als Verweis auf Elektrizität und dem Titel der Symphonie spielend. Das Projekt gefiel und es wurde ein sehr origineller und schöner Film, in dem vor allem der Sinn für den Rhythmus der perfekt synchronisierten Bilder mit dem zur Stromproduktion notwendigen technischen Artefakten hervorsticht; eine faszinierende Verbindung zwischen Musik und Technik, zwischen österreichischen Landschaften, Wasserfällen und plötzlich betätigten elektrischen Kontakten, wie man glauben könnte, von Dvořáks Musik so gewollt. Eine suggestive Begegnung zwischen Technik und Poesie, Technik und Musik, Technik und Fantasie: in ihnen taucht die Begabung, das künstlerische Empfinden Hans Albalas auf, wie er es bis dahin mit den kleinen Werbefilmen noch nie hatte demonstrieren können.

Als ich mit meinen Recherchen in den verschiedenen Archiven, Ämtern, Institutionen der Stadt Wien fertig bin, mache ich mich an die nicht einfache Arbeit, eine Art Biografie dieses Mannes niederzuschreiben, den ich zugegebenermaßen persönlich kennengelernt habe, wenn auch auf sehr oberflächliche Weise.

Ich bin hin und her gerissen zwischen Zurückhaltung und Diskretion bezüglich einiger Aspekte im Leben eines von der Geschichte des zwanzigsten Jahrhundert schwer geprüften Menschen.

Seine Vergangenheit verfolgte ihn in der Tat und lebte mit ihm, obwohl er nie über die eigene Herkunft sprach, über die Jahre vor dem Krieg und noch weniger über den Krieg selbst und die Nachkriegszeit, doch das Gewicht der gemachten Erfahrungen ließen ihm keinen Raum, ein normales Leben zu führen. Er trank viel, um die fürchterlichen

Non so a quando risalisse questa abitudine, certo a dopo la guerra. Cominciava la giornata con un bicchiere di Whisky perché le sue mani tremavano tanto da non poter tenere la penna in mano per disegnare le sue amate figurine. Infatti anche durante il lavoro col film non tralasciava la sua attività grafica, forse per evadere dal mondo che lo circondava, dai pensieri o ricordi che lo assillavano. Era facile vederlo, di buon mattino, seduto al suo tavolo, davanti a un foglio bianco, intento a ricoprirlo di figure su figure, assorto in quelle linee che gli uscivano come per miracolo dalla penna, scegliendo i colori più tenui, seguendo un ritmo interiore; una musica che si esprimeva in linee e colori di una delicatezza quasi infantile.

Hans Albala era un uomo di grande sensibilità, incapace di alzare la voce, di giudicare un suo simile in modo negativo, sempre disponibile. In lui si sentiva l'essere offeso, che conosce fino in fondo il lato nero della vita per averne fatto esperienza diretta; ma le brutture, la crudeltà che aveva conosciuto e sperimentato da vicino, non avevano intaccato la purezza della sua anima, l'innocenza che traspariva dai suoi occhi, da tutto il suo modo di essere, di stare in mezzo alla gente; quasi un bambino che non riesce a vedere la realtà degli adulti, a farsene una ragione, accettarla e forse lasciarsene coinvolgere. E tutto questo, nonostante le esperienze della sua gioventù o forse proprio a motivo di esse. Non bisogna dimenticare che nel 1938 aveva solo diciannove anni, e a venti fu internato. Senza contare la coscienza di quanto avveniva intorno a lui, tanto che nel 1941 abiurò dalla religione ebraica, non si sa con quanto vantaggio.

In una vita svoltasi nell'arco di 58 anni, ci furono solo nove

Angstattacken zu überwinden, um zu schlafen, zu vergessen. Ich weiß nicht, seit wann er diese Angewohnheit hatte, mit Sicherheit aber erst seit Kriegsende. Er begann den Tag mit einem Glas Whisky, weil seine Hände dermaßen zitterten, dass er keine Feder in der Hand halten konnte, um seine geliebten Figuren zu zeichnen. In der Tat vernachlässigte er auch während seiner Arbeit am Film seine grafische Tätigkeit nicht, vielleicht um der Welt, die ihn umgab zu entfliehen, den Sorgen oder den Erinnerungen, die ihn bedrängten. Man konnte ihn oft früh am Morgen an seinem Tisch vor einem weißen Blatt Papier sitzen sehen, damit beschäftigt es mit unzähligen Gestalten zu füllen, ganz vertieft in diese Striche, die aus ihm wie durch ein Wunder hervorquollen, die zartesten Farben wählend, einem inneren Rhythmus folgend; eine Musik, die sich in Linien und Farben von einer beinahe kindlichen Zartheit ausdrückte.

Hans Albala war ein Mann großer Empfindsamkeit, unfähig die Stimme zu heben, seinesgleichen negativ zu beurteilen, immer hilfsbereit. In ihm spürte man das gekränkte Wesen, das die dunkle Seite des Lebens zutiefst aus persönlicher Erfahrung kannte; aber die Widerlichkeit, die Grausamkeit, die er aus der Nähe kennengelernt und erlebt hatte, haben die Reinheit seines Herzens, die Unschuld, die aus seinen Augen, aus seiner ganzen Art zu sein, mitten unter den Menschen zu sein, sprach, nicht angreifen können. Beinahe ein Kind, war es ihm nicht möglich, die Wirklichkeit der Erwachsenen zu sehen, sich damit abzufinden, sie zu akzeptieren und auch nicht, sich in diese Welt versetzen zu lassen. Und das alles trotz der Erfahrungen in seiner Jugend, oder vielleicht gerade deshalb. Man darf nicht vergessen, dass er 1938 erst neunzehn Jahre alt war und mit zwanzig interniert wurde. Ohne zu berücksichtigen, dass ihm bewusst war, was um ihn herum geschah, weshalb er 1941 aus der jüdischen Religionsgemeinschaft austrat, ohne damit seine Situation zu verbessern.

In einem 58 Jahre währenden Leben gab es nur neun

anni di intensa attività artistica: gli anni precedenti e quelli che seguirono sono documentati solo dai formulari dell'anagrafe, le sue diverse residenze, e infine il cimitero di Simmering, sulla cui tomba è scritto solo il cognome Albala senza data di nascita né di morte. Senza neanche il nome. Solo Albala. In una tomba, dove sembrano uniti altri nomi senza storia, forse sconosciuti gli uni agli altri.

Solo nomi, mentre di Albala restano testimonianze ancora visibili, che riescono a commuovere, come il film 'Sinfonia in E'.

Inoltre si può leggere il suo nome su alcuni libri specializzati. Questo è quanto resta di un essere umano.

Penso a questo punto di dover dare qualche spiegazione a proposito di H.Z., la fonte cui ho attinto alcune informazioni di carattere privato su Hans Albala.

H.Z., presentato da un suo amico cameraman, era capitato una mattina di un giorno qualsiasi, forse nell'estate del 1965, nella casa della Jacquingasse, un grande appartamento situato proprio di fronte all'Orto Botanico. Per parlare indisturbato Hans Albala lo aveva condotto sul balcone che dava sulla strada, dato che in quella casa c'era un viavai continuo di gente, senza la minima possibilità di appartarsi da qualche parte. Il cameraman sapeva che per la realizzazione di un film, e cioè per il documentario sulla difesa civile, si cercava ancora un tecnico del suono. H.Z. non aveva mai fatto un lavoro simile, ma da qualche tempo lavorava in teatro come tecnico del suono, aveva studiato pianoforte e disponeva di specifiche conoscenze tecniche. Albala non chiese neanche se avesse qualche esperienza nel campo del rumore e della sincronizzazione. Lo ingaggiò subito, dicendogli

Jahre intensiven künstlerischen Schaffens: die vorhergehenden und nachfolgenden Jahre sind nur in den Formularen des Standesamtes, seinen verschiedenen Wohnsitzen und schlussendlich auf dem Friedhof von Simmering dokumentiert, wo auf seinem Grab einzig der Nachname Albala geschrieben steht, ohne Geburts- und ohne Sterbedatum. Sogar ohne Vornamen. Nur Albala. In einem Grab, in dem andere geschichtslose Namen vereint aufscheinen, und deren Träger einander vielleicht unbekannt waren.

Nur Namen, während von Albala noch sichtbare Zeugnisse bleiben, die uns zu rühren vermögen, wie der Film 'Symphonie in E'.

Außerdem kann man seinen Namen in einigen Fachbüchern lesen. Das ist alles, was von einem menschlichen Wesen bleibt.

Ich glaube, dass ich an dieser Stelle einige Erklärungen zur Person H.Z. abgeben muss, die Quelle, aus der ich etliche Informationen privater Natur über Hans Albala schöpfen konnte.

H.Z. war eines Morgens, vielleicht im Sommer 1965 im Haus in der Jacquingasse, einer großen Wohnung, dem botanischen Garten gegenüber, aufgetaucht, vorgestellt von einem Kameramann, einem seiner Freunde. Um sich ungestört unterhalten zu können, hatte ihn Hans Albala auf den Balkon geführt, da in dieser Wohnung ein ständiges Kommen und Gehen von Menschen war, ohne irgendeine Möglichkeit, sich irgendwohin zurückziehen zu können. Der Kameramann wusste, dass für die Realisierung eines Films, das heißt für den Dokumentarfilm über den Zivilschutz, noch ein Tontechniker gesucht wurde. H.Z. hatte nie eine ähnliche Arbeit gemacht, aber er arbeitete seit einigen Monaten am Theater als Tontechniker, hatte Klavier gelernt und verfügte über spezifische technische Kenntnisse. Albala fragte nicht einmal, ob er irgendwelche Erfahrungen auf dem Gebiet der Geräusche und der Synchronisierung habe.

soltanto quale sarebbe stato il suo lavoro. Lui era fatto così. Se una persona gli piaceva l'accettava senza chiedere altro.

Del resto, difficile che qualcuno non gli piacesse. Si lasciava infatti circondare solo da persone che gli piacevano, che avevano qualche assonanza con la sua anima gentile, priva di pregiudizi. Tante persone sfruttarono questa cosiddetta debolezza, approfittandone anche in modo sfacciato, soprattutto finché c'era qualcosa da prendere, non fosse stato altro che una birra, un pasto al *Beisl* vicino dove era sempre lui a pagare per tutti. Poi, quando non c'era più niente da prendere, lo abbandonavano, sparivano semplicemente per tornare appena si sapeva che aveva ricevuto un nuovo anticipo. Lui non sapeva amministrare i soldi che gli venivano regolarmente dati per il suo lavoro. Non sapeva dire di no a chi gli chiedeva un prestito o un anticipo su presunti lavori, e spendeva, a piene mani, mai valutando l'effettivo valore del denaro. Sempre comprensivo delle miserie altrui, vere o inventate, pronto a dare. Sempre dare.

Sembrava essere solo al mondo, quasi venuto dal nulla. In quella casa non c'era posto per una famiglia, per parenti, ma soprattutto per un passato qualsiasi. Si sapeva solo che da poco aveva divorziato da una donna molto più giovane di lui, forse di una ventina di anni, e si sussurrava avesse avuto una relazione con la suocera... forse solo pettegolezzi di uomini.

Non aveva figli. Un uomo come lui non poteva avere figli.

Durante i due anni di collaborazione, cioè fino a metà del 1967, quando fu terminato il film 'Sinfonia in E', H.Z. in quella casa non sentì mai una sola parola che accennasse al passato di Albala e del suo soggettista e amico fidato Ernstl

Er sagte ihm nur, welches seine Aufgaben seien und engagierte ihn sofort. So war er. Wenn ihm ein Mensch gefiel, akzeptierte er ihn ohne weiter nachzufragen.

Außerdem war es schwer, dass ihm jemand nicht gefiel, er umgab sich auch nur mit Menschen, die ihm gefielen, die irgendeine Assonanz mit seinem freundlichen, vorurteilslosen Wesen hatten. Viele Menschen nutzten diese vermeintliche Schwäche auch auf unverschämte Weise aus, vor allem, solange noch Geld da war, sei es um ein Bier, eine Mahlzeit im nahen Beisl zu ergattern, wo er immer für alle bezahlte. Dann, als es nichts mehr zu holen gab, verließen sie ihn, verschwanden ganz einfach, um wieder aufzutauchen sowie sich herumsprach, dass er wieder eine Vorauszahlung erhalten hatte. Er war nicht imstande, die Einnahmen, die ihm seine Arbeit regelmäßig einbrachte zu verwalten. Er war nicht imstande nein zu sagen, wenn ihn jemand um ein Darlehen oder einen Vorschuss auf einen mutmaßlichen Auftrag bat, und gab mit vollen Händen, ohne den tatsächlichen Wert des Geldes zu bedenken. Immer voller Verständnis für das wahre oder auch nur vorgegaukelte Elend anderer, bereit zu geben. Immer zu geben.

Er schien allein auf der Welt zu sein, beinahe aus dem Nichts aufgetaucht. In jenem Haus war kein Platz für eine Familie, für Verwandte, vor allem aber nicht für irgendeine Vergangenheit. Man wusste nur, dass er vor kurzem von einer viel jüngeren, vielleicht zwanzig Jahre jüngeren Frau geschieden worden war, und man vermutete, dass er ein Verhältnis mit der Schwiegermutter gehabt hatte ... vielleicht bloß Männertratschereien.

Er hatte keine Kinder. Ein Mann wie er, konnte keine Kinder haben.

Während der zwei Jahre der Zusammenarbeit, das heißt bis Mitte 1967, als der Film 'Symphonie in E' fertig gestellt war, kam H.Z. nicht ein einziges Wort zu Ohren, das auf die Vergangenheit Albalas und seines Drehbuchautors und di-

Welisch, anche lui ebreo, figlio di un famoso librettista di operette, morto nel 1941.

Albala e Ernstl erano soli, senza famiglia, uniti come e più di due fratelli. Dovevano avere in comune un passato di sofferenze, di incubi notturni, di ricordi angosciosi che riuscivano in parte ad eliminare solo con l'aiuto dell'alcol, soprattutto Hans, fino a perdere la coscienza di sé. Ernstl beveva solo a cena e non esagerava mai. Ambedue tentavano di lasciarsi trascinare dal flusso della vita, in quello stesso flusso nel quale altri, i tanti esecutori di quell'immane tragedia, ma anche i milioni che avevano taciuto guardando altrove, si muovevano ora muti, incattiviti, amareggiati di aver perduto la guerra, occupati soltanto ad esercitare col maggior successo possibile l'arte della rimozione e della dimenticanza. Durante gli anni del dopoguerra in tutta l'Europa si allargò a macchia d'olio il Grande Silenzio, una immensa cappa di piombo che tolse la parola alle vittime ma anche ai milioni di sopravvissuti, testimoni passivi e in qualche modo, anche loro vittime di tali vicende.

Ernstl, divorziato anche lui, a volte la sera, molto tardi, chiedeva al giovane collaboratore H.Z. di accompagnarlo a casa. Prima però andavano a cercare la sua donna, una prostituta che aveva un posto fisso all'angolo fra la Annagasse e la Kärntnerstraße: piuttosto avanti negli anni, grassa e assai materna, lo accoglieva con effusioni di affetto e tenerezza. A volte però non era al posto stabilito. Ernstl, tranquillo, diceva: „Sta lavorando" e invitava il giovane a bere un caffè in qualche locale ancora aperto. Dopo un certo tempo si alzava e lo congedava. Mai riuscì ad arrivare fino alla sua casa. Si avvicinava da solo alla donna, come un cliente qualunque e

cken Freundes Ernstl Welisch, ebenfalls Jude, Sohn des berühmten, 1941 verstorbenen Operettenlibrettisten gleichen Namens, hingedeutet hätte.

Albala und Ernstl waren alleine, ohne Familie, zusammengehörig wie zwei Brüder, ja noch stärker miteinander verbunden. Sie müssen eine gemeinsame Vergangenheit der Leiden, der nächtlichen Alpträume, der angsterfüllten Erinnerungen gehabt haben, die sie, vor allem Hans, nur mit Hilfe des Alkohols teilweise besiegen konnten, von dem Albala bis zur Bewusstlosigkeit trank. Ernstl hingegen trank nur zum Abendessen und übertrieb nie. Beide versuchten sich vom Fluss des Lebens mitreißen zu lassen, von demselben Fluss, in welchem auch andere mitschwammen, die vielen Täter jener unsagbaren Tragödie, aber auch die Millionen, die einfach weggeschaut hatten, nunmehr schweigsam, erbost, verbittert den Krieg verloren zu haben, einzig damit beschäftigt, mit dem größtmöglichen Erfolg die Kunst des Verdrängens und des Vergessens auszuüben. Während der Nachkriegsjahre legte sich das große Schweigen wie ein Ölfleck über ganz Europa, eine grenzenlose, bleierne Glocke, die allen Opfern die Stimme raubte, aber auch den Millionen von Überlebenden; passive Zeugen und in irgendeiner Art gleichfalls Opfer dieser Ereignisse.

Ernstl, ebenfalls geschieden, bat manchmal den jungen Mitarbeiter H.Z. ihn spätabends nach Hause zu begleiten. Vorher aber suchten sie seine Gefährtin auf, eine Prostituierte, die einen festen Platz an der Kreuzung Annagasse-Kärtnerstraße hatte; nicht mehr die Jüngste, fett und ziemlich mütterlich, empfing sie ihn mit Ausbrüchen der Zärtlichkeit und der Zuneigung. Manchmal aber befand sie sich nicht am vereinbarten Ort. Ernstl, seelenruhig, sagte dann: „Sie arbeitet", und lud H.Z. auf einen Kaffee in irgendein offenes Lokal ein. Nach einer Weile stand er auf und verabschiedete sich. Nie schaffte er es bis zu sich nach Hause. Alleine näher-

lui, giovane ancora inesperto della vita, uscito dalla guerra dopo un'infanzia fra bombardamenti e rifugi antiaerei, aveva la possibilità di assistere, non senza un profondo turbamento, a un incontro fra naufraghi, ambedue bisognosi di affetto e calore.

Ma ancora un personaggio assai tipico per quei tempi bazzicava nella casa della Jacquingasse, anche se assai di rado: il Dottor D., cui ho precedentemente accennato, datore del capitale necessario per mettere su la casa di produzione Batavia della quale era anche socio. Di media statura, forse di una cinquantina d'anni, aveva un rapporto assai conflittuale con Albala per motivi di lavoro. Chiaramente anche lui era uscito da una guerra che aveva distrutto principi morali oltre che essere umani; solo che, forse per carattere o perché favorito dalle circostanze, lui stava dalla parte dei profittatori. Perché la guerra ha anche questo lato che ripugna ma che nessuno può negare essere esistito.

Del Dottor D. si raccontavano varie storie, e soprattutto come era venuto in possesso di tanto denaro; si diceva che durante la guerra, ma molto più probabilmente nell'immediato dopoguerra, aveva trafficato con prodotti medicinali di provenienza assai oscura. Aveva anche un deposito, da qualche parte, e conosceva una quantità di gente che lavorava nello stesso settore.

Qui devo raccontare una storia piuttosto romanzata che può sembrare inventata di sana pianta, se non mi fosse stata raccontata da persona assolutamente affidabile, della quale non ho alcun motivo di dubitare. Il Dottor D. raccontò infatti a H.Z., dopo una cena abbondantemente annaffiata di vino rosso, la sua storia privata che ora, dopo quasi 50 anni, mi

te er sich der Frau, wie ein beliebiger Kunde, und H.Z., jung und ohne Lebenserfahrung, dem Krieg entkommen und nach einer zwischen Bombardierungen und Luftschutzkellern verbrachten Kindheit, hatte nun, nicht ohne große Verstörung, die Möglichkeit der Begegnung zwischen Schiffbrüchigen beizuwohnen, beide bedürftig nach Zuneigung und Wärme.

Noch eine weitere, für die damalige Zeit typische Persönlichkeit verkehrte in jenem Haus in der Jacquingasse, wenn auch ziemlich selten: Doktor D., den ich weiter oben angesprochen habe, die Quelle des nötigen Kapitals zum Aufbau der Produktionsgesellschaft Batavia Film GmbH, deren Gesellschafter er auch war. Von mittlerer Statur, vielleicht an die Fünfzig, hatte er aus Arbeitsgründen ein ziemlich konfliktträchtiges Verhältnis zu Albala. Klarerweise kam auch er aus einem Krieg, der außer Menschen auch moralische Grundsätze zerstört hatte, nur dass er, vielleicht wegen seines Charakters oder wegen glücklicher Umstände, auf der Seite der Gewinner stand. Denn der Krieg hat auch diese Seite, die vielleicht Abscheu hervorrufen mag, deren Existenz aber niemand leugnen kann.

Über Doktor D. erzählte man sich verschiedene Geschichten, vor allem aber darüber, wie er zu so viel Geld gekommen war: man sagte, dass er während des Krieges, wahrscheinlich aber vor allem in der Nachkriegszeit mit pharmazeutischen Produkten sehr fragwürdiger Herkunft gehandelt habe. Er hatte auch irgendwo ein Depot und er kannte eine Menge Leute, die in derselben Sparte arbeiteten.

Hier muss ich eine ziemlich unglaubwürdige Geschichte erzählen, die völlig erfunden klingen mag, hätte sie mir nicht eine absolut vertrauenswürdige Person erzählt, an der zu zweifeln ich keinen Grund habe. Doktor D. erzählte H.Z. nach einem Abendessen, das von reichlich Rotwein begossen war, seine private Geschichte, die ich mir jetzt, beinahe

permetto di rendere pubblica.

Un suo collega d'affari arrivò un giorno da lui con due valigie. Disse di essere inseguito e di doversi assentare per qualche giorno da Vienna per far sparire le sue tracce. Che gli tenesse intanto le due valigie fino al suo ritorno. Le nascondesse per bene. Le avrebbe ritirate personalmente. Gli raccomandò di non consegnarle a nessuno, per nessuna ragione.

Intanto col passare degli anni, la vita aveva cominciato a riprendere un ritmo molto vicino alla normalità, la borsa nera era del tutto sparita dal giro di affari di una volta, e il Dottor D. pensò di liberare il suo magazzino dagli ultimi residui di prodotti ormai in vendita anche nei negozi autorizzati: quanti anni erano passati da quando quel collega d'affari era venuto da lui con le due valigie? Nessuno si era presentato. Di quell'uomo, del quale conosceva soltanto il nome di battaglia – cosa assai comune in quei tempi, lui stesso ne aveva portato uno per esercitare più liberamente i suoi loschi commerci – neanche l'ombra. Quell'uomo doveva aver fatto una cattiva fine, non poteva essere altrimenti. Prima di chiudere definitivamente quei locali e consegnarli al legittimo proprietario, caricò le due valigie nella sua macchina e se le portò a casa. Non fu facile aprirle. Erano chiuse a chiave. Fu necessario rompere la serratura: quella più grande, la prima, assai pesante, era piena di oggetti di argenteria, posate, candelieri, vassoi e altra roba di valore. L'altra riservava una sorpresa maggiore: pacchetti di biglietti di banca, di sterline inglesi, per un valore incalcolabile! Fu così che il Dottor D. da un giorno all'altro diventò milionario. Ebbe anche l'accortezza di trasportare il contenuto di quella valigia in una banca svizzera, non fidandosi di nascondere tutto quel denaro in casa o altrove. Dopo altri anni di riconquistata normalità, pensò di mettere a profitto quel capitale, la cui

50 Jahre später, öffentlich zu machen erlaube.

Einer seiner Geschäftskollegen kam eines Tages mit zwei Koffern zu ihm. Er sagte, er würde verfolgt und müsse einige Tage aus Wien verschwinden, um seine Spuren zu verwischen. Er solle die beiden Koffer bis zu seiner Rückkehr für ihn aufbewahren. Er solle sie gut verstecken. Er würde sie persönlich abholen kommen. Er ermahnte ihn, die Koffer niemandem auszuhändigen, auf keinen Fall.

Mit verstreichender Zeit hatte das Leben zu einem der Normalität ähnlichem Rhythmus zurückgefunden, der Schwarzmarkt war aus dem Geschäftsleben gänzlich verschwunden, und Doktor D. wollte sich der letzten Reste der Produkte aus seinem Lager entledigen, die mittlerweile überall erhältlich waren. Wie viele Jahre waren vergangen, seit jener Geschäftsfreund mit den beiden Koffern zu ihm gekommen war? Niemand war seitdem bei ihm vorstellig geworden. Von dem Mann, von dem er nur den Spitznamen kannte – eine zu jener Zeit durchaus übliche Sache, und er selbst hatte sich ja auch einen zugelegt, um seine undurchsichtigen Geschäfte ungenierter abwickeln zu können – keine Spur. Dieser Mensch musste ein schlimmes Ende gefunden haben; es konnte nicht anders sein. Bevor er sein Depot endgültig zu sperrte und es dem legitimen Besitzer zurückgab, lud er die beiden Koffer in sein Auto und nahm sie mit nach Hause. Es war nicht leicht, sie zu öffnen. Sie waren abgeschlossen. Er musste die Schlösser aufbrechen; der größere, der erste, ziemlich schwer, war voller Gegenstände aus Silber, Besteck, Leuchter, Schüsseln und anderen Wertsachen. Der andere hielt eine noch größere Überraschung bereit: Bündel von Banknoten, englische Pfund, von unschätzbarem Wert! So kam es, dass Doktor D. von einem auf den anderen Tag zum Millionär wurde. Er war umsichtig genug, den Inhalt jenes Koffers in einer Schweizer Bank zu deponieren, weil er nicht wagte, das viele Geld zu Hause oder sonst wo zu verstecken. Nach weiteren Jahren wiederge-

provenienza era nota in un certo giro di 'specialisti[22]'.

Che accadde dopo? Nell'estate del 1967 H.Z. si era trasferito altrove e aveva perso ogni contatto con Hans Albala e tutto il gruppo della Batavia film. Qualche tempo dopo venne a sapere che Hans Albala era stato ricoverato in ospedale perché affetto da Delirium tremens, una informazione che non sono riuscita a verificare.

---

[22]Nel Lager di Sachsenhausen, fra il 1942 e il 1945 era stato messo su un laboratorio per produrre in grande stile sterline inglesi e dollari americani per riempire le casse del terzo Reich, ormai agli sgoccioli. Nei vari campi di concentramento furono reclutati stampatori professionisti, grafici, tipografi e altra gente specializzata, possibilmente ebrei, per realizzare questo progetto, denominato 'Operazione Bernhard' dal nome dell'ideatore. Furono stampati centinaia di milioni di sterline inglesi e dollari americani, una somma che doveva superare e quindi destabilizzare il fondo monetario di quelle nazioni. 140 prigionieri godevano di condizioni di vita quasi normali, cioè un buon cibo, un letto e perfino qualche svago come il gioco del ping pong e altro, sempre sotto la minaccia di morte in caso si rifiutassero di collaborare. Le banconote prodotte in quegli anni erano così perfette che non fu mai possibile distinguerle dalle originali.

Quando i russi erano ormai alle porte di Berlino, i nazisti smantellarono il laboratorio e insieme ai prigionieri trasportarono tutto nel campo di concentramento di Ebensee, nella Salzkammergut, in Austria. Nel maggio del 1945 una quantità di casse di ferro fu gettata nel lago di Toplitz, a qualche chilometro di distanza, con denaro, oro, documenti e altro, luogo scelto assai oculatamente: infatti, essendo circondato da altissime montagne rocciose, è possibile raggiungerlo da una sola parte, facile da controllare. Subito dopo la fine della guerra non pochi tentarono la grande avventura per recuperare le casse. Molti, non equipaggiati adeguatamente, morirono per asfissia, data anche la profondità delle acque del lago, circa cento metri, cosa che però non scoraggiò nessuno; per almeno 60 anni furono ripetuti vari tentativi, anche con la partecipazione dello Stato austriaco, riportando alla luce una quantità di casse piene di documenti e altro. Queste operazioni diedero alla zona una straordinaria aura di mistero, favorendone notevolmente il turismo. Non senza ragione: si tratta infatti di un luogo di particolare suggestione anche senza la storia del tesoro nascosto.

wonnener Normalität, dachte er, dieses Kapital, dessen Herkunft in einem bestimmten Kreis von 'Spezialisten' bekannt war, gewinnbringend anzulegen[23].

Was geschah danach? Im Sommer 1967 war H.Z. anderswohin gezogen und hatte jeglichen Kontakt zu Hans Albala und der gesamten Gruppe der Batavia Film verloren. Einige Zeit später erfuhr er, dass Hans Albala mit Delirium tremens

---

[23]Im Lager Sachsenhausen wurde zwischen 1942 und 1945 eine Werkstätte zum Druck englischer Pfund Sterling und amerikanischer Dollar im großem Stil eingerichtet, um die Kassen des Dritten Reichs, die inzwischen zur Neige gingen, aufzufüllen. In den verschiedenen Konzentrationslagern wurden professionelle Drucker, Grafiker und andere Spezialisten, vornehmlich Juden rekrutiert, um das nach seinem Erfinder 'Operation Bernhard' genannte Projekt zu verwirklichen. Es wurden hunderte von Millionen englische Pfund und amerikanische Dollar gedruckt, eine Summe, die die nationalen Währungen destabilisieren sollte. 140 Lagerhäftlinge kamen so in den Genuss eines beinahe normalen Lebens, das heißt gutes Essen, ein Bett und sogar die eine oder andere Vergnügung, wie Tischtennis und anderes, obwohl immer noch unter Todesandrohung, sollten sie die Mitarbeit verweigern. Die in diesen Jahren gedruckten Banknoten waren so perfekt, dass es nie gelang sie von den echten zu unterscheiden.

Als die Russen bereits vor Berlin standen, bauten die Nazis die Werkstatt ab und brachten sie samt den Häftlingen ins KZ Ebensee im Salzkammergut, Österreich. Im Mai 1945 wurde eine Menge Metallkisten, die Banknoten, Gold, Dokumente und anderes mehr beinhalteten, im einige Kilometer entfernten Toplitz See versenkt, ein in der Tat ganz bewusst ausgewählter Ort, umgeben von sehr hohen Felsgebirgen, und nur über einen einzigen, leicht zu kontrollierbaren Zugang erreichbar. Gleich nach Kriegsende versuchten nicht wenige ihr Glück mit der Bergung der Kisten. Viele, unzureichend ausgerüstet, ertranken nicht zuletzt wegen der erheblichen Tiefe des Sees, etwa 100 Meter, was aber keinen abzuschrecken schien. 60 Jahre lang wurden verschiedene Versuche unternommen, auch unter Beteiligung des österreichischen Staates, und es wurde eine Menge an Kisten voller Dokumente und dergleichen geborgen. Diese Unternehmungen verhalfen der Gegend zu einer außergewöhnlich geheimnisvollen Aura, sehr zum Vorteil des Fremdenverkehrs. Nicht ohne Grund: es handelt sich tatsächlich um eine besonders zauberhafte Landschaft, auch ohne diese Geschichte vom versunkenen Schatz.

Dal 1967 fino all'anno della sua morte, 1976, si perdono infatti le sue tracce. Purtroppo la legge sulla privacy mi vietano di vedere nei registri degli ospedali e anche se so che dopo un certo periodo di tempo può accadere che un paziente affetto da Delirium tremens viene trasferito in psichiatria, non ho nessun documento che possa accertarlo.

Ho fatto varie ricerche per sapere cosa accadde negli ultimi anni della sua vita. So che non riscuoteva una pensione, come mi è stato certificato dalla *Pensionversicherungsanstalt* di Vienna. In quegli anni non sembra abbia svolto alcuna attività. Visse insieme alla madre, nella Novaragasse 38/15, fino alla morte di lei, 1974.

Purtroppo non mi è stato possibile sapere qualcosa sulla madre, Theresia Filip Albala, la prima e l'ultima persona che lo ha amato e accettato in tutta la sua fragilità, giustificando le luci e le ombre del suo carattere, le depressioni, i disperati tentativi di mettere fine ai suoi giorni (e su questo particolare ho qualche testimonianza oculare). In quegli anni non si conosceva ancora la possibilità di un sostegno psicologico da parte di uno specialista per persone affette da traumi causati dalla guerra e situazioni collaterali. Magari sarebbe stato possibile aiutarlo a trovare una certa stabilità psichica che gli permettesse di condurre una vita in qualche modo normale: il tentativo di inserirsi nel gruppo di artisti cui il suo talento lo indirizzava, dimostra il vivo desiderio di rientrare in seno a quella società che pure aveva segnato negativamente e in modo indelebile la sua vita. Non mi è stato possibile rintracciare la o le persone che incoraggiarono e forse diedero il via a questa purtroppo breve attività artistica; chi riconobbe il suo talento, lo indirizzò e forse guidò i primi passi; chi lo introdusse nel mondo della pubblicità,

ins Krankenhaus eingeliefert worden war, eine Information, die ich nicht zu verifizieren vermochte.

Von 1967 bis zu seinem Tod im Jahr 1976 verlieren sich seine Spuren. Leider verbieten mir die Bestimmungen zum Schutze der persönlichen Daten eine Einsichtnahme in die Patientenregister der Krankenhäuser, und auch wenn ich weiß, dass es vorkommen kann, dass ein unter Delirium tremens leidender Patient in die Psychiatrie überwiesen wird, habe ich keine Unterlagen, die dies bestätigen könnten.

Ich habe verschiedene Nachforschungen angestellt, um zu erfahren, was in den letzten Jahren seines Lebens geschehen war. Ich weiß, dass er keine Rente bezog, wie mir die Pensionsversicherungsanstalt Wien bestätigte. Im Laufe dieser Jahre schien er keinerlei Tätigkeit ausgeübt zu haben. Er lebte mit seiner Mutter in der Novaragasse 38/15 bis zu deren Tod im Jahre 1974.

Leider konnte ich über die Mutter, Theresia Filip Albala, nichts in Erfahrung bringen, die erste und letzte Person, die ihn geliebt und in seiner ganzen Zerbrechlichkeit akzeptiert hat, Licht und Schatten seines Charakters rechtfertigend, seine Depressionen, die verzweifelten Versuche, seinem Leben ein Ende zu setzen (und zu diesem Detail habe ich einige Augenzeugenberichte). In jenen Jahren kannte man die psychologische Unterstützung durch eine Fachkraft für Menschen mit vom Krieg und dessen Folgen verursachten Traumata noch nicht. Vielleicht wäre es möglich gewesen, ihm dabei behilflich zu sein, eine gewisse psychische Stabilität wiederzugewinnen, die es ihm ermöglicht hätte, ein einigermaßen normales Leben zu führen: Der Versuch, sich den Künstlerkreisen anzuschließen, auf die sein Talent hinwies, beweist sein lebhaftes Interesse, in den Schoß der Gesellschaft zurückzukehren, obwohl diese sein Leben so unauslöschlich gezeichnet hatte. Die Person, beziehungsweise die Personen, die ihn ermutigten, und vielleicht den Anstoß zu dieser leider kurzen künstlerischen Aktivität gaben, konnte

dando così un senso a una vita distrutta in partenza, forse già durante l'adolescenza, a scuola, e negli anni seguenti, a motivo di una latente ma sempre più manifesta discriminazione razziale.

Forse nessuno di noi, oggi, si rende conto dell'affronto morale, del senso di vergogna che un essere umano, senza differenza di razza né di cultura, prova quando la sua dignità viene avvilita, mortificata, calpestata fino ad essere annullata del tutto. Fino alla distruzione della parte più sensibile del suo io. Ora finalmente capisco perché i sopravvissuti a quella immensa tragedia abbiano taciuto per anni, alcuni per sempre, incapaci di accettare di essere stati oggetto di tale offesa, non difesi dallo Stato, dalla società, dalla Chiesa Cristiana, contro una brutalità conosciuta e accettata da tutto il mondo cosiddetto civile: in questi casi, tanto meglio morire, dato che è stata uccisa la parte più nobile di ogni essere umano, quella che comunemente viene chiamata anima, risparmiando solo il corpo che si difende appunto con l'alcol, con le droghe, nell'ansia di dimenticare, di dimenticarsi.

Nell'autunno del 1974, dopo aver liquidato la piccola eredità materna, passò nel XX Bezirk, Klosterneuburger Straße 110, un fabbricato assai misero, in un quartiere operaio di infimo ordine. Mi chiedo di cosa abbia vissuto, da chi abbia ricevuto qualche aiuto. Morì il 17.8.1976 (alle ore 16.45) nell'ospedale Lainz (*Standesamt Wien Penzing, Sterbebuch* nr. 6310/76) per metastasi in seguito a un Broncuscarcinom. Hans Albala era un fumatore accanito.

ich nicht ausfindig machen; auch nicht, wer sein Talent erkannt hatte, ihn lenkte und auf seinen ersten Schritten begleitete; auch nicht, wer ihn in die Welt der Werbung einführte, und einem von Anfang an so zerstörten Leben einen Sinn gab, vielleicht schon in seiner Jugend, in der Schule, und in den darauffolgenden Jahren, auf Grund einer latenten, aber immer offensichtlicheren rassischen Diskriminierung.

Vielleicht ist sich heute niemandem von uns bewusst, welch moralische Schmach, welche Schande ein menschliches Wesen, gleich welcher Rasse und Kultur, empfindet, wenn seine Würde erniedrigt, gedemütigt, mit Füßen getreten wird, bis zur völligen Annullierung, bis zur Zerstörung des feinfühligsten Teils seines Ichs. Jetzt verstehe ich endlich, warum die Überlebenden dieser unendlichen Tragödie jahrelang geschwiegen haben, einige gar für immer, unfähig zu akzeptieren, dass sie Ziel einer derartigen Beleidigung geworden waren, vom Staat, von der Gesellschaft, von den christlichen Kirchen allein gelassen gegen eine der gesamten sogenannten zivilisierten Gesellschaft bekannten und von ihr hingenommenen Brutalität: in solchen Fällen ist es besser zu sterben, da der edelste Teil eines jeden menschlichen Wesens getötet wurde, der, der gemeinhin Seele genannt wird, nur den Körper verschonend, der sich eben mit Hilfe von Alkohol und Drogen verteidigt, in der Angst zu vergessen, sich zu vergessen.

Im Herbst 1974, nachdem die kleine Erbschaft der Mutter aufgelöst war, übersiedelte Hans Albala in den XX. Bezirk, Klosterneuburg Straße 110, ein ziemlich armseliges Gebäude, in einem Arbeiterviertel unterster Rangordnung. Ich frage mich, wovon er gelebt hat, von wem er Hilfe erhielt. Er starb am 17. August 1976 im Krankenhaus Lainz (Standesamt Wien Penzing, Sterbebuch Nr. 6310/76) an den von einem Bronchuskarzinom ausgelösten Metastasen.

Non mi è stato possibile chiarire per quale motivo i suoi resti siano stati tumulati in una tomba insieme ad altre persone a me sconosciute, e pur avendo trovato i nomi del o dei proprietari non sono riuscita a mettermi in contatto con nessuno di loro, perché già defunti o semplicemente per i soliti motivi di privacy.

La mia ultima visita a Hans Albala è stata appunto alla Klosterneuburger Straße, dove trascorse gli ultimi due anni di vita; ho visto e fotografato la sua misera casa, la piccola bottega dove di certo andava a fare le sue compere alimentari, le strade dove si aggirava, forse solitario e già malato. Confesso che è stato un congedo assai triste anche se non definitivo: la sua persona gentile, il suo viso ingenuo, la fragilità, la visione di questa povera umanità ferita, la grande lezione di vita che seppe pur darmi allora e ora, mi hanno accompagnato in tutti questi lunghi anni e so che non lo dimenticherò mai; come non dimentico le tante vite perdute per volere di uno spirito malefico, e non mi riferisco a una sola persona, che dominò tutta la prima metà del XX secolo.

Hans Albala war ein starker Raucher.

Es war mir nicht möglich zu klären, aus welchem Grund seine leiblichen Überreste mit anderen, mir nicht bekannten Personen in einem Gemeinschaftsgrab beigesetzt wurden, und obwohl ich die Namen des oder der Besitzer gefunden habe, war ich nicht in der Lage, mich mit einem von ihnen in Verbindung zu setzen, weil sie entweder schon verstorben waren, oder einfach aus den üblichen Gründen des Persönlichkeitsschutzes.

Meinen letzten Besuch habe ich Hans Albala eben in dieser Klosterneuburger Straße abgestattet, wo er die letzten beiden Jahre seines Lebens verbracht hat; ich habe die armselige Wohnung gesehen und fotografiert, den kleinen Lebensmittelladen, in dem er gewiss einkaufen ging, die Straßen, in denen er umging, vielleicht einsam und bereits krank. Ich gebe zu, es war ein sehr trauriger Abschied, wenn auch kein endgültiger: seine freundliche Art, sein argloses Gesicht, seine Zerbrechlichkeit, der Anblick dieser armen verletzten Menschheit, die große Lehre, die er mir trotzdem damals wie heute zu erteilen wusste, haben mich in all diesen langen Jahren begleitet und ich weiß, dass ich sie niemals vergessen werde; so wie die vielen, durch die Umtriebe eines unheilvollen Dämons verlorenen Leben, und ich beziehe mich dabei nicht nur auf die Einzelperson, die die erste Hälfte des zwanzigsten Jahrhunderts beherrschte.

Indice

Illustrazioni

Inhaltsverzeichnis

Abbildungen

Altri libri di Ada Zapperi Zucker in lingua italiana

Una vita di donna in Sicilia
Romanzo
2019, 148 pagine, 12,80 €

Un'infanzia quasi felice
Racconti
2018, 144 pagine, 10,80 €

I padri assenti
Due racconti
2017, 196 pagine, 11,80 €

La casa del nonno
Romanzo
2016, 264 pagine, 13,80 €

La Cucchiara
Racconti siciliani
2015, 174 pagine, 12,80 €

Un giorno a Bolzano
Quattro racconti e frammenti di una biografia
2013, 224 pagine, 11,80 €

La scuola delle catacombe
Racconti sudtirolesi
2013, 224 pagine, 9,80 €

Teatro di ombre
Romanzo
2012, 176 pagine, 14,00 €

Le inquietudini della sora Elsa
Racconti
2011, 176 pagine, 13,00 €

Il silenzio
Romanzo
2009, 160 pagine, 12,00 €

Andere deutschsprachige Bücher von Ada Zapperi Zucker

Singende Menschen
Antworten von Sängern auf 17 Fragen
2018, 264 Seiten. 24,80 €

Das Haus in der Widenmayerstraße
Roman
2017, 296 Seiten. 13,80 €

Das Unbehagen der Sora Elsa
Erzählungen
2016, 214 Seiten, 13,80 €

Ein Tag in Bozen
Vier Erzählungen und Fragmente einer Biographie
2014, 224 Seiten, 13,80 €

Theater der Schatten
Roman
2013, 256 Seiten, 11,80 €

Die Katakombenschule
Erzählungen aus Südtirol
2013, 248 Seiten, 11,80 €

Das Schweigen
Roman
2010, 168 Seiten, 16,80 €

Andere zweisprachige Bücher des VoG Verlages
Altri libri in due lingue della casa editrice VoG

Liebe und andere Verdrießlichkeiten
Amori e altre peripezie
Ada Zapperi Zucker
Erzählungen / Racconti
2018, 11,80 €

Überschneidungen
Punti d'incroci
Ester Cecere
Erzählungen / Racconti
2018, 11,80 €

Von Sizilien in die Toskana
Dalla Sicilia alla Toscana
Lorella Rotondi, Ada Zapperi Zucker
Erzählungen / Racconti
2017, 164 Seiten, 11,80 €

Über Frauen und andere Geschöpfe
Storie di donne e altre creature
Ada Zapperi Zucker
Erzählungen / Racconti
2015, 128 Seiten, 11,80 €

Gedruckt imAugust 2019
Stampato nel mese di Maggio 2019
BoD, D-22848 Nordstedt